Ulrich Berkes

EINE SCHLIMME LIEBE

Tagebuch

Ulrich Berkes

EINE SCHLIMME LIEBE

Tagebuch

Aufbau

Meinem Freund
und
»den vergangenen, gegenwärtigen und
zukünftigen Freunden«

Der Montevideaner

13. FEBRUAR 1984

Gestern schien die Sonne, und Martin wollte »an die Luft«. Wir fuhren mit der S-Bahn nach Wilhelmshagen; abbröckelnder Putz in der Bahnhofshalle.

Von Neu-Helgoland zur Müggelseeperle.

Der Bus nach Köpenick war dann überfüllt, ich verfluchte innerlich diese Sonntagsspaziergänge.

Abends klingelte Albrecht und brachte jemanden mit, der soll ein Stück geschrieben haben. Er kennt einen Maler, der an Hodenkrebs leidet und im nächsten halben Jahr wohl »abnippeln« wird.

Er sagt tatsächlich: abnippeln.

Der Ausdruck geht mir nicht aus dem Kopf.

Nachts wache ich auf, nervös, und denke an das Lautréamont-Tagebuch, das ich angefangen habe. Ich kann aber nicht so schreiben, als ob ich Lautréamont wäre; ich kann nur über ihn schreiben.

Non-Fiction statt Fiction.

Also noch mal anfangen.

14. FEBRUAR

Isidore wurde am 4. April 1846 geboren.

Ich sehe im ewigen Kalender nach: ein Sonnabend.

Mein Geburtstag war ein Montag; ich sollte ein Sonntagskind werden, kam aber zu spät.

Das fällt mir im D-Zug nach Leipzig ein, der auch Verspätung hat, diesmal bloß eine halbe Stunde.

Am Werktor zeige ich meinen Personalausweis vor.

Zum Zirkel schreibender Arbeiter sind heute zwei Neue gekommen, eine Schülerin und ein Student. Die Teetassen werden verteilt, und wir reden über Manuskripte. Sie sollten einen Haiku zum Tanka erweitern.

Im Hauptbahnhof kaufe ich anschließend den *Sonntag*, die *Wochenpost* und das Jugendmagazin *neues leben*. Genug Lektüre bis Berlin. Zuerst lese ich Professor Borrmanns Artikel über Homosexualität, den ich zu Hause gleich Martin zeige.

22. FEBRUAR

Isidores Großvater hieß Louis Ducasse und wurde um 1774 in dem Dörfchen Bazet bei Tarbes (Pyrenäen) geboren. Er brachte es zum Besitzer eines Grundstückes von 3,25 Hektar und zu 8 Kindern. Und starb am 30. August 1830.

Wie groß ist ein Hektar?

Ich muß den Taschenrechner nehmen: Das Grundstück war größer als vier Fußballfelder. Das ist doch ganz schön viel.

Aber abends belehrt mich Martin, daß 3 Hektar für einen Landwirt ziemlich wenig sind.

23. FEBRUAR

Auf dem Bahnsteig der S-Bahn liegt dünner Schnee, auf den Dächern gegenüber nicht.

Louis Ducasse nennt sein viertes Kind, das am 12. März 1809 geboren wird, François.

Es ist anzunehmen, daß François eine höhere Schule besucht hat, denn er arbeitet dann als Angestellter des Anwalts Clavarie in Tarbes. Dort lernt er Jean Dazet kennen, der 1831 das Anwaltsbüro übernimmt. Nach zweijähriger Zusammenarbeit wird François Lehrer in der Gemeinde Sarniguet (5 km nördlich von Tarbes). Nebenbei hilft er dem Bürgermeister bei der Arbeit im Sekretariat.

6 Jahre später wandert er jedoch nach Uruguay aus.

(Uruguay und Argentinien hatten Konsulate in Tarbes.)

Etwa 11000 Franzosen siedelten von 1838 bis 1842 nach Montevideo über, dessen Einwohner zu einem Drittel Europäer waren.

François Ducasse wird Kanzleigehilfe im französischen Konsulat.

24. FEBRUAR

1843 beginnt der argentinische Diktator Juan Manuel de Rosas einen Krieg gegen die demokratischen Uruguayer, die den mit Rosas sympathisierenden General Oribe vertrieben haben.

Oribes Anhänger, die konservativen Blancos (die Weißen) kämpfen gegen die Colorados (die Roten), deren Führer Staatspräsident J. F. Rivera ist.

Die Colorados tragen ein rotes Stirnband.

Auf ihrer Seite stehen auch zweitausend Franzosen und eine italienische Legion unter Giuseppe Garibaldi. Aber sie werden von Rosas und den Blancos geschlagen und verbarrikadieren sich in Montevideo. Die Stadt wird belagert.

Ich kaufe ein Rasierwasser Marke Rodeo. Auf der Schachtel steht: »Männerduft – mutig und frei. Der frischwürzige Duft der Prärie vor harzigem Hintergrund. Der außergewöhnliche Beginn eines neuen Tages.«

Im Briefkasten ist eine Ansichtskarte aus Honolulu. Die grauen Hochhäuser, 15 bis 30 Etagen, stehn direkt am gelben Strand, der dicht mit Menschen bedeckt ist. Der Pazifik ist grünblau.

Von Mogens kommt eine Kunstkarte aus Paris: Emile Duval »Printemps Place Furstenberg«, abgestempelt vor zwölf Tagen am Gare du Nord.

Um 17 Uhr kommt Mogens selbst, er ist schon ein paar Tage in Berlin, hat immer noch etwas Liebeskummer wegen des zweiundzwanzigjährigen Studenten aus New York.

Wir wollen Besuche machen. Es schneit; vor der Haustür rutsche ich aus, falle längelang hin. Achim und Gerd sind nicht zu Hause, da trinken wir den Sekt mit Mogens allein und sehn dabei fern.

25. FEBRUAR

Ich koche Gulasch mit Reis, denn Mogens und Ulli kommen zum Essen. Mogens wieder mit zwei Flaschen Sekt, die wir anschließend trinken. Später klingelt Ria, sie will Mogens noch sehen, ehe er nach Dänemark zurückfährt.

Aus dem weißen Kofferfernseher riecht es nach verschmortem Gummi, dann qualmt es, und Martin zieht sofort den Stecker raus.

Abends baden; dann lesen wir bis Mitternacht.

Martin liest Christoph Geisers »Brachland«, ich lese österreichische Erzählungen.

Wir haben rohen Knoblauch gegessen, ich spüre noch den scharfen Geschmack im Mund. Zu dumm, daß man das nicht jeden Tag essen kann.

26. FEBRUAR

Trübes Wetter. Langer Mittagsschlaf.

Im Dunkeln machen wir eine Runde: Reinhardtstraße, Friedrichstraße, Unter den Linden, an der amerikanischen Botschaft vorbei und wieder über die Spree.

Ein gelassener Sonntag, ausgeglichen und ruhig.

27. FEBRUAR

Deprimiert; ich komme mit dem Schreiben nicht weiter, und weiß nicht, woran das liegt. Ich starre aufs Papier, dann steh ich auf, um mir in der Küche Tee zu brühen, ich lasse ihn 3 Minuten ziehen, aber er regt mich auch nicht an. Nervös.

Als Martin vom Dienst kommt, schaffen wir den Fernseher nach Treptow, es soll 3 Wochen dauern.

Im Kaffeehaus am Alex trinken wir Mokka, auf Barhokkern.

Abends kommt Albrecht vorbei.

28. FEBRUAR

Im Zug nach Leipzig ein großer bärtiger junger Mann mit einer kleinen Katze, merkwürdiger Gegensatz.

Baldwin hat eine kräftige Gemüsesuppe gekocht, wir trinken noch Kaffee und einen Brandy, er zeigt mir neue Zeichnungen, dann muß ich zum Zirkel schreibender Arbeiter.

Heute spricht der Rentner über Georg Trakl.

Der Student möchte wissen, was man eigentlich unter Epik versteht.

Was für Berufe haben die übrigen?

Technologe, Mechaniker, Schlosser, Lehrer und Schüler.

Der Älteste ist vierundsechzig, der Jüngste elf Jahre alt.

Wir trinken Tee und diskutieren dabei über Gedichte.

Das Teetrinken habe ich eingeführt.

Letztes Jahr wurde der Zirkel als »Hervorragendes Volkskunstkollektiv« ausgezeichnet.

29. FEBRUAR

Ein seltener Tag, ein Schalttag.

Ganz frühlingshaft.

Die halbe Seite von gestern gefällt mir nicht, ich arbeite sie wieder um, es ist die vierte Fassung.

Ich bringe meine Jacke zur Reinigung und muß anstehn. »Sobald es warm wird, ist der Laden voll«, sagt die Frau hinterm Ladentisch mißbilligend.

Mit Martin ins Centrum-Warenhaus, er probiert verschiedene Jacken an, aber keine paßt ihm richtig, am liebsten will er eine Lederjacke.

1. MÄRZ

Ich suche auf meinen Zetteln das Stichwort Vater.

François Ducasse wird 1845, zwei Jahre nach Kriegsausbruch, Kanzleileiter der französischen Botschaft in Montevideo.

Am 31. Januar 1846 heiratet er Célestine Jaquette Davezac, die im siebenten Monat schwanger ist. Sie wurde 1821 in Sarniguet geboren. In dieser Gemeinde war François Ducasse von 1833 bis 1839 Lehrer. Wahrscheinlich ist Célestine seine Schülerin gewesen, 12 Jahre jünger als er.

Als sie zwanzig ist, fährt sie nach Montevideo. (Auch ihr Bruder, Jean Davezac, verläßt Frankreich. Sein Name findet sich unter den zweitausend Franzosen, die auf seiten Uruguays kämpfen.)

Am 4. April 1846, an einem Samstagmorgen um 9 Uhr, wird Isidore Lucien geboren. Lucien heißt er nach seinem Onkel, einem jüngeren Bruder seines Vaters.

Ein paar Tage später wird in der belagerten Stadt gemeutert. Die Lage ist schwierig. Viele sind arbeitslos. Es mangelt an Lebensmitteln, die außerdem immer teurer werden. Die hygienischen Bedingungen verschlechtern sich, Epidemien breiten sich aus.

Die Taufe findet erst nach über einem Jahr statt, am 16. November 1847. Isidores Paten sind Eulalie und Eugène Baudry.

Am 10. Dezember stirbt seine Mutter, mit sechsundzwanzig Jahren, und wird noch am gleichen Tag begraben.

Abends »Club am Donnerstag« im Verlag. Ein Vortrag: »Sind wir die roten Preußen?« Die Lektorinnen haben ein kaltes Büfett aufgebaut. Ich beobachte einen berühmten Kollegen, er raucht Gitanes mit einer Zigarettenspitze und macht manchmal mädchenhafte Bewegungen.

Als ich nach Hause komme, ist nach langer Zeit wieder Bernd Heimberger da. Seine Mutter ist im Herbst an Krebs gestorben. Er hatte ein sehr enges, kameradschaftliches Verhältnis zu ihr.

2. MÄRZ

Kopfschmerzen: zuviel Weinbrand gestern.

Vorgestern war ein schweres Zugunglück bei Halle, ein Schnellzug fuhr auf einen haltenden Personenzug auf – 3 Tote, 46 Verletzte, 11 davon schwer.

In Uruguay wird eine Demonstration zum Frauentag verboten.

Fritz Rudolf Fries nennt in seinem Nachruf Julio Cortázar einen »Nachfahr Poes und Lautréamonts«.

Abends mit Achim und Gerd in die Reblaus. Manne hat für uns ein Menü zusammengestellt: Muschelcocktail, Aal auf Toast, Rinderfilet mit Spargel und pommes frites, dazu trinken wir zwei Flaschen *Vino Tinto de Las Lomas.*

Gerd und Martin bezahlen zusammen 200 Mark.

Mir tut es leid um das viele Geld.

Im Taxi zur Friedrichstraße.

3. MÄRZ

In der *Berliner Zeitung* von gestern: Weitere 8 Opfer des Zugunglücks bei Halle konnten nur tot geborgen werden. Der Unfall ist auf subjektives Versagen zurückzuführen.

Martin will in den Palast der Republik. Wir sehn uns die Pläne und Modelle an, wie die Friedrichstraße bis 1990 aussehen soll. Gegenüber dem Handelszentrum, zwischen Bahnhof und Hotel Metropol, soll ein rundes Kino gebaut werden, für Erstaufführungen. Dann werden wir öfter ins Kino kommen.

Heute gehen wir in die Kammerspiele, dritte Reihe. Zum erstenmal sehn wir eine Pantomime, »Blaubart« von Burkhart Seidemann. Eine angenehme Kunst. Statt Wörter: Körpersprache.

4. MÄRZ

Durch eine Erkrankung des argentinischen Diktators Rosas kommt es 1851, nach 8 Jahren Krieg, zu einer Verständigung zwischen Colorados und Blancos. Trotzdem gehen die Unruhen, Aufstände und Meutereien weiter.

Isidore ist jetzt fünf Jahre alt.

Im Herbst 1857 erkrankt sein Vater am Gelben Fieber, einer tropischen Virusinfektion mit Gelbsucht und schwarzfarbenem Erbrechen. In Montevideo bricht Panik aus, viele Ärzte sterben, Staatsbeamte und Priester flüchten aus der Stadt. Anfang Mai beträgt die Zahl der Toten 895, vor allem Europäer.

Isidores Vater kehrt nach zwei Monaten auf seinen Posten als Kanzleileiter zurück.

5. MÄRZ

Berliner Zeitung: Der bekannte uruguayische Mathematiker und Kommunist Massera ist am Sonnabend nach mehr als achtjähriger Haft freigekämpft worden.

6. MÄRZ

Montevideo heißt »Ich sehe den Berg«.

Es ist der Monte Cerro (149 m), ein Granithärtling.

Montevideo liegt am Atlantischen Ozean.

Der heißeste Monat ist der Januar.

Die Durchschnittstemperatur des Juli beträgt 12 Grad Celsius.

Nach dem Großen Krieg vergnügen sich die Montevideaner wieder an Stierkämpfen und an Renideros, wo die Zuschauer im Kreis um die Kampfhähne sitzen und Wetten abschließen. Oft dauern diese Hahnenkämpfe einen ganzen Nachmittag.

Auch Isidore soll ein begeisterter Zuschauer sein.

Überhaupt interessiert er sich für Tiere, sammelt Käfer, fängt Leuchtkäfer in den Sommernächten, er gibt sogar der Köchin Geld, damit sie ihm eine lebende Zecke mitbringt.

Zecken können bis 3 cm groß werden, sie saugen Blut.

Blut leckt auch der Vampir (Desmodus rotundus), nachdem er mit seinen messerscharfen oberen Schneidezähnen die Haut aufgeritzt hat. Er ist 7 cm lang und hat eine Spannweite von 36 cm.

Er greift auch Pferde und Menschen an, aber nur nachts.

Martin und ich fahren zur Leipziger Straße, zur Wohnungstauschzentrale, wir wollen unsere beiden Wohnungen gegen eine größere tauschen.

Das geht aber nicht, weil meine in Leipzig ist.

Martin erzählt: Ein alter Mann kommt in die Apotheke und will ein potenzsteigerndes Mittel haben. »Meine Frau ist Rentnerin geworden und hat jetzt immer Zeit, da verlangt sie mehr von mir«, sagt er.

Aber ein echtes Aphrodisiakum gibt es leider nicht.

7. MÄRZ

Alvaro Guillot-Muñoz befragt Pater Plantet, der sich an ein Erlebnis erinnert, als er fünfzehn und Isidore elf Jahre alt war. Er berichtet:

»Dem Jungen fehlte es an nichts. Er war groß für sein Alter, und sein Äußeres war angenehm und sympathisch, Melancholie wechselte mit guter Laune. Er war großzügig. Eines Sonntags, es war Herbst, machten wir beide einen Ausflug zu Pferde. Er trug kurze Gaucho-Stiefel, die sein Vater ihm geschenkt hatte, weil er eine gute Zensur in Englisch mitgebracht hatte. Es muß 1857 gewesen sein, nicht weit von dem Städtchen Las Piedras. Wir besuchten Don Victor. Das war ein Jäger, der Jaguare und Pumas jagte, die damals überhandnahmen. In seiner Strohhütte zeigte er uns die Felle der erlegten Tiere. Wir hatten Isidores Vater versprochen, vor Einbruch der Dunkelheit nach Hause zu kommen, und beschlossen, auf einer anderen, breiteren Straße zurückzureiten. Nach etwa einer halben Stunde Wegs stieg uns ein furchtbarer Gestank in die Nase. Unter einem Baum, den man in Uruguay ›floripondio‹ nennt, verweste eine Kuh, die von einem Raubtier halb aufgefressen worden war. Riesige Schmeißfliegen und Urubus – eine Geierart – bedeckten die grausigen Reste, während das Zischen der Vampire die Stille durchbrach. Ich erinnere mich, daß Isidore näher heranreiten wollte. Die aufgeschreckten Aasgeier flogen auf. ›Reiten wir weiter‹, sagte ich, ›dieser Gestank ist ungesund, und die Pferde mögen den Aasgeruch nicht; sie werden nervös, denn sie fürchten den Tod.‹ Isidore war still geworden. Ich dachte, er sei müde vom Reiten und bot ihm ein Stück ›rapadura‹ (das ist brasilianischer Zucker) an, aber er nahm es nicht und stellte mir eine seltsame Frage: ›Stinken die menschlichen Leichen ebenso wie die toten Tiere?‹ Ich antwortete, ohne zu bedenken, daß ich ihm vielleicht weh tat: ›Ja, gewiß.‹ ›Dann also … meine Mutter auch …‹«

8. MÄRZ

Ich schicke meiner Mutter ein Schmuckblatt-Telegramm zum Frauentag.

Ich lese in Albrecht Dürers Tagebuch seiner niederländischen Reise. Eine Stelle vom Januar 1521: »Ich hab 4 Gulden für Flachs geben. Ich hab 4 Gulden aus Kunst gelöst. Item hab ein Kron zu Zehrung gewechselt. Item hab 4 Stüber dem Kürschner geben, mehr 2 Stüber. Ich hab 4 Stüber verspielt und 6 Stüber verzehrt. Ich hab ein Nobel zu Zehrung gewechselt. Ich hab 18 Stüber geben für Rosin und für drei Paar Messer. Ich hab 2 Gulden für etlich Mahl bei Jobsten bezahlt. Ich hab 4 Stüber verspielt und 6 Stüber dem Kürschner geben. Ich hab dem Meister Jacob zween S. Hieronymus in Kupfer gestochen geschenkt. Mehr 2 Stüber verspielt.«

So geht das noch weiter, eine schöne banale reale haushälterische Litanei.

Etwas vom Alltag einer Epoche.

So kann man auch Tagebuch schreiben.

Als Dürer das schrieb, war er fünfzig Jahre alt.

Während ich das tippe, sind im Hof laute Männerstimmen, ein Auto wird repariert.

Ich lege Mahlers Neunte auf.

Nachmittags holt Martin wieder Kohlen für die achtundsiebzigjährige Nachbarin im vierten Stock.

Er hat in der Brecht-Buchhandlung die Novellen von Georg Heym gekauft. (Während des Studiums las ich die Gesamtausgabe in der Deutschen Bücherei, schon damals hat mich sein Tagebuch besonders beeindruckt.)

Nach Paris

9. MÄRZ

Martin erzählt seinen Traum: Mein Schwager hat einen Hautausschlag, kann sich nur bei Ronald angesteckt haben. Er wird beim Arzt stationär behandelt, ist aber dort tief im Keller gefangen und durch Drogen betäubt. Auch Ronald und Ulf sind gefangen. Meine Schwester ist als Sprechstundenhilfe bei dem Arzt, um ihren Mann zu befreien. Der Arzt ist aber der Teufel persönlich, ein älterer Mann. Der Teufel kommt in die Apotheke, ich spreche mit ihm, doch er gibt die drei nicht frei. Er verfrachtet viele Leute in einen Bus, der direkt zur Hölle fährt. Ich fahre auch mit, zertrümmere unterwegs ein großes Holzfenster im Bus, um den anderen zu zeigen, wie sie sich befreien können, und springe ab. Jedoch folgt mir keiner.

Wir rätseln beim Frühstück, was der Traum bedeuten könnte. Martin fährt nach Wilhelmsruh zur Zahnärztin. Ich mache Feuer im Kachelofen, lege 15 Briketts auf. Bis es warm im Zimmer ist, schlafe ich noch etwas. Um 10 Uhr fang ich an zu arbeiten, trinke ein paar Tassen Tee nebenbei und bin ganz wach.

Isidore ist jetzt dreizehn.

Die französischen Familien in Uruguay, die es sich leisten können, schicken ihre Kinder aufs Gymnasium in Frankreich.

Einen Monat dauert die Schiffsreise über den Atlantik.

Von Bordeaux fährt Isidore mit der Eisenbahn weiter nach Tarbes. Dort lebt Jean Dazet, der Jugendfreund seines Vaters, sie arbeiteten zusammen im Anwaltsbüro.

Das Gymnasium verlangt einen *correspondant* für Internatsschüler, die aus dem Ausland kommen. Isidores Vater hat Jean Dazet dazu ernannt. Dieser übernimmt die

Verantwortung, und bei seiner Familie verbringt Isidore die Wochenenden.

Georges, der Sohn der Familie, ist sieben Jahre alt.

Tarbes ist eine Provinzstadt in den Pyrenäen.

Dreißig Jahre früher beschrieb sie Stendhal in seinen »Mémoires d'un touriste« so: »Die Straßen sind mit Kopfsteinen gepflastert; die schiefergedeckten Häuser haben nur eine Etage. Jede Straße hat zwei kleine Rinnsteine mit schnell fließendem Wasser, kristallklar, etwa einen Fuß breit und einen Zoll tief. Zwischen diesen Rinnsteinen und den Häusern ist ein vier Fuß breiter Weg für die Fußgänger, aber er ist abschüssig, so daß das Gehen beschwerlich ist.«

Seit Oktober 1859 ist Isidore also Internatsschüler am kaiserlichen Gymnasium. Er hat gute Zensuren in Latein, französischer Grammatik, Arithmetik und Geometrie. Im Zeichnen ist er Klassenbester.

Seine Ferien verbringt er bei seinem Onkel Marc Ducasse im 5 Kilometer entfernten Bazet. (Noch heute sollen Marc Ducasses Nachkommen im gleichen Haus wohnen.)

Abends im Bett liest Martin »Die Gesellschaft auf dem Lande« von Tieck und zeigt mir folgende Stelle:

»Mit der deutlichsten Umständlichkeit«, sagte der Baron, »träumt mir so oft, daß mir der Teufel holt.«

Das paßt fast haargenau auf Martins Traum.

Ist der Teufel immer ein älterer Mann?

11. MÄRZ

Unterm Fernsehturm ist eine Ausstellung mit Malerei aus Nikaragua. Bauern von der Insel Solentiname haben Ölbilder gemalt: Landschaften in Grün und Blau, bunte Szenen ihres Alltags, zum Beispiel »Der Kulturminister bei der Kaffee-Ernte«.

Auch auf anderen Bildern erkennt man ihn gleich: Ernesto Cardenal mit langem weißem Haar und Bart, Baskenmütze und Blue Jeans. (Ich lese zu Hause dann in seinem langen Gedicht »Reise nach New York«.)

Es sind sehr schöne Bilder darunter, stark leuchtende und mit Akkuratesse gemalt. Ich mag naive Bilder sehr, weil sie zeigen, daß eigentlich jeder »Kunst machen« kann.

Martin bezweifelt das.

Wer hat ihm diese Meinung eingeimpft?

Heute wird in Leipzig die Buchmesse eröffnet. Wir wollten uns Susannes Umschlag zu meinem Buch ansehen, aber der Messetrubel schreckt mich schließlich doch wieder ab.

12. MÄRZ

Martin geht abends zur Frauentagsfeier mit seinen Kolleginnen in den Stilbruch nach Pankow.

Ich bereite mich auf den Zirkel vor, lese eine Mappe mit Gedichten und suche aus altägyptischer Lyrik und Zigeunerliedern was heraus, um den Volkskünstlern zu zeigen, wie einfach Gedichte sein können.

Ob ich sie damit überzeugen kann?

H. hat geschrieben, von seiner neuen Arbeit. Er wird als Elektroschweißer ausgebildet.

13. MÄRZ

Im Bahnhof Schöneweide treffe ich Helga Pankoke und Helga Thron, die zur Buchmesse wollen. Ich nehme die

Lektorinnen mit zu Baldwin Zettl, sie möchten Kupferstiche sehen und kaufen.

Frau S. kommt wieder zum Zirkel, nach zwei Monaten. Sie hat eine Geschichte von vier Seiten mitgebracht, eine Katzengeschichte. Nach dem Zirkel bin ich etwas heiser, ich habe wohl zu viel geredet.

In der *Wochenpost* lese ich einen Artikel über Uruguay. Im Juni 1973 haben die Militärs geputscht und die bürgerlich-parlamentarische Demokratie beseitigt. Im Dezember wurde die Kommunistische Partei verboten.

Zu Hause sagt mir Martin, daß Uwe Johnson gestorben ist, erst neunundvierzig Jahre alt. Er soll schon zwei Wochen in seinem Haus gelegen haben, ehe man ihn fand.

15. MÄRZ

Zum Aufbau-Verlag wegen eines Katalogs. Ich lade meine Lektorin Helga Pankoke zu einer Tasse Kaffee in die Arkade ein. Sie sagt mir, daß »Tandem« nicht auf der Messe steht, der Schutzumschlag ist nicht fertig geworden.

Nur gut, daß wir nicht gefahren sind.

Für den Katalog hatte Martin ein Foto von mir gemacht, extra einen ganzen Film in der Friedrichstraße verknipst, um dann eine Aufnahme vergrößern zu lassen. Aber die Werbung hat ein andres genommen, von der gemeinsamen Lesung im tip, hinter dem Mikrofon, Zettel in den Händen und mit offnem Mund.

16. MÄRZ

Nach 3 Jahren verläßt Isidore das Gymnasium in Tarbes, im August 1862.

Er ist jetzt sechzehn.

Was er bis zum Oktober des nächsten Jahres macht, weiß man nicht. Eine Lücke in der Biografie.

Martin hat mir gestern Freesien mitgebracht, lilablau und orangegelb, 4 Sträuße für 14 Mark.

Meine Lieblingsblumen.

Sie duften das ganze Zimmer aus.

Wir holen in Treptow den Televisor aus der Reparatur. 3 Wochen ohne Fernsehen, ich hab es nicht vermißt.

17. MÄRZ

Sonnabend. Nach dem Frühstück bekomme ich plötzlich Herzrhythmusstörungen, genauso wie vor zwei Jahren. Hyperthyreose. Gefühl von Beklemmung. Schwäche. Ich lege mich hin.

Martin wäscht, kocht Mittagessen. Abends kommt noch Besuch.

19. MÄRZ

Ich gehe zur Schilddrüsenspezialistin. Sie schickt mich zum EKG und ins Labor. Auf einmal schlägt mein Herz wieder ruhig.

Die Ärztin verschreibt mir Cordanum. Ich fahre gleich zu Martin in die Apotheke. Er hat Ulf ein Telegramm geschickt, daß ich nicht kommen kann, aber ich fahre doch noch nach Halle.

In der Dunkelheit kann ich die Klingelschilder nicht lesen, aber da sieht Ulf zum Fenster raus und ruft mich, als hätte er mein stummes Fluchen gehört.

Susanne kocht Spaghetti mit gebeiztem Fleisch. Ulf zeigt mir inzwischen ihre neuen Bilder, sehr abstrahiert, auf Seidenpapier. Eins sieht aus wie eine Landkarte, heiteres Gelb und Grün.

Bis Mitternacht sitzen wir beim Weißwein und reden.

20. MÄRZ

Kalter Frühlingsanfang.

Wir fahren früh nach Leipzig. Eine »Werkstatt schreibender Arbeiter« findet statt. Aus vier Zirkeln sind sie gekommen, aus Bitterfeld, Wolfen (Ulfs Zirkel der Filmfabrik und ein Jugendzirkel) und mein Zirkel.

Ich halte einen kleinen Vortrag über Kurzprosa. Anschließend wird bis zum Nachmittag über Manuskripte diskutiert.

Im Hauptbahnhof trink ich mit Ulf noch einen Weinbrand und fahre mit dem Lipsia-Expreß zurück.

Martin grillt Steaks.

Ich bin froh, wieder zu Hause zu sein.

21. MÄRZ

1863 ist Isidore im kaiserlichen Gymnasium in Pau.

Pau ist 39 Kilometer von Tarbes entfernt.

Er besucht die Rhetorik- und Philosophieklassen (wie Unter- und Oberprima, also 11. und 12. Klasse).

Ein Mitschüler, Paul Lespès, erinnert sich 1927 an Isidore: »Ducasse stand mir und Georges Minvielle näher als den anderen Schülern, aber seine Zurückhaltung, eine Art von geringschätzigem Ernst und die Tendenz, sich als etwas Besonderes zu betrachten, die obskuren Fragen, die er uns manchmal unvermittelt stellte und auf die wir keine Antwort wußten, seine Ideen, sein Stil, dessen Übertriebenheit unser Professor Hinstin rügte, und schließlich die Reizbarkeit, die sich manchmal ohne ernsthaften Grund bei ihm äußerte ... alles das trug dazu bei, daß wir ihn ein wenig ›überspannt‹ fanden. Im übrigen war er jedoch ein guter Junge und hatte nichts von einem Sadisten.

Ich sehe ihn noch vor mir, groß und schlank, ein wenig gebeugt, blaß, die langen Haare schräg über die Stirn fallend, die Stimme etwas spitz ...

Er war meistens traurig und schweigsam, in Gedanken versunken. Manchmal erzählte er mir sehr lebhaft von den überseeischen Ländern, wo es sich frei und glücklich leben ließ. Oft saß er stundenlang im Studierzimmer, die Ellbogen auf sein Pult gestützt, die Hände vor der Stirn, in ein Buch vertieft, das er nicht las; es war klar, daß er seinen Träumen nachhing. Minvielle und ich dachten, daß er Heimweh hätte und daß seine Eltern besser täten, ihn nach Montevideo zurückzuholen ...

Beim Unterricht von Gustave Hinstin, dem geistig sehr anregenden Professor der Prima, gefielen ihm besonders Racine und Corneille, vor allem aber ›König Ödipus‹ von Sophokles.

Die Szene, als Ödipus endlich die furchtbare Wahrheit erfährt, sich blendet und unter gellenden Schmerzensschreien sein Schicksal verflucht, erschien ihm sehr schön. Er bedauerte nur, daß Jokaste nicht Selbstmord beging und so die Tragödie auf die Spitze trieb.«

Lespès erinnert sich auch, daß Isidore ein guter Schwimmer war. Sie badeten im Fluß, im Gave de Pau.

In Pau gibt es ein Schloß Heinrichs IV., aus dem 12. Jahrhundert. Ich sehe es im Lexikon.

1968 hat Pau 74005 Einwohner, also mehr als Tarbes mit 55375.

22. MÄRZ

Ich bin jetzt ganz begierig auf Tagebücher.

Gestern las ich »Wahre Geschichten aller Ard(t)« von Strittmatter, heute das Schiffstagebuch von Columbus.

Um 19 Uhr zur Wohnungskommission. Zehn Leute sind vor uns, aber nach anderthalb Stunden sind wir schließlich dran, und Martin erklärt dem Vorsitzenden, daß wir gemeinsam eine größere Wohnung beantragen wollen.

Im ersten Moment stutzt er etwas, aber dann schreibt die Sekretärin unsere Adresse auf. Die Kommission will zur Besichtigung kommen.

23. MÄRZ

Ich erinnere mich an ein abgenutztes, blaues Vokabelheft, vollgeschrieben von Martin auf einer Reise mit der Klasse in die Tschechoslowakei, als er sechzehn war.

Ich habe es nie gelesen, aber jetzt bin ich neugierig.

Martin als Teenager: erfahre ich etwas über ihn?

Aus Martins Tagebuch

27.7.65

Es regnete Bindfäden. Niemand hatte Lust zum Wandern außer mir. Nach dem Frühstück hatten wir eine Besprechung, auf der beschlossen wurde, daß wir wandern, da es nicht mehr regnete. Gleich bei den ersten Kilometern wurde mir übel. Ich versuchte, im Laufen zu schlafen. Endlich kamen wir an eine Baude. Dort erholte ich mich. Der weitere Weg war sehr schön. Wir gingen direkt durch die Wolken hindurch. Wir kamen an einem Gedenkstein vorbei, wo 1913 zwei tschechische Skifahrer erfroren. Vom Kamm des Gebirges hatte man einen schönen Ausblick trotz der Wolken und des Nebels. Das Riesengebirge ist ein sehr schönes Gebirge mit hohen Bergen und tiefen Tälern. Die Berge machen einen imposanten Eindruck. Es gibt viele Felsen und Wasserfälle.

Endlich langten wir an der zweiten Baude an. Dort passierte mir etwas sehr Erfreuliches. Ich wollte gerade eine Briefmarke kaufen und sagte halblaut: Jetzt muß ich doch meinen 5-Kronen-Schein anbrechen. Plötzlich sagte eine Frau: Warten Sie, ich bezahle! Sie kaufte mir 10 Briefmarken und 5 Ansichtskarten und sagte, daß ich an alle Bekannten Karten schreiben soll. Sie erzählte mir, daß sie alle Deutschen gern hat, weil ihre Mutter eine Deutsche war. Sie sagte mir, daß ich zu Hause alle Leute grüßen sollte. 2 Karten schrieb ich gleich. Dann brachen wir auf und gingen zur Elbquelle, die etwa 200 m von der polnischen Grenze entfernt lag. Die Elbquelle war nicht schön, die Werraquelle ist schöner. Ich schmiß aber auch einen Pfennig in die Elbquelle.

Dann gingen wir weiter zur polnischen Grenze. Dort war ein Freundschaftsweg, der die Grenze bildete, und auf dem Polen und Tschechen gehen konnten. Einige Posten sahen wir auch. Einige Male liefen wir auf polnischem Gebiet. Es waren aber viele Wolken da, so daß wir nicht weit sehen konnten. Der Grenzweg erstreckt sich über das ganze Riesengebirge, wir waren etwa 1500 m hoch. Plötzlich fing es an zu regnen und es draschte. Nach einer Viertelstunde langten wir durchnäßt in einer Baude an, die auf tschechischem Gebiet lag. Der Gastwirt war dort sehr freundlich. Wir konnten unsere Hosen auf dem Ofen trocknen (ich hatte Turnhose drunter). Dort schrieb ich auch 4 Karten an Verwandte und Bekannte.

Nachdem wir Tee getrunken hatten und die Sachen halbwegs trocken waren, ging es im Dauerlauf weiter, zurück nach Harrachov, immer dem Gustav nach. Unterwegs erzählte mir Hans-Joachim allerlei lustige Beinerstädter Geschichten. Das Abendessen war an diesem Tag reichlich, weil wir ca. 25 km gewandert waren. Ich klaute Brot und Bier vom Nachbartisch und zerbrach aus Versehen auch noch eine Gabel. Es war sehr lustig. Nachdem wir zum 1 km entfernten Quartier zurückgekehrt waren, besuchte ich Karla, die seit dem Morgen mit Angina im Bett lag. Anschließend schrieb ich Tagebuch und ging schlafen.

28. 7. 65

Es regnete noch mehr als am Vortag. Wir packten unsere Sachen und gingen um 8 Uhr zum Busbahnhof. Um ¼ nach 8 kam der Bus. Er war so voll, daß wir nicht mitkamen. Unser Lehrer und die tschechische Reisebegleiterin erreichten, daß wir um 11 Uhr mit dem Bus nach Liberec fahren konnten. Um 13 Uhr waren wir dann in Liberec. Nach dem Mittagessen hatten wir eine kurze Besprechung, und wir erfuhren, daß im Kino »Winnetou« gespielt wird. Gleich mit der nächsten Straßenbahn fuhren wir zum Kino. Die Karten waren jedoch für diesen Tag bereits ausverkauft, wir wollten doch aber unbedingt den Film sehen. Schließlich wandten wir uns an die Einlaßpersonen. Zum Glück konnte ein Mann Deutsch. Wir machten ihm klar, daß wir aus der DDR sind, und daß bei uns dieser Film nicht gespielt wird. Der Mann holte nun die verantwortliche Frau. Wir erreichten, daß wir Karten für die 17-Uhr-30-Vorstellung bekamen, was uns jedoch zeitlich nicht recht paßte. Wir warteten noch eine Weile. Plötzlich kam die Frau noch einmal und teilte uns mit, daß 6 Leute noch in die 15-Uhr-Vorstellung gehen könnten. Der Spaß kostete nur 7 Kronen. Wir erhielten Gartenstühle, die am Rand, ziemlich weit hinten, aufgestellt wurden. Von der Wochenschau verstanden wir nur den Sinn. Danach wurde ein Trickfilm ohne Worte gezeigt, den wir verstanden. Anschließend kam der Winnetou-Film in Breitwand und Farbe. Leider verstanden wir die Sprache nicht. Den Inhalt verstanden wir im groben. Der Film war ausgezeichnet. Es war der 2. Teil. Den 1. und 3. Teil hätte ich auch gerne noch gesehen. Nach dem Kino, es war 17 Uhr, gingen wir zurück, und ich packte meinen Koffer. Ich erfuhr, daß Lida und Majka um 20 Uhr am Pionierhaus sein wollten. Wolfgang S. und ich freuten uns sehr. Um 20 Uhr hatten wir noch eine kurze Zusammenkunft, auf der unsere tschechische Reisebegleiterin verabschiedet wurde. Für Prag sollten wir eine neue Reiseleiterin bekommen. Währenddessen waren Majka und Lida eingetroffen. Sie erzählten uns, daß sie am vorhergehenden Tag bis um 10 Uhr in der Mensa auf uns gewartet haben, weil sie dachten, wir kämen an diesem Tag zurück. Wolfgang S. und ich machten mit den beiden einen kurzen Stadtbummel. Anschließend gingen wir zum Pionierhaus zurück, setzten uns auf die Bank, und unterhielten uns. Hierbei kamen noch andere hinzu. Um 22 Uhr verabschiedeten wir uns von ihnen und versprachen, zu schreiben.

29. 7. 65

Um 4 Uhr mußten wir aufstehen. Dann ging es zum Bahnhof, wo wir frühstückten und nach Prag abfuhren. Unterwegs spielten wir Skat und Mau-Mau, und ich hatte mit Detlef eine kleine freundschaftliche Auseinandersetzung. Monika schrieb mir eine Karte nach Hause, ich setzte lediglich meinen Wilhelm drunter. In Prag wurden wir in einem Pionierhaus untergebracht, wo ich jetzt sitze und Tagebuch schreibe. Ich finde, daß diese Reise in die ČSSR meine schönste bisherige Reise war. Zu Mittag gab es überbackenen Käse in der Mensa. Als ich das halb gegessen hatte, hörte ich, daß es Käse ist. Daraufhin ließ ich den Rest stehen. Am Nachmittag bummelten wir durch die Stadt und besuchten im Hradschin den wundervoll eingerichteten Pionierpalast. Es regnete heute mittag. Hoffentlich ist morgen schöneres Wetter, damit ich fotografieren kann. Nach dem Abendessen gingen Detlef, Wolfgang und ich zum Klement-Gottwald-Mausoleum und zur Reiterstatue. Von da aus hatte man einen herrlichen Rundblick über Prag. Danach gingen wir zurück und legten uns in die Schlafsäcke, mit denen wir drei zu den Mädchen hüpften. Anschließend gingen wir schlafen.

30. 7. 65

Nach dem Frühstück unternahmen wir eine Stadtrundfahrt. Wir besuchten das Alte Rathaus, den Hradschin, die älteste Synagoge Europas und den Judenfriedhof. Das Alte Rathaus brannte noch wenige Tage vor Kriegsende aus. Jetzt ist es wieder in Ordnung. Jede Stunde erscheinen die 12 Apostel an der Rathausuhr. Vom Turm des Rathauses konnte man Prag sehr schön sehen. Anschließend besuchten wir den Hradschin und die Goldene Gasse. Dann besuchten wir die älteste Synagoge aus dem 12. Jahrhundert. Anschließend gingen wir in eine andere Synagoge, die einen großen Eindruck auf mich machte. Ganze Wände waren mit den Namen von

Juden beschrieben (37 000), die in Böhmen lebten und während der Hitlerzeit in den KZ ums Leben kamen. Danach gingen wir in den Judenfriedhof. Hier wurden im Mittelalter die Juden begraben. Da die Ausdehnung des Friedhofs nicht möglich war, wurden die Toten schichtenweise begraben. Man hat entdeckt, daß an manchen Stellen 12 Schichten von Toten übereinander lagen. Dadurch stehen alle Grabsteine sehr dicht, viele hat man von unten heraufgezogen, so daß ein ganzes Gewirr von Steinen existiert. Wenn einer umfällt, so wird er liegengelassen, da die Juden glauben, daß der Tote Ruhe braucht. Am Nachmittag hatten wir frei. Ich kaufte Geschenke für 89 Kronen ein. Anschließend gingen wir in den Beatles-Film »Perny den«. Er war von mittlerer Qualität. Es hätte mehr Musik dabeisein müssen. Am Abend hatte ich noch 2 Kronen und 50 Heller. Am Abend gingen wir mit zwei Lehrer-Familien in der Stadt und am Moldauufer spazieren. Es war ganz nett. Zum Schluß gingen wir in ein Lokal, wo mir der noch verhältnismäßig reiche Hans-Joachim ein Eis spendierte.

31. 7. 65

An diesem Tag fuhren wir nach dem Frühstück zu den Höhlen »Zum Goldenen Pferd« in Koneprusy und zur Karlsburg (eine Autostunde von Prag entfernt). Zuerst besichtigten wir die Höhle. Die Höhle bestand aus drei Stockwerken. Viele Tropfsteingebilde konnte man sehen. Hier hat man auch Knochen von Urmenschen gefunden. Außerdem war um 1460 in dieser Höhle eine Falschmünzergruppe. Dann fuhren wir weiter zur Karlsburg. Dort bekam jeder von unserem Lehrer 10 Kronen, die noch übriggeblieben waren. Die Karlsburg ist sehr schön gelegen. Von der Innenbesichtigung weiß ich jedoch nicht mehr viel, weil ich erstens müde war und zweitens das Museumslatschen satt hatte. Auf dem Rückweg besichtigten wir das am Rande Prags gelegene Schwimmbad. Das Bad ist sehr großzügig angelegt und sieht phantastisch aus. Es existieren zwei Freischwimmbecken und ein Hallenbad mit Klimaanlage, so daß die Temperatur nicht unter 24 Grad absinkt. Eintritt kostet es für den ganzen Tag 5 Kronen, das entspricht 1,60 Mark. Nach dem Abendessen bummelten Wolfgang, Detlef und ich durch Prag und beobachteten, wie ein O-Bus, der kaputt war, wieder flottgemacht wurde. Als es dunkel wurde, knipste ich unter fachmännischer Beratung von Wolfgang den Wenzelsplatz bei Nacht. Anschließend gingen wir noch einmal zur Reiterstatue und fotografierten das nächtliche Prag. 5 Minuten belichtete ich und mußte den Apparat ruhig halten. 2 Minuten vor 10 Uhr (um 10 Uhr sollten wir in den Betten liegen) langten wir in der Unterkunft an.

25. MÄRZ

Martin holt Kohlen, auch für die Nachbarin, putzt Fenster und wäscht Gardinen. Ich brate eine junge Ente, mit Äpfeln gefüllt. Danach der geheiligte Mittagsschlaf.

Als ich gerade mit Duschen fertig bin, klingeln Horst und Ulli.

Wir essen Martins Pflaumenkuchen. Im TV läuft dazu ein Bericht über das Ungeheuer von Loch Ness.

Da gibt's ja richtige Fanatiker: pro und kontra.

Mir ist das Monster egal.

Diese Zeitungsmeldung finde ich viel interessanter: »Nur mit einer Wollmütze bekleidet unternahm ein Brite im französischen Wintersportort Flaine (Savoyen) eine nächtliche Schußfahrt. Nach einem feuchtfröhlichen

Abend in einem Bergrestaurant hatte der Zwanzigjährige gewettet, daß er nackt auf Skiern ins Tal heimkehren werde. Er stieg gegen ein Uhr nachts bei minus 15 Grad auf die Bretter – und gewann die Wette.«

26. MÄRZ

In der Wohnung über uns poltern wieder die Handwerker, da kann ich nicht arbeiten, ich flüchte ins Freie.

Im Antiquariat seh ich mir *Die Schönheit* an, alte Hefte über Freikörperkultur, mit verschämten Fotografien. 10 Mark pro Heft, ist mir zu teuer; wäre aber mal lustig, auch die Annoncen.

Einer sucht »Knaben-, Jünglings- und Jungmännerporträts«.

Ich suche Tagebücher, aber nichts zu finden.

29. MÄRZ

Seit vorgestern schlägt mein Herz wieder unrhythmisch, ich konnte nicht zum Zirkel fahren.

Schwäche. Ich liege meistens.

Heute zum EKG und zur Schilddrüsenärztin. Ich soll 3 Cordanum nehmen.

Helga Pankoke bringt mir den Umbruch von »Tandem« und Christa Wolfs »Kassandra«. Ich lese gleich das Arbeitstagebuch.

Abends kommt die Wohnungskommission, 3 Leute. Sie sehen sich die Wohnung gar nicht weiter an. Der Vorsitzende füllt ein Formular mit unseren Namen aus.

Nun müssen wir auf die Registriernummer warten, dann ist es erst sicher, daß wir eine größere Wohnung bekommen.

Martin ist skeptisch. Aber ich bin ganz sicher.

30. MÄRZ

Ein dicker Brief mit Gedichten von Thomas Böhme. Ich finde fast alle gut.

Nachmittags kommt Ronald. Er muß aber bald wieder weg, weil er anschließend nach Kopenhagen fährt, zu einem Friedenskongreß.

Mein Herz schlägt endlich gleichmäßig, dank der Pharmazie.

31. MÄRZ

Im August 1865 verläßt Isidore das Gymnasium in Pau.

Es ist merkwürdig, daß sein Name weder 1864 noch 1865 auf der Liste der Abiturienten steht.

Er geht wieder nach Tarbes zurück.

Vor einem Jahr ist Jean Dazet, der Jugendfreund seines Vaters, gestorben. Isidore wohnt bei der Witwe, Madeleine Dazet. Georges, ihr Sohn, ist jetzt dreizehn.

Isidore ist neunzehn.

Zwischen beiden beginnt eine enge erotische Freundschaft, die wahrscheinlich auch zu gegenseitiger Masturbation geführt hat. Zwei Jahre dauert diese Beziehung. (Die Spuren finden sich später in den »Gesängen des Maldoror«, vor allem im Ersten Gesang.)

Ich denke jetzt, beim Schreiben, an den fünfzehnjährigen Rolf. Gesicht wie ein junger Kater.

Immer dienstags nach dem Zeichnen kam er zu mir, fast 6 Monate lang, 1964. Wer hat wen verführt?

Später erfuhr ich, daß er mit achtzehn oder neunzehn geheiratet hat.

»Auch der Mensch ist ein Tierwesen von unzweideutig bisexueller Anlage«, das erkannte Sigmund Freud schon 1929.

1. APRIL

Martin fährt nach N. zur Jugendweihe seines Neffen.

Ich lese Korrektur, kann aber nicht mehr viel an den Gedichten ändern. Ein paar Druckfehler finde ich.

Abends brennt der Müllcontainer im Hof. Ich sehe aus dem Fenster zu, wie die Flammen im Finstern züngeln und lodern. Ich habe bestimmt eine pyromanische Ader.

2. APRIL

Abends zu Christian. Er wohnt mit einem Theologiestudenten zusammen, der Karsten heißt und viel zu hübsch für ihn ist.

Es gibt Tee in Gläsern. Noch 6 andere junge Männer sind da. Thema: Masturbation.

Einige sagen, sie masturbieren jeden Tag, andere aber haben Hemmungen, überhaupt darüber zu sprechen, und Schuldgefühle.

Selbstbefleckung: Vergeudung des wertvollen Samens.

Die Masturbation wurde besonders im 18. und 19. Jahrhundert verfolgt. Sie galt nicht nur als Sünde, sondern sollte Idiotie und Rückenmarksschwindsucht hervorrufen.

Und heute?

»Onanie: Selbstbefriedigung. Im Pubertätsalter Bestandteil einer normalen Entwicklung der Sexualreifung. Normale Erscheinung als sog. ›Not-Onanie‹ geschlechtsreifer Menschen, die keine Möglichkeit einer normalen Triebbefriedigung haben.« (Wörterbuch der Medizin. Berlin 1980)

In zwei Sätzen dreimal das Wort »normal«, aber kein Wort davon, daß Selbstbefriedigung keine Ersatzhandlung, keine Notlösung ist. Sie ist eine selbständige Form von Sexualität.

Als Slogan: Onanie ist normal.

Mit dem Taxi zurück. Auf diese Weise ist Autofahren schön, meint Martin. Es müßte weniger Privatwagen, dafür mehr Taxis geben.

3. APRIL

Berliner Zeitung: Hunderttausende Uruguayer protestieren gegen Diktatur.

4. APRIL

Gestern ging ich in die Deutsche Bücherstube und sah in Grillparzers Tagebücher: Fast nur Gedanken über Literatur, kaum was Persönliches. Da lese ich lieber wieder Maxie Wanders Tagebücher.

Heute vor 138 Jahren wurde Isidore Ducasse geboren. Ich muß mich wieder mit ihm beschäftigen.

7. APRIL

Um 4 Uhr auf. Im Dunkeln das Zwitschern der Vögel, ungewohnt. Frühling. Wir müssen umsteigen: Alexanderplatz, Ostbahnhof, Ostkreuz, weil schon seit Wochen an der S-Bahn gebaut wird. 6 Uhr 10 ab Lichtenberg. Der Himmel dunkel-blaugrau. Eine Menge Menschen auf dem Bahnhof, zu dieser Stunde. Martin sagt: Jetzt beginnt die Zeit der Betriebsausflüge.

Nebel in Jüterbog.

Martin liest in *Medizin aktuell*, einen Artikel über AIDS (Acquired Immune Deficiency Syndrome), eine neue

Seuche, die hauptsächlich männliche Homosexuelle befällt. Versagen des Immunsystems, übertragbar durch Ansteckung. November 1983: 2753 Kranke in den USA, von denen 41% schon starben.

Einen Impfstoff gibts noch nicht, weil man den Virus nicht kennt. Und natürlich fehlt es an Geld für die Forschung, für die Aufklärung der Bevölkerung.

Gegenseitige Masturbation ist ganz ungefährlich.

Bei Weimar noch Reste von Schnee. In Erfurt steigen wir um. Bei Gotha sind die Nordhänge des Thüringer Waldes dünn mit Schnee bedeckt. Um 12 Uhr in B.

Im Hotel haben wir ein Zimmer bestellt, wir kriegen Nummer 14. Ich sehe zufällig, daß es nur die Zimmernummern 12 und 14 gibt, keine 13.

Die sind ja hier noch richtig abergläubisch!

Ob das in anderen alten Hotels auch so ist?

Mit dem Taxi zu Mutter. Sie erzählt sofort aufgeregt, es hat Ärger gegeben, mit dem Enkel, vor allem mit seiner Frau. Mutter hat sie vor einem halben Jahr ins Haus genommen, weil sie geheiratet hatten. Jetzt führen sie sich schon so auf, daß sich Mutter wie ein Untermieter fühlt, im eigenen Haus.

Nachts im Hotel. Wir werfen die Keilkissen aus den Betten. Unten im Saal ist Tanz, verzerrte Rockmusik, die Bässe wummern. Wir sind kaputt und schlafen gleich ein.

8. APRIL

Kaltes Wasser aus dem Warmwasserhahn.

Im Zug kontrolliert ein Transportpolizist unsere Personalausweise.

Wo wollen Sie hin? Waren Sie schon mal da?

Nach dem Mittagessen (Rouladen) gehn wir zum

Wald. Eine Lerche trillert, zwei Hasen hoppeln über die umgepflügten Felder.

Graubraune Landschaft und grauer Himmel. Es nieselt mal.

Wir reden Mutter Mut zu, sie soll sich nichts gefallen lassen. Sie nimmt Baldrian, wenn sie aufgeregt ist. Ihr Herz ist nicht in Ordnung, Herzkranzgefäße.

Wir sehn noch ein bißchen fern, dann müssen wir los, durch das dunkle Dorf zum Bahnhof.

9. APRIL

0 Uhr 10 fährt der Liegewagenzug nach Berlin.

Die ersten beiden Wagen sind erleuchtet, die restlichen für die Bauarbeiter, die in Meiningen und Suhl zusteigen, sind noch dunkel. Wir liegen in Wagen 1, mit einer Decke zugedeckt. Der dritte Mann röchelt im Schlaf. Später steigen noch zwei zu, auch eine Frau. Rütteln und Schaukeln. Schlafen kann ich nicht, ich habe Angst vor einem Zusammenstoß, die ersten 3 Wagen sind am gefährdetsten, habe ich gehört. Von draußen zuckt Lampenlicht durch den Fenstervorhang. Ich schwitze in der dumpfen Luft. In Erfurt und Halle höre ich weit weg die Ansagestimme. Irgendwann schlafe ich dann doch ein, unruhig.

In Karlshorst gegen halb 7. Die S-Bahn ist voll.

Martin geht um halb 8 in die Apotheke.

Um 10 kommen der Klempner und der Schornsteinfegermeister, wegen der Gasheizung in Küche und Bad. Danach schlafe ich ein ganzes Stück, anschließend unter die Dusche.

Heute vor 11 Jahren habe ich Martin kennengelernt, in Leipzig. Ein Theologiestudent hatte gesagt: Da ist ein

Pharmaziestudent, vierundzwanzig, schmächtig, lange Haare, sprich mal mit ihm, und gab mir die Adresse.

Er aß gerade Abendbrot in seiner Mansarde, Makrele aus dem Einwickelpapier, und trank Kakao dazu.

Schmächtig war er nicht, die Haare waren nicht lang, und seine resignierte Haltung regte mich noch auf, als ich wieder in meiner Wohnung war.

Am liebsten würde er in ein Kloster gehn ...

Eine Woche später kam er zu mir. Am nächsten Morgen brachte ich ihn zur Straßenbahn.

Wir trafen uns dann immer dienstags.

Als Martin vom Frühdienst kommt, gehn wir bummeln Unter den Linden und feiern ein bißchen mit Eisbecher und Gin-Tonic im Café.

Auch: daß wir wieder in der Metropole sind.

(Bloß nich aufm Dorf lebn!)

11. APRIL

Isidore bleibt 2 Jahre im Hause Dazet. Dann beordert sein Vater ihn wohl nach Montevideo, um zu besprechen, was aus Isidore werden soll. Er ist immerhin schon einundzwanzig.

Georges ist fünfzehn.

Am 21. Mai 1867 stellt die Präfektur einen Paß für Ducasse aus, der die Nummer 66 hat.

Am 25. Mai erhält er in Bordeaux ein Visum mit der Nummer 315 nach Montevideo. In diesem Visum steht übrigens, daß Ducasse »ohne Beruf« ist.

Das Schiff heißt »Harrick«, ein ausländisches Schiff. (Die reguläre Linie Bordeaux–Montevideo wird sonst von der französischen Schiffahrtsgesellschaft befahren.)

Und wieder, nach 8 Jahren, erlebt Isidore den Atlantischen Ozean.

Der Klempner kommt, bringt ein Waschbecken im Bad an und den Gasdurchlauferhitzer, nachdem er den Badeofen abgebaut hat. Den schleppe ich mit Martin in den Hof, abends.

In den nächsten Tagen will der Klempner die Gasheizungen anmontieren.

16. APRIL

Traum: Rolf Dieter Brinkmann besucht mich, in unserm Haus in der Küche unten. Ich biete ihm was zu essen an, er räumt dann präzise das Geschirr weg, ganz selbstverständlich. Er sagt, daß er mir ein Buch von sich geschickt hat, das ist aber nicht angekommen, mein Buch hat er ebenfalls nicht gekriegt. Ich finde ihn gar nicht so radikal, er hat eine freundlich-distanzierte Haltung.

Heute wäre Brinkmann vierundvierzig Jahre geworden, er starb mit fünfunddreißig bei einem Autounfall in London.

Ich lese gerade sein »Rom, Blicke«, das Ulf und Susanne mir geschenkt haben.

17. APRIL

Berliner Zeitung: »Mit Schlagstöcken ging die uruguayische Polizei gegen 4000 Demonstranten vor.«

Ich gehe ins Berolinahaus, ins Wahlbüro, und sage, daß ich eine Nebenwohnung in Berlin habe und hier wählen möchte. Ein Mann im Oberhemd füllt ein Formular aus, dann erhalte ich von ihm ein kleines rosa Kärtchen, ich soll damit ins Sonderwahllokal gehen, ein paar Zimmer weiter. Ein langer Tisch ist mit fahnenrotem Tuch bedeckt, ich gebe der Frau am Tischende mein Kärtchen und bekomme einen grünlichen Zettel (A 5). Ich lese schnell die Namen der Stadtverordneten durch, ehe ich das Papier in den Kasten stecke, dessen Schlitz ein Mann am anderen Tischende aufgedeckt hat. Ich habe gewählt.

18. APRIL

Ducasse ist also in Montevideo.

»Isidore war groß geworden, benahm sich sehr ungezwungen, ließ sich romantische Koteletten wachsen und trug eine modische Weste ... Ich glaube, er drückte mir gefühlvoll die Hand. Einige Minuten später sah ich ihn in einer Loge, wo er Mademoiselle Julia Montagne den Hof machte. Auch sie schien sehr von ihm angetan. In der Brasserie Thiébaut wollte man wissen, daß Isidore mit einer jungen, hübschen Mestizin intime Beziehungen unterhalte, aber man darf nicht jedem Klatsch glauben.«

(Alvaro Guillot-Muñoz befragte Pater Plantet.)

Die Brasserie Thiébaut war der Treffpunkt der Franzosen in Montevideo.

Guillot-Muñoz fragte auch eine Tante Isidores, Madame Eudoxie Ducasse, sie sagte: »Isidore war nicht ausgesprochen launisch, aber eigenwillig; er war abwechselnd besonnen und ausgelassen, aufbrausend, ja, sehr aufbrausend ... leidenschaftlich.«

Prensa Latina meldet heute: Der uruguayische Arzt Vladlmir Roslik ist nach seiner Festnahme am Wochenende von Soldaten des Regimes in Montevideo umgebracht worden.

24. APRIL

In den letzten Tagen schlapp und müde. Und heute früh hüpft mein Herz wieder aus dem Takt. Schweißausbrüche. Ich lege mich gleich hin. Nach Leipzig kann ich nicht fahren. Statt 3 Cordanum nehme ich 4. Bleibe den ganzen Tag im Bett.

26. APRIL

Zur Schilddrüsenärztin. Ich bekomme wieder Methimazol, 60 Tabletten in 10 Tagen, dann täglich 3. Die Rückfallquote bei Hyperthyreose beträgt 30 bis 50%. Wenn die Tabletten diesmal nicht helfen, dann muß operiert oder bestrahlt werden.

Mit dem Rezept gleich zu Martin. Er hat Mittagspause, wir gehn Kesselgulasch essen. Kaum bin ich wieder in der Wohnung, klingeln Ulf und Susanne, sie waren beim Aufbau-Verlag, müssen aber bald nach Halle zurück.

Martin kommt um halb 8 vom Spätdienst. Um halb 10 kommt H. Nach Mitternacht erst ins Bett.

28. APRIL

In der Zeitung lese ich: Die herrschenden Militärs in Uruguay mußten General Seregni freilassen, nach siebeneinhalb Jahren Gefängnis.

Wie ein Lauffeuer ging diese Nachricht durch Montevideo. Tausende versammelten sich vor Seregnis Haus. Bus- und Taxifahrer hupten zur Begrüßung.

1971 hatte sich der »General des Volkes« als Präsidentschaftskandidat für das Linksbündnis Frente Amplio (Breite Front) aufstellen lassen. Sein Wahlprogramm lautete: Agrarreform, Verstaatlichung der größten Betriebe, nationale Souveränität gegenüber den USA. 20% der uruguayischen Bevölkerung stimmten für dieses Programm.

2 Jahre später aber kam es zum Militärputsch und zur Errichtung einer der brutalsten Diktaturen Lateinamerikas. Liber Seregni wurde verhaftet und 1976 zu 14 Jahren Gefängnis verurteilt. Massendemonstrationen und Generalstreik zwangen die Militärs jetzt, Seregni freizulassen. Er sagte: »Ich bin älter geworden, aber auch treuer gegenüber meinen Idealen. Ich habe das klare Ziel, mitzuhelfen, die Demokratie in unserem Land wiederzuerrichten.«

H. will in die Friedrichshagener Bilderkneipe, mit Holzstühlen und karierten Tischdecken, an den Wänden hängen Gemälde, es sind wechselnde Ausstellungen. Wir trinken einige Biere und essen Buletten mit Bratkartoffeln, die ganz hervorragend schmecken.

Gestern abend im Fernsehen: die Eröffnung des neuen Friedrichstadtpalastes. Eine Solotänzerin mit nacktem Busen!

29. APRIL

H. bringt uns zum Ostbahnhof. Wir fahren mit dem Malmöer Zug nach Saßnitz, auf die Insel Rügen.

Martin hatte schon im Dezember ein Zimmer im Rügenhotel bestellt, es hat die Nummer 416.

Im Restaurant gibt es Wernesgrüner Exportbier.

Wir gehen zum Hafen. Die Mole ist gesperrt.

Eine braune Ratte zwischen Wurzeln.

Schmutziges, abgewaschenes Weiß der Häuser, abgebrochene Ecken. Nach Stubbenkammer fährt nur in der Saison ein Bus. Martin bestellt bei der Rezeption ein Taxi für morgen.

Die Gäste sind fast alle Urlauber der Gewerkschaft, zum Abendessen stehn sie vorm Restaurant an. Nach 20 Uhr essen wir dort was Gegrilltes.

30. APRIL

Kurz nach halb 10 fährt uns das Taxi die 7 Kilometer nach Stubbenkammer, immer durch den Wald. Kurzer Weg zum Königsstuhl, kahle Buchen, alles ist weiß bestaubt, die Wege, das Geländer. »Mit eins öffnet sich der Wald, wir stehen an den jäh abstürzenden Kreideklippen des Königsstuhls, junge Rotbuchen wehen mit ihren weit hinabhängenden Ästen über der tief unten brausenden Brandung, und in breiter Ausdehnung bis an die feine Linie des Horizonts dehnt sich der blaugraue Spiegel der Ostsee ...« (Carl Gustav Carus »Eine Rügenreise im Jahre 1819«)

So ist es bis heute geblieben.

Wir gehn den Weg nach unten, zuletzt müssen wir über Leitern auf den Strand steigen. Alles Steine, faustgroß und rund.

Martin sucht weiter südlich eine Stelle, auf einem riesigen flachen Stein, und malt ein Aquarell vom Königsstuhl, mit englischen Farben. Ich sitze unterm Steilufer auf einem bleichen Baumstamm, mache Notizen. Später steigen wir wieder hoch. Auf einem Felsbrocken ist eine Tafel:

Victoria – Sicht
vom Könige Wilhelm I.
hier benannt am 10. Juni 1865.

Wir finden die Stelle, wo Caspar David Friedrich damals sein Bild »Kreidefelsen auf Rügen« gemalt hat. Der Weg geht knapp am Abgrund entlang. Martin zeichnet, mühsam, er radiert oft. Ich vergleiche die Gemäldereproduktion mit der Natur. Die rechte hohe Kreidewand auf Friedrichs Bild fehlt heute. Ist sie inzwischen abgebrochen, nach mehr als 150 Jahren? Ein Düsenjäger fliegt dröhnend über uns weg. Eine Reisegruppe kommt, der Reiseführer erklärt, die Kameras klicken. Dann ziehen sie wieder ab. Stille, nur das Rauschen. Martin sitzt neben dem Weg, an einer Buche, malt aus dem Kopf, ab und zu steht er auf und sieht nach unten. Vogelzirpen im Wald, dünne Stämme, der Boden ist leicht begrünt. Buschwindröschen, Lungenkraut, Primeln, Hahnenfuß, Leberblümchen. Die rechte Buche auf Friedrichs Gemälde streckt ihre Zweige genauso ins Bild wie auf Martins Aquarell. Nur der Kreidezacken in der Mitte ist etwas stumpfer geworden. Ein schneeweißes Schiff zieht vorüber. Frischer Ostwind. Ein starker Eindruck: die grellweiße Kreide gegen das grünlichblaue Meer, scharf und klar. Wir wandern den Hochuferweg nach Süden. Wieder ein Gedenkstein:

Seinem Ehrenmitgliede
Landforstmeister Waechter
der Pommersche Forstverein
1896

Um 17 Uhr im Hotel. Die Füße brennen. Unter die Dusche!

1. MAI

Im TV sehn wir uns die Mai-Demonstration in Berlin an: eine Parade von Regenschirmen.

Wir gehn zum Saßnitzer Hafen. »Grenzgebiet. Transit

nach Trelleborg. Betreten und fotografieren verboten.« Dann erleben wir hier die Demonstration, es sind viele Matrosen dabei.

Wir kommen in den Wald, dürres Gestrüpp, umgestürzte Bäume, Erdhaufen, Abfall. Der Himmel ist heute grau. Nach dem Wald: das Meer. Steinbrocken, an die das Wasser gischtet, rausgerissene Steinquader, rechts und links Drahtzäune.

Weiter südlich, am Waldrand, ist ein Großsteingrab. Mächtige gerundete Granitblöcke, dahinter ein großer Erdhügel, mit Steinen ringsum. Brombeerranken haken sich an der Hose fest. Im Wald, links am Hang, ein grauer Stein mit der Inschrift:

Wanderer, ziehe deinen Hut
und sprich ein still' Gebet.
Hier ruhen deutsche Soldaten
und Opfer des II. Weltkrieges
1939–45

Vier Gräber sind gerade noch zu erkennen, ein Holzkreuz umgestürzt, verwildert und trostlos. Einer der Toten war vierundzwanzig Jahre. Später auf der Straße: lange Lastkraftwagen aus Austria und France, und Skandiatrans, warten hintereinander, Richtung Hafen.

Neben dem Rügenhotel ist das Seemannsheim John Schehr. Auf dem Weg zum Bahnhof gibt es einen duty free shop.

Vom Hotel sehen wir auf die Leninstraße. Lenin kam 1917 durch Saßnitz, als er aus der Schweiz nach Petrograd fuhr, im verplombten Waggon. Es gibt eine Gedenktafel und ein Denkmal, auch eine Gedenkstätte am Bahnhof.

2. MAI

Gestern mittag fing mein Herz an, unrhythmisch zu schlagen. Beim Erwachen heute ist es wieder ruhig, aber ich bin noch nervös und gereizt, fauche Martin wegen Kleinigkeiten an.

Ich will eine Kugelschreibermine kaufen: gibt keine.

Mit dem Bus zum Stadtrand.

Durch den stillen, hellen, leicht dunstigen Buchenwald; den Pfad zum Ufer runter; Sonne blitzt auf das Wasser; die Wellen schäumen.

Wir gehn über Feuersteine, Martin findet dauernd Donnerkeile und ist begeistert. Auf einem 3 Meter großen Granitblock liegt ein faustgroßer versteinerter Seeigel, den packt er auch ein.

Von hier aus malt er die Steilküste, die Kreide, in ihrer Mitte ist ein Stück abgerutscht, darunter sieht man okkerfarbnen Lehm.

Das Geräusch der dunklen, runden Steinchen, die mit der Welle zurückrollen, ein leichtes Scharren.

Weiter nach Norden. Abgerutschte Stücke der Steilwand haben junge Buchen mitgerissen.

Auf einmal sehn wir: lauter kleine Teerflecke auf den Steinen, flüssig und schwarzglänzend, wo kommen die her? Sie bleiben an den Schuhen kleben, man kann sich nicht hinsetzen. Später kommen wir an einen riesigen Steinblock, essen Kuchen und trinken Apfelsaft. Ich rolle mich auf dem Stein zusammen und schlafe etwas. Dann seh ich: Martin hat sich an den gelben Hang gelegt, ich leg mich daneben, auf meine Kutte, die weiße Pudelmütze auf, gegen die heiße Sonne. Plötzlich trifft mich ein Stein an der Stirn, streift klingend das Brillenglas. Andere Steine prasseln ihm nach, Martin reißt mich weg.

Eine winzige Wunde über der rechten Augenbraue.

Wieder weiter, zu den umgestürzten Buchen, hier ist das Ufer ganz schmal. Martin malt noch ein Aquarell.

Das Meer ist grünweiß, so sahn wir es gestern vom Hochuferweg, wahrscheinlich leuchtet der Kreidegrund durch das Wasser. Der Horizont ist eine dunkle bläuliche Linie. In der Luft ist viel milchiges Weiß.

Martin malt jetzt ganz anders als früher, nicht mehr so impressionistisch, sondern in großen, klaren Flächen, durch Linien und Punkte gegliedert.

Ich werde ein Foto machen.

3. MAI

Mit dem Bus nach Binz, dann durch den Wald, es ist schwül, die Fliegen setzen sich an Kopf und Hände.

Das Jagdschloß Granitz wird renoviert. Ein quadratischer Bau, einstöckig, an jeder Ecke ein runder Turm mit abgerundeten Zinnen, ein großer runder Turm in der Mitte. Farbe: ein schmutziges Rosa.

Wir verlaufen uns im Wald, stapfen schließlich die Endmoränen rauf und runter, durch Buchenlaub. Ich glaube nicht, daß wir noch zur Küste kommen, und will zurück zur Straße. Aber da treffen wir Waldarbeiter, die Fichten anpflanzen. 10 Minuten zum Meer, sagt einer. Und tatsächlich stehen wir dann oben auf der Steilküste.

Bummel durch Binz. Schneeweiße villenartige Häuser an der Promenade, ein typischer Badeort. Kaffeetrinken, ein Buch kaufen. Abends im Hotel schreibe ich ein Gedicht, nach langer Zeit.

Rügenhotel

Leben im hotel ist ganz bequem,
    jedenfalls für ein paar tage und hier:

morgens gehn wir gleich unter die dusche,
fahrn im fahrstuhl die vier etagen runter ins restaurant,
ein frühstücksbüfett ist aufgebaut,
der blonde kellner bringt kaffee,
dann kaufen wir bei der garderobenfrau filme, kekse
und ansichtskarten vom Königsstuhl,
auch einen intershop gibt es,
und ich hab sogar fünf mark als forumscheck dabei,
mit einem gedicht bei Luchterhand verdient,
aber kaufe nichts;
wenn man in beiden fahrstühlen
alle neun knöpfe drückt, dann halten sie in jeder
etage, auch wenn überhaupt niemand drin ist, das ist
lustig: ein spiel mit der technik;
man kann
in die sauna gehn, in die schwimmhalle,
Martin war zweimal drin, ich bin noch krank und muß
mich schonen;
leider steht seit gestern kein selterswasser
mehr im zimmer, aber die rezeption bestellt uns ein
taxi zum Königsstuhl.

Wenn wir am frühen abend zurückkommen
von den kreidefelsen oder dem jagdschloß,
das geschlossen ist wegen renovierung oder restaurie-
rung,
dann duschen wir wieder,
das wasser ist ganz weich, und jeden tag
wechselt der etagenservice die handtücher;
im restaurant haben sie immer exportbier,
»Wernesgrüner Pils« zu zwei mark, wir essen ge-
grilltes
mit pommes frites, große weiße stoffservietten
auf den knien; schließlich sind wir

wieder im zimmer 416
(die zimmer auf der anderen seite haben alle balkons zum meer),
auf dem sicherheitsschlüssel steht
AUG STENMAN SWEDEN, also haben die schweden
dieses hotel gebaut;
ich kann jetzt die schuhe
ausziehn auf dem blauen spannteppich, ich kann mich
an den hellen schreibtisch setzen und briefe auf
»gästepost« schreiben, oder fernsehen
(DDR I) oder radiohören oder mit Berlin telefonieren
(was wir nicht tun), wir können uns auch auf dem zimmer
bedienen lassen, von 7 bis 20 uhr; aber das wichtigste,
das absolut wunderbare
und großartige ist,
daß diese schweden
sogar eine feuerleiter
angebracht haben, die sich an der
schmalseite nach unten
wendelt, das läßt mich ruhig
schlafen;
in den schwedischen betten
schlafen wir nackt.

4. MAI

Morgens ist Nebel vorm Fenster.

Martin will nach Lietzow, 13 Kilometer mit der Bahn. Dort regnet es. Der tote Schwan am Strand, die nassen weißen Federn, der schwarze Rest des abgefressenen

Körpers, auch der Hals ist abgenagt und schwarz, der Kopf daran, im Sand.

Es regnet stärker.

Die Sehenswürdigkeit, eine Pappel mit 6 Meter Umfang, ist gefällt worden, nun steht ein kümmerliches, dünnes Bäumchen auf dem Dorfplatz.

Die Feuersteinfelder sind abgesperrt. »Betreten nur unter Führung möglich.«

Also fahren wir mit dem nächsten Zug nach Saßnitz zurück, suchen im Wald das Hünengrab, immer der gelben Markierung nach, aber wir finden es nicht.

Wir gehn zur Waldhalle, die geschlossen ist. Dunst zwischen den Bäumen. Gespenstische Stille, weil niemand sonst im Wald ist. Nur das Nebelhorn im Hafen ist zu hören, schon den ganzen Tag.

5. MAI

Der letzte Tag auf der Insel. Wir packen, der blaue Teppichboden ist voller Kreidespuren.

Kurz nach 10 sind wir am Strand und gehn nach Norden. Martin malt die Wissower Klinken. Hier sind noch Reste von Buhnen, aber auch größere Granitblöcke am Ufer. Ich sitze auf einem bleichen Baumstamm, an dessen hochstehenden Ast ich meinen Rücken lehne, die Kapuze über, gegen den Nordwind.

Ich beobachte ein weißes Schiff, Richtung Norden, durch das kleine Fernglas, und plötzlich verschwindet es im Dunst, als ob es sich einfach aufgelöst hat.

Zwei Schwanenpaare schwimmen vor uns her, als wir weiterziehn. Rechts das Meer, links die Steilküste. Abbrüche von lehmiger Erde, der Regen hat den Schlamm bis zum Wasser befördert, ich trete auf und bin sofort knöcheltief im Schlamm und springe weiter rein und durch, die Schuhe, Strümpfe, das Hosenbein sind lehmgelb.

Weiter. Nach jeder Biegung ergeben sich neue Blickwinkel, neue Kompositionen der Kreidefelsen. Wir müssen Baumskelette überklettern, andere Bäume hängen von den Rändern des Hochufers. Auf einmal sieht Martin die Nebelbank. Sie verdeckt den unteren Teil der Steilküste, schwebt dunstiggrau vom Norden heran und breitet sich auch auf dem Meer aus. Martin wird ängstlich, wir kehren um, aber der Nebel holt uns ein, weich und wallend, bis zum Hochufer, wo die Bäume unsichtbar werden.

Dröhnen von Motoren kommt näher, dann hören wir richtiges Kolbenstampfen, ganz deutlich und nah, nur das Schiff ist nicht zu sehn, ist es vielleicht aufgelaufen? Allmählich entfernt sich das Motorgeräusch wieder.

Martin will den Nebel fotografieren.

An der Schlammstelle balancieren wir über Steine im Wasser, an der Hand des andern.

Langsam verschwindet der Nebel, der Himmel wird sehr blau, die Sonne ist da, es wird warm.

Einzelne Schuhe sind auf den Strand gespült, eine Sandale, ein Stiefel, Stücke von Seilen, ein rosafarbnes Tau, ein langer, schwarzer Fischerhandschuh, an einem dicken, hellen Seil: wie ein Stilleben.

(Rest der Notizen verlorengegangen.)

7. MAI

Auf der Autobahn bei Magdeburg geriet ein PKW aus Berlin (West) ins Schleudern, überfuhr den Mittelstreifen und stieß mit einem PKW aus dem Bezirk Magdeburg zusammen. Die beiden Insassen des DDR-Fahrzeugs kamen ums Leben, von den 4 in dem Westberliner PKW befindlichen Personen wurden eine tödlich, eine schwer und zwei leicht verletzt. Ursache: eine der regennassen Fahrbahn nicht angepaßte Geschwindigkeit des Westberliner Fahrzeugs.

9. MAI

Ducasses Tante Eudoxie besaß ein Foto (6 × 9) von Isidore, das ein spanischer Fotograf in Montevideo aufgenommen hatte. Sie stellte es Alvaro Guillot-Muñoz zur Verfügung, bei einer Haussuchung beschlagnahmte die politische Polizei jedoch alle seine Papiere, so ging das Foto verloren.

Guillot-Muñoz beschrieb ihn »als einen Jüngling mit dem Anflug eines leichten Lächelns, die umschatteten Augen tiefliegend, ein wenig schräg, ein ovales, vielleicht etwas melancholisches Gesicht, sanft und völlig ausgeglichen«.

Vor seiner Abreise aus Tarbes hatte er sich schon fotografieren lassen, um Georges ein Bild von sich zu schenken, von einem Fotografen auf dem Place Maubourguet. Auch dieses blieb verschollen.

Salvador Dali zeichnete ein imaginäres Porträt, ich sah es auf dem Einband des Exemplares in der Deutschen Bücherei in Leipzig, weiß aber nicht mehr, wie es aussieht.

Voriges Jahr schenkte mir Ronald ein Poster mit Isidores Foto, das 1978 in dem Buch »Le Visage de Lautréamont«, Editions Pierre Horay, Paris, erschienen ist.

Es zeigt den einundzwanzigjährigen Ducasse im Anzug, hochgeschlossener Weste, weißem Hemd mit Schleife, an ein Pult angelehnt, er blickt nach rechts oben aus dem Bild hinaus.

Ist es wirklich authentisch?

Ich kann keinen »Anflug eines leichten Lächelns« sehen.

Vielleicht ist es das Foto, das in Tarbes gemacht wurde.

Wie hat man es gefunden?

Ich sehe von der Schreibmaschine hoch, seit ich an diesem Tagebuch arbeite, hängt er in einem hellen Rahmen über Martins Schreibtisch.

11. MAI

Mein achtundvierzigster Geburtstag. Punkt 7 klingeln die Zimmerleute, bessern den Fußboden im Korridor aus, dauert etwas über eine Stunde, aber das Aufräumen dauert bis Mittag (Schrank wieder aufstellen, einräumen).

Martin schenkt mir eine luxuriöse Pillendose aus Messing und bordeauxrotem Leder, passend zur Schreibmappe. Eingeladen haben wir keinen, weil Martin Spätdienst hat. Ria kommt mit Pralinen und Exquisitsocken, ich trinke Tee mit ihr.

Heute wird Dali achtzig Jahre, wir sahn ihn gestern im Televisor, er malt nicht mehr, seine Hände zittern, Parkinsonsche Krankheit.

13. MAI

Sonntag und Sonnenschein, wir wandern um den Lehnitzsee. In der S-Bahn von Oranienburg sagt ein Mädchen: »'n Kater hat zwee Schwänze«.

14. MAI

Ich lese »Die Ursache« von Thomas Bernhard. Er beschreibt seine Kindheit im Krieg; das erinnert mich an die Bombennächte in Weimar: Fliegeralarm, aus dem Schlaf in den Keller, Detonationen der Luftminen, die Glühbirne flackert, Staub rieselt von der Kellerdecke. Oder später das Hasten durch die verdunkelten Straßen, einmal verlor ich einen Schuh und schrie, in die riesige Höhle im Park, die sicherer sein sollte als der Keller, überall die Menschen auf Decken, auf schmierigem Lehm, notdürftig beleuchtet, Männer in schwarzen Uniformen.

Nach der Entwarnung zurück, die brennenden Häuser in der Ferne, unser Haus stand noch, die Handelsbank schräg gegenüber war eine Ruine geworden.

15. MAI

Zum jährlichen Röntgen der Lunge, in der Nähe der Jannowitzbrücke. Sie brauchen auch Sputum, ich inhaliere eine neblig zerstäubte Salzlösung, die reizt die Bronchien, ich huste und würge und spucke was ins Glasröhrchen, es ist auch etwas helles Blut dabei, wo kommt das her?

Die erste Tuberkulose nach dem Krieg.
Lebertran.
Mutter bäckt damit Kartoffelpuffer.
Später ziehen wir aufs Land.
Ich hole beim Bauern einen halben Liter Milch.
Die Schwindsucht verschwindet, kapselt sich ein.
Nach 10 Jahren bricht sie wieder aus.
Ich muß in eine Heilstätte, 7 Monate.

Hoffentlich ist diesmal kein Schatten auf der Lunge.

In der *Neuen Deutschen Literatur* steht mein Gedicht »Science-fiction«.

Mit Martin in den Palast der Republik. In der Mokkabar haben wir einen Zweiertisch. Nach Apfelkuchen mit Schlagsahne und Mokka bestellt sich Martin einen teuren Cocktail *Schwarzer Samt*, ich trinke Wodka-Tonic, es gibt keinen Gin.

Von der Post im Palast schicken wir ein Brieftelegramm an Mutter. Sie ist nun Urgroßmutter geworden, aber durch den Familienzwist hat sie nichts davon.

18. MAI

Ich bringe Martin zum Zug, er fährt zu seinen Eltern, eine Tante kommt zu Besuch.

22 Grad, die Fenster auf. Ich höre elektronische Musik, die Waschmaschine rumpelt dazu.

Ich habe französischen Käse gekauft: *Le Roitelet* und *Caprice des Dieux. Der Zaunkönig. Die Laune der Götter.*

Ich esse die Laune der Götter mit Weißbrot und trinke Berliner Pilsner dazu.

Ich bin allein in der Wohnung.

19. MAI

Am 1. April 1867 eröffnet der Kaiser Napoléon III. die Weltausstellung auf dem Marsfeld. Der ellipsenförmige Ausstellungspalast aus Gußeisen, Wellblech und Glas wird von den Zeitgenossen »Kolosseum der Arbeit« und »Babel der Industrie« genannt. Die Aussteller, die hohe Platzmieten bezahlen müssen, zeigen den neuesten Stand der Wissenschaft und Technik, vom neuen Leichtmetall Aluminium bis zu Krupps Kanonen.

Kurz nach 20 Uhr telefoniere ich mit Martin.

Die Treppe zum Bahnsteig hoch, immer zwei Stufen auf einmal, ohne daß mir das Herz bis zum Hals schlägt.

Dann hocke ich bis Mitternacht vor dem Fernseher.

Arbeiten kann ich nicht, wenn Martin weggefahren ist.

Ich bin unruhig und warte.

20. MAI

Mittag; ich sitze in der Küche, die ungarischen Spaghetti kochen auf dem Gas, der Kurzzeitwecker tickt. Sonne. Fenster in der Speisekammer auf. Ich habe die Brotschneidemaschine auseinandergenommen und abgewaschen.

Im Jahr der Weltausstellung vermehren sich die Prostituierten in Paris um ein Drittel, durch Zuzug von außerhalb.

Im gleichen Jahr tagt in Paris ein internationaler medizinischer Kongreß zur Bekämpfung von Geschlechtskrankheiten.

Kurz nach 18 Uhr kommt Martin endlich zurück, ganz verschwitzt, er ist im Auto mitgenommen worden, er geht gleich unter die Dusche.

Wir trinken Pulverkaffee Marke *Ali*.

Wie wars zu Hause?

Schön, sagt er. Seine Tante hat einen großen ringförmigen französischen Käse mitgebracht, aber Martin ißt ja keinen Käse.

21. MAI

Als die Weltausstellung schließt (Ende September?), hat man etwa 10 Millionen Besucher gezählt.

War Ducasse einer von ihnen?

Ende 1867 ist er jedenfalls in Paris.

Es ist unklar, ob er über Bordeaux und Tarbes gekommen ist, oder direkt über Le Havre nach Paris.

Hat er in Tarbes noch Georges besucht?

22. MAI

Nach Leipzig. Zu dünn angezogen, Baldwin borgt mir einen Pullover. Er arbeitet an Kupferstichen zu Kleists »Prinz von Homburg«, ich sehe mir die fertigen Platten an.

Im Zirkel spreche ich über die »Stilübungen« von Raymond Queneau, lese einige vor, die finden sie lustig. Ich habe angeregt, Selbstporträts zu schreiben.

Im Zug lese ich Thomas Bernhards »Der Atem« zu Ende und finde einen passenden Satz: »Die Vollkommenheit ist für nichts möglich, geschweige denn für Geschriebenes und schon gar nicht für Notizen wie diese ...«

Ich werde müde und nicke in meiner Fensterecke ein.

13 Stunden bin ich unterwegs, für 3 Stunden Zirkel.

24. MAI

Die französische Hauptstadt hat sich in den letzten Jahren sehr verändert. Napoléon III. ernannte 1853 Baron Haussmann zum Präfekten des Departements Seine, um durch ihn seine Ideen zur Stadtplanung realisieren zu lassen.

Die Arbeiterviertel wurden aus der Nähe des Tuilerienschlosses an die Peripherie verlegt. Vom Schloß führen breite Straßen sternförmig zu den neuen großen Kasernen, in denen für den Fall eines Aufruhrs ständig Truppen und Kanonen zum Schutz des Kaisers bereitstehen. Das ist das eigentliche Motiv für den Umbau der Metropole.

24 000 Häuser wurden niedergerissen, mehr als 74 000 neu gebaut. Kosten: mindestens 800 Millionen Francs. Nebenbei wurden auf den ehemaligen Festungswällen ringförmige Boulevards angelegt, die die Ausfallstraßen verbinden.

Es herrscht starker Verkehr: Droschken, Staatskutschen, Pferde-Omnibusse, Karren, Rollwagen, Reiter und manchmal ein Veloziped. Dieses Fahrrad, eine Weiterentwicklung der Draisine, bestand aus Holz und Eisen.

Ernest Michaux (1842–83) brachte 1864 Tretkurbeln ans Vorderrad an, konstruierte eine Bremsvorrichtung und gründete in Paris die erste Fahrradfabrik.

Auch Napoléon III. gehört zu den Fahrern einer »Michauline«.

Das erste Velo-Rennen führte 1868 von Paris nach Rouen. Der Sieger der etwa hundert Teilnehmer fuhr einen Stundendurchschnitt von 11,8 km.

Wie weit ist es von Paris nach Rouen?

Ich messe auf der Karte etwa 100 Kilometer.

26. MAI

Sonnabendnachmittag. Die Massen kommen vom Fußball, meist junge Männer, der ganze Schiffbauerdamm, die Friedrichstraße sind voll, die Polizei hat abgesperrt. Mit dem Bus zum Friedrichshain. Die steinernen Frösche im Märchenbrunnen, die Fontänen ejakulieren; Rotdorn und Flieder blühen und duften; das Gras ist grün.

28. MAI

Plötzlich der Einfall, eine Liste von Autoren zu machen, die mich zur Zeit, oder immer noch interessieren, die ich gern wieder lesen würde.

Jerzy Andrzejewski
Isaak Babel
Rolf Dieter Brinkmann
Barthold Hinrich Brockes
Charles Bukowski
William S. Burroughs
Daniil Charms
Hart Crane
Atanas Daltschew
Hubert Fichte
Jean Genet
Witold Gombrowicz
Christoph Hein
Georg Heym
Arno Holz
Joris-Karl Huysmans
Christopher Isherwood
Alfred Jarry
Franz Kafka
Heinrich von Kleist
Wolfgang Koeppen
David Herbert Lawrence
Edgar Lee Masters
Henry Miller
Heiner Müller
Frank O'Hara
Joe Orton
Petronius
August von Platen

Arthur Rimbaud
Arno Schmidt
Michail Sostschenko
Walter Vogt
Walt Whitman

Viele sind es nicht. Joyce hab ich noch nicht geschafft, auch Dos Passos nicht, und wie soll ich mich durch »A la recherche du temps perdu« durchfressen, wenn ich nicht einmal »Paradiso« ganz gelesen habe, nur das achte Kapitel.

Und was ist mit Virginia Woolf, Hans Henny Jahnn, mit »Zettels Traum«?

Man kann doch nicht dauernd lesen.

1. JUNI

Schon Juni; 3 Monate noch, dann ist dieser Sommer wieder vorbei. Ich schreibe das Gedicht »Taxi zum Königsstuhl«. Mittags: Kinokarten holen. In der Rathauspassage kaufe ich mir endlich eine Flasche echten französischen Cognac. *Jules Robin & Cie. Cognac/France* steht auf dem goldenen Etikett, die Flasche ist mattschwarz.

Ich sitze ein bißchen in der Sonne am Alex, esse eine Grilletta (eine Art Hamburger, sprich: hemmböger).

Ab heute muß man 20 Mark Ordnungsstrafe bezahlen (bisher 10 M), wenn man »schwarz« fährt mit der S-Bahn und sich erwischen läßt.

Abends mit Martin ins International, »Fame oder Der Weg zum Ruhm« (USA 1980), von Alan Parker.

In ihrer Kritik schrieb Irene Runge: »Mich hat der Homosexuelle in seiner Sensibilität und Professionalität zutiefst berührt, vielleicht, weil solche Geständnisse rar sind auf unserer Leinwand.«

3. JUNI

Wir holen Michael in Pankow ab. Es sollen heute 27 Grad werden. Von Birkenwerder in nordöstlicher Richtung durch das Briesetal (Landschaftsschutzgebiet). Ein Wanderer weist uns auf abgefallene Astspitzen hin, von Eichen, mit 3 oder 5 Blättern. Das kommt vom Dichlordiphenyltrichloräthan, sagt der Mann, der wie ein Wanderer gekleidet ist. Ich habe ein altes kariertes Hemd an, eine dünne Arbeitslatzhose, billige vietnamesische Turnschuhe, und eine verwaschne schlappe Schirmmütze auf dem Schädel, alles in Blau. Wir sehn noch oft abgefallene Eichenblätter, jetzt ist unser Blick geschärft. Die Natur grünt und blüht. Martin bekommt wieder seinen Heuschnupfen.

5. JUNI

Etwa 80 Verletzte hat am Sonntag in der uruguayischen Hauptstadt Montevideo das brutale Vorgehen von Polizeieinheiten gegen Demonstranten gefordert. Zahlreiche Einwohner wurden festgenommen.

Nach Leipzig. Eine Lehrerin ist zum Zirkel gekommen, sie hat noch nichts geschrieben, aber interessiert sich für Literatur.

Im Hauptbahnhof kauf ich den *Filmspiegel*, es ist ein Farbfoto des jungen Schlossers Thomas Wetzel drin, der den Romeo spielt.

So möchte ich aussehen.

Was für Gedanken sind in diesem schönen Kopf?

Ich würde gern ein Interview mit ihm machen.

6. JUNI

Die Kohlen kommen, 50 Zentner. Diesmal sind es gebündelte, sollen für den Export sein, sie gehn alle in den kleinen Keller unter der Treppe.

Ich mache gleich Feuer, weil es zu kühl ist.

In Uruguay ist es jetzt Winter.

7. JUNI

Neues Deutschland:
In Helsinki tagt der IV. Kongreß »Internationale Ärzte zur Verhütung eines Nuklearkrieges«.

Die UdSSR hat mit der VR China umfangreiche Lieferungen von Lastkraftwagen vereinbart, berichtet die Zeitschrift *Sowjetski Export*.

Die gemeinsame Kommandostabsübung »Lato 84« der Vereinten Streitkräfte der Teilnehmerstaaten des Warschauer Vertrages ist am Dienstag im Nordwesten der Volksrepublik Polen beendet worden.

Die 104 Kilometer lange Eisenbahnfährverbindung zwischen Saßnitz und Trelleborg (Schweden) wird in diesen Tagen 75 Jahre alt.

Die Zahl der offiziell registrierten arbeitslosen Akademiker in der BRD ist nach einer Analyse des »Institutes der deutschen Wirtschaft« von 1975 bis 1983 um 362 Prozent gestiegen. Zum Jahresende 1983 hatten 127 300 Universitäts- und Hochschulabsolventen keine Arbeit.

Die Zahl der Eheschließungen in den USA ist im vergangenen Jahr um 343 000 zurückgegangen.

Wie wird das Wetter?

An der Südflanke einer Tiefdruckrinne über dem südlichen Ostseeraum dringt von Westen her kühle Meeresluft ein.

9. JUNI

Ich heize wieder den Kachelofen, draußen schauerts.

Gestern abend wurde das Jugendfestival eröffnet. 750 000 Jugendliche sollen in der Hauptstadt sein. Wir flanieren nachmittags Unter den Linden, orangefarbene und grüne luftige Buden, man kann Keramik, Poster und Fischbrötchen kaufen, Rockmusik und Dixieland hören. Vorm Palasthotel stampfen vier Burschen einen thüringischen Hirtentanz, dann regnet es wieder, wir gehen heim ins warme Zimmer.

Ulrich kommt und erzählt von seiner Kaukasusreise, von den schönen Männern in Aserbaidshan, von Teestuben und archaischen Gebirgsdörfern.

10. JUNI

Pfingstsonntag. Zwischen Friedrichstraße und Alexanderplatz Massen von Jugendlichen, sie sammeln Unterschriften auf ihren weißen Halstüchern. Es ist immer noch kalt und regnerisch. Sie eilen mit gebanntem Blick von einer Rockband zur nächsten Liedermacherin, halten einen Moment an der Grafik-Versteigerung, wo nur zwei Blätter verkauft werden. Eine lateinamerikanische Singegruppe im Hof der Humboldt-Universität, ein Mäusezirkus an der Staatsoper, vor lauter Jugend sehn wir keine Mäuse. Dann essen wir heiße Fischbuletten an der Markthalle.

Auf eine Scheibe in der U-Bahn hat jemand mit schwarzem Filzstift geschrieben: »Masturbation – na und? Masturbation ist auch Sex.«

Abends zu Achim und Gerd, im TV sehn wir das Abschlußfeuerwerk in Farbe, und die Jugendlichen singen »We Shall Overcome«. Ich bekomme noch nachträglich ein Geburtstagsgeschenk, eine LP von Pink Floyd, »Wish You Were Here«.

12. JUNI

Als Ducasse in Montevideo war, muß er seinem Vater beigebracht haben, daß er nicht studieren will, sondern schreiben, ein Buch schreiben.

Und der einsichtsvolle Papa finanziert das Leben seines *freischaffenden* Sohnes. Er beauftragt den Pariser Bankier Darasse, Rue de Lille, der seit langem mit dem französischen Konsulat in Montevideo Geschäftsverbindung hat, Isidore die monatlichen Gelder zu zahlen.

Ducasse zieht in ein Hotel in der Rue Notre-Dame-des-Victoires Nr. 23. Er beginnt an den »Gesängen des Maldoror« zu arbeiten. Leon Genonceaux behauptet später (1890), Ducasse schrieb »nachts, am Klavier sitzend, und deklamierte seine Sätze beim Klang der Akkorde, was die Hotelbewohner zur Verzweiflung brachte«.

Ein Klavier im Hotelzimmer?

Ronald sagt, daß man in Frankreich auch leere Hotelzimmer mieten kann, um sie selbst zu möblieren. Sartre soll immer im Hotel gewohnt haben, zum Beispiel. Jean Genet hat heute noch keine Wohnung, dreiundsiebzig Jahre alt, er lebt im Hotel oder bei Freunden.

Erster Gesang: Georges

13. JUNI

In der ersten Strophe des Ersten Gesanges warnt Ducasse den Leser: »Gebe der Himmel, daß der Leser, kühn geworden und momentan so wild wie das, was er liest, seinen abrupten und verwilderten Weg, ohne sich zu verirren, durch die trostlosen Sümpfe dieser düsteren Seiten voll Gift findet; denn wenn er nicht eine strenge Logik und eine geistige Anstrengung für seine Lektüre mitbringt, die sein Mißtrauen wenigstens ausgleichen, so werden die tödlichen Ausflüsse dieses Buches seine Seele durchdringen wie das Wasser den Zukker.«

Das ist der erste Satz.

Ducasse fordert vom Leser: Logik und geistige Spannkraft, Aufmerksamkeit, Wachheit.

Der Leser als geistiger Partner.

Ich suche die Eigenschaftswörter heraus: bitter, scheu, unerforscht, erhaben, mütterlich, machtvoll, seltsam, heftig, alt, vernünftig, gereizt, kaltblütig, erfahren, melancholisch, gewandt, philosophisch.

Sind es Ducasses Eigenschaften?

Von Mutter kommen zwei Briefe. Bürgermeister und Wohnungskommission wollen sich die Verhältnisse im Haus ansehen und wollen was tun, damit Mutter wieder ihre Wohnung bekommt.

Die *Neue Deutsche Literatur* schickt 75 Mark Honorar für das Gedicht in Heft 5.

Ich kaufe eine Flasche französischen Cognac *Prince Hubert de Polignac* dafür.

14. JUNI

Ronald übersetzt für mich aus einer alten Lautréamont-Ausgabe aus dem Nachwort: »Lautréamont lebte allein, ging selten in Cafés, machte aber lange Spaziergänge an den Ufern der Seine, las viel und Bücher aller Sorten, in seinem Zimmer gab es ein Bett, zwei leere Regale und ein Piano. Er trank viel Kaffee. Er deklamierte seine Verse laut.«

Diese Angaben stammen von Albert Lacroix, dem Verleger.

Um 17 Uhr mit Martin in »Tootsie« (USA 1982). Ein arbeitsloser Schauspieler macht in Frauenkleidern Karriere, wird mal für lesbisch, mal für schwul gehalten; schließlich reißt er sich die Perücke runter, weil er sich in eine Frau verliebt hat, und verliert wieder den Job.

15. JUNI

Aus amerikanischen Statistiken:

1948 masturbierten 40 % der verheirateten Männer im Alter von 26 bis 35 Jahren.

1974 waren es schon 70 %.

Bei den verheirateten Frauen stieg der Anteil der masturbierenden von einem Drittel auf zwei Drittel.

Wahrscheinlich kann man das Ansteigen der Masturbationshäufigkeit auf die Formel bringen: je öfter Koitus, desto häufiger Onanie.

Das wußte Karl Kraus noch nicht, als er ironisch bemerkte: »Der Koitus ist nur ein ungenügendes Surrogat für die Onanie.«

16. JUNI

Onanie soll von dem biblischen Onan kommen, dem zweiten Sohn Judas. »Und Juda gab seinem ersten Sohn, Ger, ein Weib die hieß Thamar. Aber Ger war böse vor dem Herrn, darum tötete ihn der Herr. Da sprach Juda zu Onan: Gehe zu deines Bruders Weib und nimm sie zur Ehe, daß du deinem Bruder Samen erweckest. Aber da Onan wußte, daß der Same nicht sein eigen sein sollte, wenn er einging zu seines Bruders Weib, ließ er's auf die Erde fallen und verderbte es, auf daß er seinem Bruder nicht Samen gäbe. Da gefiel dem Herrn übel, was er tat, und er tötete ihn auch.«

So steht es in Lutherdeutsch im ersten Buch Mose, 38. Kapitel.

Onanie oder Coitus interruptus?

Was es auch war, dem Herrn gefiel es übel, und er vollzog die härteste Bestrafung, die Todesstrafe.

17. JUNI

Traum gegen Morgen: Aus einem Güterzug kriechen grüngraue Gestalten mit übergroßen, unförmigen Köpfen, die Haut ist ebenfalls grüngrau. Einer hat einen Kopf wie eine Kuh, das Maul ganz breit gequetscht. Alle bewegen sich in der langsamsten Zeitlupe, wie zähe Lava vielleicht, aber sie kommen voran, quellen aus dem Güterzug und breiten sich nach allen Seiten aus. Ihre Bewacher, die uniformiert sind, mußten woanders hin, wo ein Unglück passiert ist, ein Zugunglück wahrscheinlich, jedenfalls mit Toten und Verletzten.

18. JUNI

Ich hole Martin ab, wir sehn im Babylon den sowjetischen Film »Bahnhof für zwei«. Man kriegt nasse Augen und muß gleichzeitig lachen, so tragisch, so komisch: so menschlich.

Anschließend bestellen wir im Nante-Eck Hackepeter und Bier.

Es ist warm geworden, wir schlendern nach Hause, kurz vor 22 Uhr, aber es ist noch hell, jetzt sind die Tage lang.

20. JUNI

Ulf, Susanne und Oda haben bei uns übernachtet. Martin kauft einen kleinen Gefrierschrank. Ulf macht den Vordersitz vom Trabant raus, und wir bringen den Gefrierschrank nach Hause. Von Mutter ist ein Brief da, sie schickt ein Telegramm mit: »betrifft ihr telegramm an ulli berkes ... telegramm unzustellbar, empfänger unbekannt«. Mutter hat sich erschreckt. Ich werde mich bei der Post beschweren.

27. JUNI

Traum: Jemand hat ein Privatflugzeug und will damit nach Bulgarien fliegen, ich kann mit. Das Flugzeug ist gelb und ziemlich groß, vielleicht ein Jet. Wir sind zu viert in der Kanzel und rollen auf der Straße, durch den Autoverkehr, zum Flughafen. Der Pilot spricht über Funk mit dem Kontrollturm und läßt sich den bulgarischen Flugplatz erklären, den er nicht kennt. Ich denke: es ist schon Abend, da muß er ja im Dunkeln dort landen, auf einem unbekannten Platz. Unter irgendeinem Vorwand steige ich aus, sage aber, daß ich rechtzeitig auf dem Flughafen sein werde. Plötzlich befinde ich mich auf einem Zeltplatz, ich muß zwischen den Zelten durch, und die Zeltschnüre werden immer dichter, ich krieche schließlich darüber und verfange mich in den Schnüren. Endlich sehe ich die Flugzeuge, sie sind auf einem Acker, auch ein gelbes ist dabei, ich renne, komme aber nur im Zeitlupentempo voran, dann sehe ich, daß das gelbe Flugzeug eine Art fliegender Kran ist. Ich gehe zur Rezeption in der Halle und frage nach dem Flugzeug, weiß jedoch keinen Namen, die Angestellte sagt, daß es schon nach Bulgarien abgeflogen ist. Ich entdecke einen unserer Bekannten in der Halle des Flughafens, und erzähle ihm, daß mein Paß und Gepäck in der Maschine ist. Ich bin aber froh, nicht mitgeflogen zu sein, deshalb lade ich den Bekannten zum Abendessen ein, gleich im Flughafen-Restaurant.

Immer noch diese Angst vorm Fliegen.

Siebenschläfertag. 18 Grad. Der Juni schon fast vorbei, wo bleibt der Sommer? Ich tippe meine Tagebuchnotizen ab, dusche, kaufe im Minimarkt frisches Schrotbrot, telefoniere mit Martin, der Spätdienst hat.

28. JUNI

Habe ich schon erwähnt, daß es sich bei Ducasses Strophen um Prosa handelt? Es sind Gedichte in Prosa.

Der Schweizer Salomon Geßner veröffentlichte 1756 seine »Idyllen«, die erste Sammlung von Prosagedichten in der Weltliteratur. Sie machten Geßner berühmt, vor allem in Frankreich, wo Jean-Jacques Rousseau und Diderot zu seinen Bewunderern gehörten. Und die neue lyrische Form hatte auch besondere Wirkung auf die französische Literatur.

1836 erschienen Prosagedichte von Aloysius Bertrand unter dem Titel »Gaspard de la Nuit«.

4 Jahre später wurde das Zehn-Seiten-Gedicht »Der Kentauer« des frühverstorbenen Maurice de Guérin gedruckt, das Rilke übersetzt hat.

Schließlich veröffentlichte Baudelaire ab 1855 seine Gedichte in Prosa. Er gab ihnen nicht nur die Bezeichnung »petit poèmes en prose«, sondern formulierte auch eine Definition: »Wer von uns hat nicht in seinen Tagen des Ehrgeizes vom Wunder einer poetischen Prosa geträumt, die ohne Metrum und Reim so voller Musik, so geschmeidig und erregend genug wäre, sich den lyrischen Bewegungen der Seele, den Wellen des Traums und unerwarteten Sprüngen des Bewußtseins anzuverwandeln?«

Ich übersetze »Bewegungen der Seele« mit Gefühlen, Stimmungen. »Wellen des Traums«: nicht nur die Träume nachts, auch die Tagträume, Visionen, Wunschbilder usw.

Tatsächlich macht das Bewußtsein seine Sprünge, das kann man leicht bei sich selbst nachprüfen.

Das Prosagedicht sprengte die Zwänge des Reimes und der Metrik. Die Schwierigkeit aber ist: es muß ein Gedicht bleiben, darf keine Prosa werden. Ein Balanceakt.

Wo hört das Gedicht auf, wo fängt Prosa an?

Eine fließende Grenze, sagt man.

Ich kann die Frage auch nicht genau beantworten.

Es ist 12 Uhr 20, die Sonne scheint durchs Fenster. Ich gehe runter zum Briefkasten, leer. Ich mache eine Büchse Schweinegulasch heiß.

30. JUNI

Immer noch kalt, 16 Grad.

In Strophe drei wird zum ersten Mal der Name des Titelhelden genannt, Maldoror.

Es ist nicht ganz klar, was dieser Name bedeutet, wahrscheinlich kommt er von L'aurore du mal, die aufgehende Sonne des Bösen oder die Morgenröte des Bösen. Wenn man die Wortfolge umdreht, wird es noch deutlicher: Mal d'aurore – böse Morgenröte. Ganz sicher ist der Titel von Baudelaires »Les Fleurs du Mal« (1857) beeinflußt. Ducasse kannte diesen Gedichtband.

Maldoror war gut, solange er glücklich war: in seinen ersten Lebensjahren. Dann machte ihn das Leben böse und grausam. Er versuchte das Böse in sich zu unterdrücken, schließlich nahm er es an und *wollte* nun böse sein.

Das erinnert mich an Jean Genet.

Als Junge wurde er verdächtigt, gestohlen zu haben. Er entschloß sich, das zu werden, was man von ihm erwartete – ein Dieb.

»So stieß ich mit Entschiedenheit eine Welt von mir, die mich verstoßen hatte.« (Genet, »Tagebuch eines Diebes«)

1. JULI

Die enge Verwandtschaft des Autors mit seiner literarischen Figur macht Heiner Müller (in einem Stück von 1976) deutlich, wenn er beide Namen zusammenschreibt:

»LAUTRÉAMONTMALDOROR«.

Lautréamont ist das spätere Pseudonym Ducasses.

2. JULI

Ich bereite mich auf den Zirkel vor, etwas über die reimlosen Gedichte Brechts, hauptsächlich aus den »Buckower Elegien«. Nachmittags hole ich Martin von der Apotheke ab, wir stellen uns vor der Kaufhalle an die Schlange und kaufen zwei Körbe halbreifer Erdbeeren, für über 50 Mark. Martin in seiner Gier wollte erst 4 Körbe kaufen.

Unterm Fernsehturm ist die Ausstellung »intergrafik«. Baldwin Zettl hat einen der Hauptpreise für seinen Kupferstich »Transport« bekommen.

Es sind zu viele Arbeiten, die Bilder stürzen auf die Netzhaut, aber wenige nur sind konkret, so konkret wie Baldwins Stich. Mir gefiel noch eine riesige Bleistiftzeichnung von Günter Knipp, »Schrottplatz«.

Zu Hause setzt Martin den neuen Gefrierschrank in Betrieb und frostet Erdbeeren ein.

3. JULI

Nach Leipzig. Ich friere im Zug, die Gedichte junger Poeten im neuen Heft der *Temperamente* können mich auch nicht erwärmen.

Ich zeige dem Pförtner meinen Personalausweis, aber er weiß schon Bescheid, ich brauche keinen Passierschein.

In der Betriebszeitung wird auf der letzten Seite der Zirkel vorgestellt, mit Foto und ein paar Texten. Harald hat für jeden ein Exemplar mitgebracht.

Frank erzählt, daß Arbeiter im Duschraum geschimpft haben über diesen »unverständlichen Mist«. Einer sagte: »Da kann ich ja auch schreiben: Ich sitze in der Pfütze und spiel mit meiner Mütze!«

4. JULI

Ich habe morgens wieder Feuer gemacht. Um 16 Uhr sind es 10 Grad.

Ein Belegexemplar von »Lyrik der DDR«, 6. Auflage.

Eine Ansichtskarte von Mogens aus Paris, »le Rongeur«, eine der Chimären von Notre-Dame. Ich stelle sofort eine Beziehung zu Ducasse her, vielleicht hat sein Blick dieses steinerne Ungeheuer gestreift.

In Strophe vier heißt es, ungefähr (ich verändere die Sätze, kürze stark und stelle sie um, oder referiere nur den Inhalt): Andere, die edel sind oder bloß so tun, schreiben, weil sie Beifall wollen. Ich aber beschreibe die Lust der Grausamkeit, die nicht flüchtig oder künstlich ist, sondern mit den Menschen begonnen hat und erst mit ihnen enden wird.

Diese Strophe hat 15 Zeilen.

5. JULI

Die Essenz von Strophe fünf:

Ich sehe die Menschen: enge Schultern, häßliche Gesichter mit finsteren Augen. Sie sind hart wie Felsen, starr wie gegossener Stahl, grausam wie Haifische, arrogant wie die Jugend. Sie übertreffen noch die Raserei der Verbrecher, den Verrat der Heuchler, sie sind ganz ungewöhnliche Komödianten, kalt und stupide beschäftigen sie sich, verdummen andere und beherrschen aufs höchste die Kunst der Verstellung. Sie haben keinen Sinn für Gemeinschaft. Zeigt mir einen Menschen, der gut ist – beim Anblick dieses Monsters könnte ich vor Staunen sterben!

Am Schluß der Schlenker ins Übertriebene, ins Paradoxe, dient Ducasse dazu, Distanz herzustellen, zum Text.

6. JULI

Wie soll ich bloß die Strophe sechs referieren, mit der ich mich vormittags beschäftigt habe? Es wird dürr und trocken werden, dabei fließen reichlich Blut und Tränen, unter markerschütterndem Röcheln. Aber gehört denn zu »markerschütternd« nicht das Substantiv »Schreie«? Schreie kommen auch vor, aber es sind »sublime Schreie«, also erhabene, verfeinerte Schreie. Beide Eigenschaftswörter passen nicht zu den Substantiven, ein Mittel der Ironie?

Die Handlung, ganz kurz: Man soll seine Fingernägel 15 Tage lang wachsen lassen, um dann einen Jungen, »der noch nichts über der Oberlippe hat«, damit zu zerfleischen. Dann läßt man ihn liegen, geht weg, und stürzt gleich darauf zurück, löst die Fesseln, die Binde von den Augen des Jungen, wischt ihm die Tränen und das Blut ab, tröstet ihn. Schließlich gibt man zu, daß man selbst es war, der ihn zerfleischt hat, und bittet ihn, nun zur Sühne von ihm zerfleischt zu werden.

Jeder aufmerksame Leser fragt sich sofort, welche Kraft das Opfer jetzt noch haben kann, wenn ihm von den zerbrochenen Knochen das Fleisch in Fetzen zerrissen herabhängt?

Alles ist übertrieben.

Der Sado-Masochismus kann also nicht so ernst gemeint sein. Es geht Ducasse um etwas anderes. Der Schluß weist darauf hin: »›Junge, verzeih mir. Einmal aus diesem vorübergehenden Leben gegangen, will ich, daß wir umschlungen bleiben während der Ewigkeit; nur ein einziges Wesen, mein Mund an deinen Mund gepreßt ... O Junge mit blondem Haar, mit so sanften Augen ...‹ Nachdem du so geredet hast, wirst du einem andern Menschen Böses getan haben und gleichzeitig von ihm geliebt werden: das größte Glück, das man sich denken kann.«

Das ist es.

Ducasse will geliebt werden.

Selbst wenn er diese Liebe durch eine extreme Herausforderung erzwingen muß.

Der blonde Jüngling ist Georges Dazet, natürlich.

8. JULI

Sonntag. Zum Müggelsee, das erste Mal in diesem Jahr.

Es ist alles wie immer, die Nackten auf dem Sand, unter den Kiefern, die Motorboote, die Surfer, das grünbraune Wasser.

Wir legen uns wieder unter die Eiche, wie jedes Jahr. Bekannte kommen, wir reden ein paar Worte zusammen. Später gehn wir ins Wasser, aber nur bis zu den Knien, es ist noch zu kalt.

Junge graue Schwäne schwimmen vorbei.

Ein Junge in unserer Nähe, der ungarisch aussieht, mit schmalem Bärtchen, schreibt manchmal was auf Zettel, ob er Gedichte macht?

Abends klingelt Ronald, er war im Deutschen Theater. Ich schenke ihm eine Zeitschrift von 1962, mit meinen ersten veröffentlichten Gedichten.

Was uns am FKK-Strand wieder aufgefallen ist: die Leute werden erst interessant, wenn sie wieder angezogen sind.

Wirkt ein Körper im Freien unerotisch?

Auch Sex in der Natur ist nicht so wie in einem geschlossenen Raum, man fühlt sich unsicher, vielleicht wird man beobachtet, man kann überfallen oder auch nur gestört werden.

Eine Fliege zum Beispiel reicht schon!

9. JULI

»Die Schicksalsfrage der Menschheit scheint mir zu sein, ob und in welchem Maße es ihrer Kulturentwicklung gelingen wird, der Störung des Zusammenlebens durch den menschlichen Aggressions- und Selbstvernichtungstrieb Herr zu werden. In diesem Bezug verdient vielleicht gerade die gegenwärtige Zeit ein besonderes Interesse. Die Menschen haben es jetzt in der Beherrschung der Naturkräfte so weit gebracht, daß sie es mit deren Hilfe leicht haben, einander bis auf den letzten Mann auszurotten. Sie wissen das, daher ein gut Stück ihrer gegenwärtigen Unruhe, ihres Unglücks, ihrer Angststimmung.«

Das schrieb Sigmund Freud 1929.

Am Wochenende fand in Göttingen ein Kongreß statt: »Naturwissenschaftler warnen vor der Militarisierung des Weltraumes«.

Der dreiundachtzigjährige amerikanische Nobelpreisträger Linus Pauling sagte: »Die Militarisierung des Weltraumes dient nicht der Sicherheit und dem Frieden. Ebenso wie die Stationierung der Pershing II und Cruise Missiles erhöht sie die Wahrscheinlichkeit eines alles vernichtenden Atomkrieges ...

Helfen Sie mit, diese Erde von Atomwaffen zu befreien, denken Sie daran: Was du als Individuum tust, kann das Schicksal der ganzen Menschheit bestimmen!«

10. JULI

Strophe sieben beginnt so: Ich habe einen Pakt mit der Prostitution geschlossen, damit es Unruhe und Streit in den Familien gibt.

Maldoror-Ducasse erklärt nicht, wie der Pakt mit der

Prostitution aussieht. Aber später folgt der Satz: »Ab heute gebe ich die Tugend auf.«

Jetzt wird Ducasses Haltung klarer, er will nicht mehr anständig, brav, wohlerzogen, sittsam sein. Er revoltiert damit gegen die gängigen Moralnormen der Bürger. Wie später Arthur Rimbaud, der jetzt dreizehn Jahre alt ist und in dem Ardennennest Charleville jeden Tag zur Schule muß.

Nachts hatte ich wieder Zahnschmerzen, ich gehe in die Poliklinik Linienstraße, der Weisheitszahn eitert schon, muß gezogen werden, das ist verdammt schmerzhaft, ich klammere mich stöhnend am Behandlungsstuhl (heißt das so?) fest. Schließlich hält die junge Zahnärztin ein blutiges Ding in ihrer Zange und sagt: Da haben wir alle noch mal Glück gehabt, und: Ein seltenes Exemplar!

Ich beiße 2 Stunden auf einen Tupfer, damit das Bluten aufhört. Es ist heiß, ich soll kühlen, damit es keine Infektion gibt, ich lasse aus der Dusche kaltes Wasser über die linke Gesichtshälfte laufen.

Ronald kommt und bringt eine Flasche französischen Brandy *Napoleon* mit. Er will in den »Urfaust« im Berliner Ensemble. Nach 4 Stunden kommt er zurück, es hat ihm nicht besonders gefallen.

Nach Mitternacht ins Bett, Hitze in der Kammer, alle Fenster sind auf, aber es zieht nicht durch.

12. JULI

Eine brütende Hitze gestern, 33 Grad. Baldwin kam und lud mich ins Palasthotel ein zu Ragout fin und Eiskaffee, danach haben wir uns die »intergrafik« angesehn. Nachmittags fuhr Baldwin zurück. Abends kam der Student von unten mit einer Flasche Wein, er ist mit dem Studium fertig und geht wieder an die Küste, wir öffneten noch eine Flasche, es wurde Mitternacht.

Unruhiger Schlaf. Ein kurzes trockenes Gewitter.

Weil mir der Kiefer weh tut, geh ich noch mal zur Zahnärztin, ich soll kühlen und mit Kamillan spülen.

Immer noch 26 Grad. Martin überstreicht die abgeblätterten Stellen an den Fensterrahmen.

Abends kommt Ulrich, bringt mir ein Buch über Gustave Moreau mit, einen Zeitgenossen Ducasses. Ich trinke Gin mit Eis und Selterswasser.

14. JULI

Martin hat Sonnabenddienst. Ich lese das Buch über Moreau. Auf der Weltausstellung wurden zwei Bilder von ihm gezeigt, »Orpheus« und »Der junge Mann und der Tod«. Ob Ducasse diese Bilder gesehn hat?

Ich sehe Ähnlichkeiten zwischen beiden und lese bei Huysmans nach, im Kapitel V. Er bezeichnet Moreaus Bilder als »grauenhafte Visionen und feenhafte Apotheosen«. Das könnte auch auf Ducasses Prosagedichte zutreffen.

Ich spüle meine Zahnlücke mit Kamillan und kühle mit der Dusche von außen. Drei warme Würstchen mit Weißbrot zu Mittag. Auf dem Thermometer sind es 24 Grad. Plötzlich schlagen Tropfen an die Scheiben, ich mache schnell alle Fenster zu, ein Blitz zuckt. Das Gewitter ist aber nur kurz.

15. JULI

Gestern waren wir in dem sowjetischen Film »Verwandtschaft« (Regie: Nikita Michalkow). Das Babylon nur zu einem Drittel besetzt.

Heute sind wir schon um 9 Uhr bei Ulrich im Prenzlauer Berg und fahren mit ihm nach Oranienburg, dann mit dem Bus weiter nach Wall. Wir wollen einen Bekannten in seinem Landhäuschen besuchen, er ist nicht da, nur eine schwarzweiße Katze mit verkrüppeltem Ohr streicht uns um die Beine.

Wir laufen auf der Chaussee nach Beetz, die Landschaft erinnert mich an einen Fontane-Film, es regnet auch leicht. Ein sowjetischer Doppeldecker knattert niedrig vorbei und winkt uns mit den Flügeln, Martin winkt zurück.

Ulrich zeigt uns abseits zwischen Bäumen und Gebüsch eine zerfallene Gruft, mit Backsteingiebeln.

Nach dem Kaffeetrinken am See gehen wir durch das Gelände der Heilstätte. Ein debiler Bursche mit Recorder schlägt eines der braunen Ponys am Zaun. Es fletscht die Zähne und legt die Ohren an, als wir es streicheln wollen. Das Fell ist dunkel vor Nässe.

Vorgestern war Michael da, und als Martin spätabends mit runter geht, sich verabschiedet, steht ein Mann mit einem Hund im Hof. Martin ist erschrocken, schließt schnell die Haustür zu, ehe der Mann kommt und heftig dagegen schlägt. Vom Flurfenster sieht er, wie der Mann auf den Kohlenhaufen pißt.

Am andern Morgen ist die Klinke weg, Martin kann nicht aus der Haustür, wir müssen einen Fenstergriff holen und die Tür damit öffnen. Ich kaufe eine neue Klinke.

Es kommen oft Leute in den Hof und pissen in die Ekken.

Meist betrunkene Männer.

18. JULI

Meine Gedärme sind nicht in Ordnung, heftiger Durchfall. Ich lege mich wieder ins Bett und lese: »Auf Neu-Guinea leben die Tschambuli, bei denen die Frauen die gleichen Haltungen und Funktionen zeigen, wie sie bei uns früher der Mann hatte und umgekehrt. Dort verdient ausschließlich die Frau das Geld, verfügt darüber, führt die Geschäfte und gilt als Autoritätsperson. Sie wird vom Mann respektiert, wirkt dadurch aber auch selbstsicherer, gibt den Ton an und erlaubt bzw. verweigert den Männern auch auf dem Gebiete des Sexualverhaltens deren Wünsche. Die Männer dagegen treten schüchtern auf, sind launisch, leicht unbeherrscht, schmücken sich mit Vorliebe und werden von den Frauen als das schwächere Geschlecht angesehen.« (Hans Szewczyk: Entwicklung des Sexualverhaltens)

21. JULI

Ein Gedanke von Freud: »Wir sind gewohnt zu sagen: jeder Mensch zeige sowohl männliche wie weibliche Triebregungen, Bedürfnisse, Eigenschaften, aber den Charakter des Männlichen und Weiblichen kann zwar die Anatomie, aber nicht die Psychologie aufzeigen. Für sie verblaßt der geschlechtliche Gegensatz zu dem von Aktivität und Passivität, wobei wir allzu unbedenklich die Aktivität mit der Männlichkeit, die Passivität mit der Weiblichkeit zusammenfallen lassen, was sich in der Tierreihe keineswegs ausnahmslos bestätigt. Die Lehre von der Bisexualität liegt noch sehr im Dunkeln, und daß sie noch keine Verknüpfung mit der Trieblehre gefunden hat, müssen wir in der Psychoanalyse als schwere Störung empfinden.« (Das Unbehagen in der Kultur)

22. JULI

Es ist wieder Sonntag. Wir hören im Bett Buxtehude und Bach aus dem Radiorecorder. Meine Darmgrippe (?) bessert sich langsam, zu Mittag darf ich Reisflocken und gedünstete Leber essen, gegen den faden Reisschleim ein richtiger Genuß.

Wir machen einen Spaziergang in den Monbijoupark (Martin sagt: Du mußt mal raus!). Auf dem Weg fotografiere ich den alten Friedrichstadtpalast, der abgerissen werden soll, und Chamissos Denkmal mit der abgeschlagenen Nase.

Nachmittags klingeln Christian und Karsten.

Ich brühe Tee.

Abends zu Achim und Gerd. Es gibt Kartoffelsalat, belegte Brote, Liköre und Wein. Mir läuft das Wasser im Mund zusammen, ich esse aber nur ein halbes hartes Ei und zwei Scheiben rohen Schinken.

23. JULI

Ei mit Toast zum Frühstück.

Später traue ich mich, ein Schlückchen vom französischen Brandy *Napoleon* zu trinken.

Damit ist zwar Napoléon I. gemeint, aber mich interessiert sein Neffe, ein Louis Napoléon Bonaparte.

Er wurde 1848 zum Präsidenten gewählt.

1851 ernannte er sich nach einem Staatsstreich zum Alleinherrscher. Das war ihm immer noch zu wenig, und er ließ sich ein Jahr später zum Kaiser ausrufen, als Napoléon III. Damit begann das Zweite Kaiserreich, das Second Empire.

Es dauert 18 Jahre.

Ducasse wird noch dessen Sturz erleben.

Ich lese Strophe acht: Mondschein; Wind seufzt. Die Hunde werden rasend, zerreißen ihre Ketten und flüchten von den Höfen, laufen querfeldein. Plötzlich bleiben sie stehen und fangen an zu bellen , sie klagen den Menschen an, der sie versklavt. Auch die Hunde haben Durst nach dem Unendlichen, wie du, wie ich, wie alle Menschen.

In dieser Strophe kommen folgende Tiere vor: Eule, Hund, Elefant, Katze, Ratte, Frosch, Hase, Pferd, Schlange, Kröte, Spinne, Rabe, Fisch, Hai, Tiger.

Ducasse liest viele naturwissenschaftliche Bücher, die Bibliothèque Impériale (heute Bibliothèque Nationale) ist nicht weit, in der Rue de Richelieu.

Am Schiffbauerdamm treffe ich den blonden Uwe. Auf der Friedrichstraße treffe ich Ulrich. Ich fahre zum Prenzlauer Berg, meine reparierte Spiegelreflexkamera abholen. In der Kaufhalle Chausseestraße kaufe ich Leberwurst, Jagdwurst, Toastbrot und Reisflocken.

Merkt man, daß ich einen ganz kunstlosen Stil schreibe? Die Akademie der Künste wird mich nie als ordentliches Mitglied nehmen.

Auch ich giere wie ein Hund nach Unsterblichkeit ...

Abends kommen Horst und Ulli mit den Rädern vorbei, wir essen zusammen. Horst hat rote Blasen an den Beinen bekommen, nachdem er im Müggelsee war, mußte zum Hautarzt, bekam Salbe verschrieben. Er geht nicht wieder in dieses Wasser, sagt er.

25. JULI

Um 3 Uhr morgens ist eine Mücke in der Kammer, hat mich in beide Arme gestochen, Martin wird auch wach, wir lieben uns schnell, schlafen wieder ein.

Vormittags ist mein Bauch nicht in Ordnung, ich bin nervös, nehme eine Rudotel, schlafe noch mal. Dann hole ich Bücher und Papier ins Bett und mache Notizen zu Strophe neun.

»Vor kurzem sah ich das Meer wieder und betrat die Schiffsbrücke ...« Das bezieht sich auf die Überfahrt von Montevideo nach Frankreich, über den Atlantischen Ozean, Ende 1867.

Ducasse vergleicht den Ozean mit dem Menschen. Der Mensch ist egoistisch, launisch, ruhmsüchtig, undankbar, unvollkommen, falsch, kriecherisch und brutal.

»Jeder Mensch lebt wie ein Wilder in seiner Höhle und kommt selten heraus, um seinen Mitmenschen zu besuchen, der in einer anderen Höhle hockt. Die große universale Familie der Menschheit ist eine Utopie ...«

Das menschliche Herz ist undurchdringlicher als der Ozean und tiefer. Wer kann denn begreifen, warum Menschen sich heute lieben und morgen auseinandergehen und sich hassen. Der Mensch sagt heuchlerisch ja und meint nein.

Zur Form: Die Großstrophe ist in kleinere Strophen unterteilt, die gleich beginnen (Alter Ozean ...) und enden (Ich grüße dich, alter Ozean!)

Am Anfang dieser Strophe wendet sich Ducasse direkt an seinen Freund Georges, zum erstenmal: »Ah, Dazet, dessen Seele von meiner unzertrennlich ist, der schönste Sohn einer Frau, wenn auch noch ein Jüngling, dessen Name dem besten Jugendfreund Byrons gleicht, in dem die sanfte Tugend der Kommunikation und die göttlichen Grazien in edler Gemeinschaft zusammenwohnen – warum bist du nicht bei mir, die Brust an meine Brust gepreßt ...«

(Der Jugendfreund Byrons war der Duke of Dorset.)

In der Anthologie »Französische Lyrik von Baudelaire bis zur Gegenwart« ist ein Stück dieser Strophe abgedruckt. Erstmalig erscheint damit etwas von Lautréamont in der DDR.

Nachmittags überkommt mich der plötzliche Zwang, Papier kaufen zu müssen, weil ich sonst nicht mehr schreiben kann. Ich gebe meiner Manie nach, aber dann lege ich es doch wieder aus dem Drahtkorb und kaufe nur Zeichenkarton, um Fotos aufzukleben. In meinem Schrank ist schon genug Papier gestapelt, Schreibmaschinenpapier, Blocks verschiedener Größe, auch farbiges Papier, Notizbücher in mehreren Formaten, Schreibhefte usw. Aber es überkommt mich von Zeit zu Zeit.

Martin muß zum Nachtdienst. Ich tippe die Notizen von gestern in die Maschine.

26. JULI

Abends mit Martin in die Tucholskystraße, in die Auguststraße. Wir sehn uns Hinterhöfe an. Einer ist wie unser Hof, kaputter Putz, Schmutz, Schutthaufen, Einschüsse in den Mauern vom letzten Krieg. Woanders eine ehemalige Kellerkneipe, »Zur unterirdischen Tante« verheißt »Grogk Glühwein Rum Arac. Alle Sorten verschiedener Biere. Mittagstisch. Jeden Dienstag Kartoffelpuffer«.

27. JULI

Ich lese weiter, Strophe zehn. Maldoror glaubt zu sterben. Vor dem Todeskampf wünscht er, vom Wind über die Welt getragen zu werden, ein furchtbares Gespenst im Schein der Blitze. Menschen und Tiere verbünden sich gegen ihn. Maldoror verschwindet in der Höhe.

Am Schluß der Strophe sagt er: »Man entferne diesen Engel des Trostes, der mich mit seinen blauen Flügeln bedeckt. Geh fort, Dazet, damit ich ruhig sterbe ... Aber unglücklicherweise war es nur eine vorübergehende Krankheit ...«

Nachmittags zum Berliner Schriftstellerverband, wegen meiner Ummeldung von Leipzig. Jetzt gehöre ich hier zu den rund 50 Kandidaten, deren Durchschnittsalter etwa 43 Jahre ist. Wenn »Tandem« erschienen ist, soll ich den Antrag auf Mitgliedschaft stellen. Zwei Bürgen brauche ich.

Martin muß wieder zum Nachtdienst. Ich systematisiere meine Papiere und räume auch gleich Martins Schrank auf.

29. JULI

Mit Horst und Ulli nach Strausberg. Durch Eggersdorf zum Bötzsee. 20 Grad, Sonne. Martin schwimmt im klaren Wasser. Dann machen wir Picknick. Ulli hat sogar Kaffee in der Thermoskanne, Horst hat Buletten gebraten. Weiter zur Spitzmühle. Am Fängersee entlang. Zur Wesendahler Mühle. Mit der Fähre über den Straussee. In der S-Bahn nickt Martin ein. Gegen 18 Uhr wieder zu Hause.

Martin zu mir: Du bist stur, stolz und autoritär! Aber so will ich doch überhaupt nicht sein.

30. JULI

Strophe elf ist in Dialogform geschrieben. Eine Familie sitzt um eine Öllampe, Vater, Mutter und Sohn Eduard. Maldoror besieht sich durch die Fensterscheibe dieses Idyll und verschwindet wieder. Die Familie wird unruhig. In der Ferne hört man lange, herzzerreißende Schmerzensschreie. Der Vater erklärt Eduard, daß sie von einem Unglücklichen stammen, der aus seinem Land verstoßen wurde und jetzt umherirrt. Vielleicht ist er wahnsinnig oder grausam, vielleicht ist er aber untröstlich, weil man ihn in seiner Jugend als Vampir beschimpft hat. Eduard muß seiner Mutter versprechen, daß er diesem Menschen nie folgen wird. Die Schreie hören auf.

Während die Familie beim Abendgebet ist, flüstert der zurückgekehrte Maldoror dem Jungen zu: Strahlender Engel, komm zu mir! Du kannst den ganzen Tag spazierengehn, du brauchst nicht zu arbeiten, du kannst schlafengehn, wann du willst, und morgens so lange im Bett bleiben, wie du möchtest. Ich schenke dir einen Zauberring, mit dem du unsichtbar werden kannst. Ich will dich glücklich machen, weil ich dich liebe. Mein Palast hat silberne Mauern, Säulen aus Gold und Tore aus Diamanten. Du kannst in glasklaren Bächen mit kleinen Mädchen baden, die dich mit ihren Armen umschlingen. Sie werden dir gehorchen und nur daran denken, dir zu gefallen. Höre auf mich, wenn du es nicht bereuen willst.

Aber der bürgerliche Sohn weist das verlockende Angebot Maldorors ab, und natürlich muß er sterben.

Das Erlkönig-Motiv. Hat Ducasse es von Goethe?

Ist diese Strophe ein Reflex auf Georges Verhalten? Wollte er Ducasse nicht folgen? Folgen im doppelten Sinn: mit ihm gehen und auf ihn hören. »Die Arroganz der Jugend«, von der Ducasse in Strophe fünf spricht, muß bestraft werden, wenn auch nur »in effigie«.

2. AUGUST

Ich räume ein bißchen auf. Martin hat einen Schuhkarton voll Landkarten, da finde ich auch eine Karte von Frankreich, »La France du voyage« (1980).

Ich suche gleich Tarbes (wo Isidore zur Schule gegangen ist und wo er im Hause Dazet wohnte), es liegt im Süden, Spanien ist nicht weit. Von Paris nach Tarbes sind es 780 Kilometer. Tarbes hat auch einen Flughafen, der »Aéroport d'Ossun« heißt. Sollte ich noch nach Frankreich kommen, muß ich mir überlegen, ob ich nach Tarbes fliege oder fahre. Natürlich würde ich dann auch die 39 Kilometer nach Pau fahren (wo Ducasse die 11. und 12. Klasse besucht hat).

Martin hört eine Stunde eher auf zu arbeiten, wir fahren nach Friedrichshagen, setzen uns auf der Bölschestraße in ein Straßencafé und bestellen Sachertorte mit Schlagsahne.

Hinter dir sitzt Karl Mickel, sagt Martin, dreh dich mal um. Ich rühre, stur und stolz, in meiner Kaffeetasse. Beim Gehn werfe ich einen schnellen Blick auf ihn, ich hätte ihn nicht erkannt.

Am FKK-Strand legen wir uns in die Nachmittagssonne. In der *BZ am Abend* steht der Wetterbericht: »Nachts klar, 14 Grad. Tags heiter, niederschlagsfrei, 25 Grad C. Leichte Kleider stimmen heiter.« Wir schwimmen kurz, mir ist das Wasser noch zu kühl.

Abends: in der Waldklause am S-Bahnhof Rahnsdorf essen wir halbe Broiler, trinken Bier dazu. Die zusammenklappbaren Gartenstühle, die wachstuchbedeckten Tische unter Kastanien und Ahorn, das könnte noch eine Spur vom alten Berlin sein. Der Kellner kennt uns schon, redet ein paar Worte mit uns.

Am Nebentisch wird französisch gesprochen, junge Algerier mit ihrer Dolmetscherin.

3. AUGUST

Strophe zwölf will ich so wiedergeben: Maldoror ist in Norwegen und auf den Färöer Inseln. Eines Abends geht er zum Friedhof, »und die Jugendlichen, denen es Spaß macht, die Leichen eben gestorbener schöner Frauen zu schänden«, hätten seinem Gespräch mit dem Totengräber zuhören können. Sie sprechen über das Leiden der Menschen. Maldoror hilft dem Totengräber und schaufelt ein Grab, bis er vor Schwäche zusammenbricht. Der Totengräber erkennt, daß Maldoror jemand ist, der furchtbares Leid erduldet. Er lädt ihn in seine Hütte zum Übernachten ein.

Wieder wird in dieser Strophe Georges angesprochen: »Dazet, eines Tages sagtest du wahr; ich habe dich nicht geliebt, denn ich empfinde nicht einmal für diesen hier Dankbarkeit.«

Das verstehe ich nicht ganz.

Warum warf Georges ihm mangelnde Liebe vor?

(Mir hat noch keiner gesagt, daß ich ihn nicht genug liebe, vielleicht verstehe ich es deshalb nicht.)

Oder glaubt Ducasse, daß die Beziehung zu retten gewesen wäre, wenn er Georges tatsächlich mehr geliebt hätte? Fühlt er sich schuldig?

Schade, daß Ducasse kein Tagebuch geschrieben hat.

Dann wüßte ich, wie sein Alltag war, was er gegessen hat, welche Leute er kannte, mit wem er geschlafen hat. Dann würde ich ihn noch besser kennen. Er hätte ja nicht alles zu schreiben brauchen, das wäre sicher gefährlich für ihn gewesen, wenn es der Staatsanwalt in die Hände bekommen hätte.

Vielleicht hatte er keine Zeit für ein Tagebuch. Er sagt in dieser Strophe einen wichtigen Satz: »Um eine ernsthafte Arbeit zu leisten, darf man nicht zwei Sachen gleichzeitig machen.«

4. AUGUST

In der S-Bahn nach Friedrichshagen; aus dem Verbot: »Nicht hinauslehnen!« hat jemand Buchstaben rausgekratzt, man liest jetzt: »ich sehe!«

Das muß ein kreativer Mensch sein, der mit der Sprache spielen kann: er hat einen negativ formulierten Befehl in einen positiven Ausruf verwandelt.

Am Müggelsee legen wir uns diesmal nicht unter die Eiche, sondern weiter westlich, unter Kiefern, an eine Böschung. Ameisen kriechen über die Füße. Das Gedröhn der Motorboote, den ganzen Nachmittag, ununterbrochen. Es stinkt nach Benzin. Martin meint, so was muß verboten werden.

Ein toter Fisch auf dem braunen Wasser. Wir schwimmen nur kurz, Martin ekelt sich heute richtig.

Abends kommt André, wir fahren zu Ulrich, der uns eingeladen hat. Es kommt aber weiter keiner, also fahren wir nach Pankow in den Bürgerpark und spazieren im Dunkeln herum. Dann setzen wir uns neben dem Bassin auf eine Bank, Ulrich zündet Teelichter und Wunderkerzen an. Da erscheinen auch schon zwei freundliche Polizisten und kontrollieren unsere Personalausweise. Sonst ist niemand im Park. Wir trinken Weinbrand aus der Flasche, inzwischen ist es 2 Uhr. Ich habe Lust, im Bassin mit den beiden kleinen Fontänen zu baden, aber Ulrich warnt mich, das Wasser ist voller Keime, weil es sich nicht erneuert. Es ist auch widerlich lauwarm. Gegen 3 Uhr werden wir dann doch etwas müde, wir wollen nicht mehr auf den Sonnenaufgang warten und fahren mit einem Schwarztaxi zu uns und frühstücken. Ulrich und André gehen, wir fallen auf die Matratzen und schlafen sofort ein.

6. AUGUST

In der *Berliner Zeitung* steht ein Artikel mit der Schlagzeile »Vereinbarung über Wahlen in Uruguay«: »Das Militärregime Uruguays und drei politische Parteien des Landes haben am Wochenende in Montevideo ein Abkommen unterzeichnet, in dem für November Präsidentschafts- und Parlamentswahlen angekündigt werden. Die Unterschriften leisteten Vertreter der Colorado-Partei, der Bürgerunion und der Volksbewegung ›Frente Amplio‹ sowie die Befehlshaber der drei Waffengattungen. Den Verhandlungen fern geblieben war die Nationalpartei, da ihr aus dem Exil zurückgekehrter Führer Wilson Ferreira Aldunate weiterhin inhaftiert ist. Laut Agenturberichten hat das unterzeichnete Dokument auch die künftigen Befugnisse des Militärs zum Inhalt, das grundsätzlich einer zivilen Gewalt unterstellt werden soll.«

Ronald borgt mir seine französische Ausgabe von Lautréamonts »Œuvres Complètes«, 1969 bei Garnier-Flammarion, Paris, erschienen. Wenn ich wenigstens ein bißchen Französisch könnte, bloß so viel wie Englisch, das würde mir schon reichen. Aber es ist eigenartig, den fremden Text zu betrachten, in dem ich manchmal einige Wörter verstehe; deux amis; grande; jeunesse; l'organisme; passage; un jeune homme; satisfaction zum Beispiel. Das bringt mich Ducasse etwas näher, in seiner Sprache ein bekanntes Wort zu entdecken.

Wie anders klingt das französische adolescent gegenüber dem altmodisch-deutschen Jüngling.

Ein Adoleszent ist sechzehn bis neunzehn Jahre alt.

Die Adoleszenz liegt zwischen vollendeter Geschlechtsreife und dem Erwachsenenalter.

7. AUGUST

Strophe dreizehn (in der französischen Ausgabe sind die Strophen nicht numeriert) ist ein Dialog zwischen Maldoror und Dazet. Maldoror spricht erst indirekt über Georges, er nennt ihn »... furchtlos ... heitere Milde ... sanfter, tiefer Blick ... von strahlendem Licht umgeben ... läßt alles rings verstummen«.

Dann spricht er ihn direkt an: »... seit du mir erschienen bist, Dazet, von einem Ruhm bedeckt, der Gott allein gehört, hast du mich teilweise getröstet; aber meine schwankende Vernunft versinkt vor solcher Größe! ... laß uns zusammen gehen!«

Darauf entgegnet Dazet: »... meine Intelligenz, glaube ich, ist deiner gleich ... eines Tages nanntest du mich die Stütze deines Lebens ... durch den Kontakt mit dir ist mein Verstand gewachsen ... ich übernahm nur das, was du Schönes hattest ... ich bin zu dir gekommen, um dich vor dem Abgrund zurückzureißen ... dein Geist ist so krank, daß du es nicht einmal merkst, und immer, wenn unsinnige Worte (freilich von höllischer Größe) aus deinem Mund kommen, glaubst du, in deinem natürlichen Zustand zu sein ... du verfaultes Wrack, von Skepsis hin und her geworfen ... hochmütig wie du bist ... es ist mir nicht gelungen zu erkennen, ob du ein Mensch bist oder mehr als ein Mensch ...

Adieu also, gib die Hoffnung auf, Dazet nochmals auf deinem Weg zu begegnen. Er wird sterben im Bewußtsein, daß du ihn nicht geliebt hast. Warum zählt man mich zu den Existenzen, wenn Maldoror nicht mehr an mich denkt? Du wirst auf der Straße einen Leichenzug vorüberziehen sehen, den niemand begleitet; sage dir: ›Das ist er!‹ Du warst die Ursache meines Todes. Aber ich, ich mache mich auf in die Ewigkeit, um deine Verzeihung zu erflehen!«

Maldoror, das ist natürlich wieder Ducasse.

Ducasse und Dazet – eine ziemlich komplizierte Beziehung.

Dazet: der bürgerliche Fünfzehnjährige.

Sensibel und intelligent.

Er möchte nur »Schönes« sehen, eine heile Welt.

Er will den einundzwanzigjährigen Dichter »vor dem Abgrund zurückreißen«.

Denn für ihn ist dieser Dichter »krank«, weil er skeptisch ist, weil er die Welt nicht für heil hält, sondern für schlecht.

Die Welt nicht, die Verhältnisse sind schlecht.

Der Mensch ist dem Menschen ein Wolf, noch immer.

Man könnte wahnsinnig werden. Oder melancholisch.

Oder böse werden: gegen die Verhältnisse rebellieren.

Radikal sein.

Aber das versteht der brave Dazet nicht.

Und weil Ducasse konsequent in seiner Haltung ist, mault der Junge: Du liebst mich nicht!

Kann man jemand lieben, mit dem es keine geistige Gemeinsamkeit gibt?

Wenn er auch hübsch und blond ist? Und intelligent dazu? Um so schlimmer, um so tragischer ist es. Zum Verzweifeln ...

8. AUGUST

Mit Strophe vierzehn beendet Ducasse den Ersten Gesang.

Er fordert Nachsicht, daß sein lyrischer Sound so seltsam ist, aber trotz Unvollkommenheit schon eine starke Eigenart erkennen läßt.

Selbstbewußt schreibt er hin: »Das Ende des neunzehnten Jahrhunderts wird seinen Dichter sehen ..., er wurde auf amerikanischem Ufer geboren, an der Mündung des La Plata, wo zwei Völker, einst Rivalen, sich jetzt anstrengen, einander durch materiellen und moralischen Fortschritt zu überholen. Buenos Aires, die Königin des Südens, und Montevideo, die Kokette, reichen sich die Freundeshand über die silbernen Wasser der großen Mündung. Aber der ewige Krieg hat seine zerstörerische Herrschaft über die Länder errichtet und rafft voll Freude die zahlreichen Opfer dahin. ... Du, junger Mann, sei nicht verzweifelt, denn in dem Vampir hast du einen Freund, trotz deiner entgegengesetzten Meinung. Wenn du Dazet mitzählst, hast du zwei Freunde!«

Mit dem Vampir meint Ducasse ironisch sich selbst.

Im japanischen Fernsehen lief am 6. August ein Film, der zeigte, wie es nach einem Atomkrieg aussehen würde.

Wenn auch nur 0,5 bis 5 % der gelagerten Atomwaffen

gezündet werden, bilden sich riesige globale Qualmwolken, die einen ›nuklearen Winter‹ entstehen lassen.

Die günstigsten Überlebenschancen haben Schaben und Ratten.

Endlich ein Brief von Mutter. Sie schreibt, daß sie einen langen Brief abgeschickt hat. Der ist verschwunden, vielleicht noch andere Briefe?

14.15 Uhr: ich höre Militärmusik. Der »Große Wachaufzug« marschiert die Friedrichstraße entlang zur Alten Wache. Jeden Mittwoch.

Bewölkter Himmel, dazwischen mal kurz Sonne. Ich seh einen Lastkahn auf der Spree, mit gelbem Sand oder Kies.

9. AUGUST

Im August 1868 werden »Die Gesänge des Maldoror, Erster Gesang« in der Imprimerie Balitout, Questroy et Cie, Rue Baillif 7 und Rue de Valois 18, gedruckt.

Der Erste Gesang erscheint aber erst im November in den Buchhandlungen.

Anonym.

(1891 fand Remy de Gourmont ein Exemplar in der Bibliothèque nationale, eine Broschüre von 32 Seiten, zum Preis von 30 Centimes.)

Am 15. September 1868 veröffentlicht die Zeitschrift *La Jeunesse* in Nr. 5 eine Rezension, die mit Epistémon unterzeichnet ist.

Dieser schreibt: »Der erste Eindruck, den die Lektüre dieses Buches hervorruft, ist Erstaunen: die übersteigerte Emphase des Stils, die seltsame Wildheit, die verzweifelte Stärke der Ideen, der Kontrast dieser leidenschaftlichen Sprache zu den faden Ausgeburten unserer Zeit, werfen den Geist zunächst in tiefe Bestürzung.

Alfred de Musset spricht irgendwo von der ›Krankheit des Jahrhunderts‹, wie er es nennt; es ist die Ungewißheit der Zukunft, die Verachtung der Vergangenheit oder die Glaubenslosigkeit und die Verzweiflung. Maldoror ist von diesem Übel befallen; da er skeptisch ist, wird er böse und verwendet alle Kräfte seines Geistes für die Grausamkeit. Er ist ein Cousin von Childe Harold und von Faust, er kennt die Menschen und verachtet sie. Neid verzehrt ihn, und sein immer leeres Herz ist ständig bewegt von düsteren Gedanken, ohne je das unbestimmte und ideale Ziel zu erreichen, das er sucht und das er ahnt.

Wir wollen das Werk keiner weiteren Prüfung unterziehen. Man muß es lesen, um die gewaltige Inspiration zu spüren, die düstere Verzweiflung, die diese grausigen Seiten durchdringt.

Trotz seiner vielen Fehler, der Unkorrektheit des Stils, der Wirrnis der Bilder, glauben wir, daß dieses Werk nicht mit den anderen heutigen Veröffentlichungen verwechselt werden kann: seine ungewöhnliche Originalität bürgt dafür.«

Diese Besprechung stammt von Alfred Sircos, dem Chefredakteur von *La Jeunesse*, einer Zeitschrift für Literatur, Kritik und Philosophie.

Die erste, die allererste Kritik!

Sicher wird sie Ducasse ermutigt haben.

Nachmittags zum Verlag, Helga Pankoke besuchen. Ich gebe ein bißchen damit an, daß ich schon hundert Manuskriptseiten habe. Zeigen will ich davon aber noch nichts, erst wenn alles überarbeitet ist. Vielleicht wollen sie es auch nicht drucken, wer weiß. Im Moment ist mir das Schreiben jedenfalls wichtiger, an eine Veröffentlichung denke ich jetzt noch nicht.

Mit Martin ins Babylon: »Dein unbekannter Bruder« (von Wolfgang Trampe und Ulrich Weiß), ein eigenwilliger Film, wir wollten ihn schon lange ansehen.

In einer Kneipe in der Münzstraße Currywurst und Kartoffelsalat, und Bier.

10. AUGUST

Morgens Gewitter, danach regnet es den ganzen Tag.

Meine Mutter bekam zum zweitenmal ein Telegramm zurück: »unzustellbar – empfänger unbekannt«. Ich werde mich wieder bei der Post beschweren.

Vorgestern machte ich einen Test, schickte zusammen zwei Briefe ab, einen an Martin, einen an mich. Meiner hat den Absender: I. Ducasse.

Heute ist der Brief an Martin gekommen.

Achtmal wird im Ersten Gesang der Name Dazet genannt. Ducasse hat ihm sicher ein Autorenexemplar nach Tarbes geschickt oder es ihm persönlich gegeben, denn ab Oktober 1868 besucht der nun sechzehnjährige Georges die letzten beiden Klassen des Gymnasiums in Paris. (Sein älterer Bruder Jean-Paul studiert am Polytechnikum.) Georges Dazet fühlte sich wohl kompromittiert durch die Nennung seines Namens, er protestierte. Das läßt sich daraus schließen, daß in der zweiten Veröffentlichung (in der Anthologie »Parfums de l'âme«, 1869) der Name durch das Initial D ersetzt worden ist.

11. AUGUST

Im Radio eine Sendung über den uruguayischen Schriftsteller Mario Benedetti (1920 geboren). Er sagt: »Uruguay ist das einzige Büro der Welt, das die Dimension einer Republik hat.«

Der Brief an mich ist heute gekommen.

Zwei Briefe an dieselbe Adresse, zusammen in einen Briefkasten geworfen, kommen so unterschiedlich an: ist das nicht seltsam? Ich werde die Post nicht mehr testen.

Maldoror
und der Omnibus

16. AUGUST

Ein Beispiel für Ducasses dunklen Humor ist dieser Satz im Zweiten Gesang: »Rücksichtslos brachte ich ihm bei, daß er nur aus Bösem und einer minimalen Menge Gutem besteht, das die Gesetzgeber mit Mühe vor dem Verdunsten bewahren.«

Gemeint ist hier immer noch Georges Dazet, der jetzt als »Mensch mit dem Krötengesicht« bezeichnet wird, damit er sich im Text nicht mehr erkennt.

Eine kleine Rache.

Zur Schilddrüsenärztin und ins Labor, eine Spritze voll Blut aus dem Arm. Nur noch eine Methimazol pro Tag.

Die lange erwartete Karte vom Wohnungsamt ist gekommen, wir sind nunmehr registriert unter der Nummer 150100032010120182422.

Irgendwann werden wir also eine größere Wohnung bekommen.

Dann habe ich endlich ein Arbeitszimmer.

Auch Post von Mutter, von H., von Frau S. aus dem Zirkel, sie hat noch Schwierigkeiten mit den Augen nach der Operation.

Früher Abend; wir sehen in Hinterhöfe hinein, das haben wir schon oft gemacht. Einer ist überraschend grün, mit Rasen, Sträuchern und Bäumen.

Im Zweiten Gesang schreibt Ducasse vom »Mund voller Belladonna-Blätter«. Die Blätter der Tollkirsche können eine halluzinatorische Wirkung haben, sie steigern die Erregbarkeit, erklärt mir Martin.

Hat es Ducasse selber ausprobiert oder nur gelesen? Er soll ja viel Kaffee getrunken haben.

17. AUGUST

Traum: Wir sind auf einer Wanderung und kommen in ein Tal, mit Gebüsch an den Hängen, in der Mitte ist glattes Eis. Ich erkenne darin lauter Fische, wahrscheinlich Heringe, aber auch ein etwa 10 Meter langer Fisch ist dicht unter der Oberfläche zu sehn. Zwischen den Fischen ist es grün, vielleicht Tang. Aha, denke ich, daher kommt der Begriff »grüne Heringe«, obwohl ich im Traum weiß, daß das nicht stimmt. Wir gehn über das Eis, andere Leute auch, es scheint keinen zu wundern. Schnitt: Drei Jungen laden mich zum Trinken ein, ich nehme auch einen Schluck aus der Flasche, Wodka oder Korn. Es ist eine erotische Situation, mehr weiß ich aber nicht.

Martin hatte gestern den Klempner angerufen, der wollte heute vormittag kommen. Ich warte bis mittag, wieder umsonst.

Ich kaufe eine Flasche schottischen Whisky, für Ulf, zum 35. Geburtstag.

Den Lederkoffer packen, das Manuskript dieses Tagebuches in den beiden Klemmappen und Ducasses zwei Bücher nicht vergessen, falls es in der Wohnung brennen sollte.

Schon seit einiger Zeit eine Zwangsvorstellung: Von einer Reise zurückkommen – und das Haus ist abgebrannt.

(Seit ich in diesem uralten Haus in Leipzig-Connewitz wohnte, bei dem achtzigjährigen Fräulein und ihrer Freundin.)

Zum Ostbahnhof, Fahrkarten kaufen. In eine Kneipe, es gibt kaltes Kotelett mit Kartoffelsalat, und Bier.

Eigentlich habe ich keine Lust wegzufahren.

18. AUGUST

Im überfüllten D-Zug nach Güstrow. Ulf und Susanne holen uns mit dem Trabant ab. Wir fahren in östliche Richtung, zuletzt auf staubigem Feldweg, bis zu drei weit auseinander liegenden Gehöften, eins davon gehört einem Kollegen.

Ein langes Bauernhaus, die Vorderfront aus Backstein, sonst Fachwerk. Große Kastanien und Linden vorm Haus.

Gleich nach uns kommt noch ein Auto: Fotis Zaprasis, der griechische Maler, und ein Maler aus Chile. Wir trinken alle Bier und sowjetischen Wodka in der Veranda, wo es von Fliegen wimmelt.

Der chilenische Maler hat in Dresden studiert, fährt jedes Jahr ein paar Monate nach Hause, nach Santiago.

Ich bin bald betrunken und lege mich in meinem Schlafsack in den Garten, aber die beiden kleinen Mädchen lassen mich nicht in Ruhe, und dann gibt es auch schon Kaffee und Kuchen.

Es kommen noch mehr Gäste. Stühle werden in den Garten gebracht.

Abends wird es wieder ruhiger. Die Kinder sind im Bett. Wir spielen zu sechst Räuber-Rommé. Martin gewinnt.

Wir schlafen im einzigen unterkellerten Raum, Martin auf der Luftmatratze, ich auf einem schmalen Holzbett mit Schaumstoff, direkt am Fenster.

Keine Zäune um das Haus, nur Koppeln mit Elektrozäunen. Ein paar schwarzweiße Kühe.

Grillen zirpen in der Stille.

19. AUGUST

Nun sind wir also in Mecklenburg.

Beim Frühstück wieder die Fliegen, ich zähle 6 in der Zuckerdose. Sie kommen vom Schweinestall der Landwirtschaftlichen Produktionsgenossenschaft, der gleich hinter dem Garten steht; manchmal riecht es auch.

Oda, mein Patenkind, hat Geburtstag: vier Jahre.

Susanne hebt sie auf die Schaukel.

Martin sitzt im Garten und malt ein Aquarell von der Rückseite des Hauses. Ich sitze im Zimmer am offnen Fenster, auf dem Holzbett, an der Remington Portable.

Später hält Oda Mittagsschlaf, ich höre auf zu klappern. Martin und ich legen uns unter die Kastanie. Immer kommen Insekten, sausen am Ohr vorbei oder setzen sich ins Gesicht.

Ich gebe Martin die Strophe zwei im Zweiten Gesang zu lesen. Maldoror wird von einem Blitz an der Stirn verletzt. »Ist das eine Warnung von oben, um mich vom Schreiben abzuhalten ...« fragt er sich. »Aber die Gewitter greifen jemand an, der stärker ist als sie.« Er fordert den Allmächtigen heraus: »Sprich offen zu mir wie zu einem Freund: Begreifst du nicht endlich, daß du in deiner gehässigen Verfolgung einen naiven Eifer an den Tag legst, dessen komplette Lächerlichkeit zu betonen sich keiner deiner Engel erdreisten würde?«

Er schließt: »Was hat es dem Schöpfer eingebracht, mich mit einem blitzbringenden Gewitter zu quälen, als wäre ich ein Kind? Ich beharre deshalb nicht weniger auf meinem Entschluß zu schreiben.«

Martin weiß nicht genau, was er dazu sagen soll. Er glaubt, daß ein Gott die Welt geschaffen hat (allerdings nicht besonders gut), aber die Menschen sich selber überlassen sind, bis das Jüngste Gericht stattfindet. Nach welchen Kriterien dann diejenigen ausgewählt werden, die von den Toten auferstehen und das ewige Leben erhalten, das kann er sich jedoch nicht vorstellen.

Wir fahren alle in zwei Autos über Wege und Wiesen zu einem See (Krummer See) und baden dort nackt.

Ich schwimme zwischen Schilf zu einem Feld mit Seerosen. Die Blätter liegen ganz flach auf dem Wasser, eine große weiße Blüte ist nah vor mir, ich fühle an den langen Stengeln nach unten entlang, bis zum Grund.

Martin hat Angst, daß ich mich in den Schlingpflanzen verfangen könnte. Davor habe ich mich als Junge schon nicht gefürchtet, sondern bin immer hingeschwommen, wo es Schlingpflanzen oder Schilf gab.

Ein schönes Gefühl, wenn beim Schwimmen die Spitzen der Wasserpflanzen leicht über die Haut streichen.

Doch auch an diesem See gibt es blutgierige Bremsen, wir ziehn uns schnell wieder an.

20. AUGUST

Diesmal schlief ich auf der Luftmatratze. Als es hell wurde, kamen dauernd Fliegen und setzten sich aufs Gesicht, laut surrend. Vielleicht war es aber auch bloß eine einzige Fliege.

Wir fahren auf der Autobahn nach Markgrafenheide, dort ist es plötzlich dunstig und kühl. Martin geht trotzdem ins Wasser. Die bunten Stoffe (Windschutz), nackte junge Männer beim Volleyballspiel, alles im milchigen Mittagslicht, die Farben treten stärker hervor.

Weiter nach Warnemünde, wieder in der Sonne, die jetzt bleibt, nur weit überm Meer steht eine Wolkenbank. Am Kiosk essen wir Bockwurst und Kuchen, dann legen wir uns auf den sandigen Strand. Später geh ich mit Martin ins Wasser. Grüne Tangfetzen, die sich am Ufer ansammeln wie grüner moosiger Schlamm.

Eine weiße Fähre zieht von der Mole hinaus auf die See, nach Gedser. Zwei Stunden braucht sie, höre ich einen Mann sagen. Massen von Urlaubern, Massen von Autos, als wir durch Rostock zurück auf die Autobahn fahren, dort ist es ruhiger.

Martin hat genüg vom Autofahren. Überall überfüllte Parkplätze; der immer mehr zunehmende Verkehr; Angst vor einem Unfall; Enge, Hitze und Unbequemlichkeit im Trabant; der Lärm des Motors; die Abgase durchs halboffne Wagenfenster ...

Andrerseits: die (relativ) selbständige Bewegungsfreiheit gegenüber den öffentlichen Verkehrsmitteln, den überfüllten Zügen, ohne Wasser im WC, ohne Speisewagen meistens, mit diesen vielen Verspätungen usw.

Wir werden am Sonntag doch mit Ulf und Susanne im Wagen nach Berlin zurückfahren, da sind wir etwas ungebundener.

Ein enormer Sonnenuntergang: Das Wetter bleibt warm!

21. AUGUST

Früh kräht der Hahn vorm Fenster, ein großer aggressiver Italiener.

Wir fahren nach Teterow einkaufen. Ich kriege sogar weiße Tennisschuhe, nach denen ich in der Hauptstadt vergeblich gesucht habe. Diese billigen, aus weißem Leinen und Gummi.

Weiße Schuhe sind jetzt Mode.

Auf der Rückfahrt sehn wir zwei Störche auf einem umgepflügten Feld, ziemlich nahe an der Landstraße.

Nachmittags fahren wir in Ulfs Wagen ein paar Kilometer über stille Landstraßen zum Haus von Fotis Zaprasis.

Der Krützhof liegt zwischen Feldern, die beiden Nachbarhäuser in Sichtweite. Keine Zäune.

Auch hier sind eine Menge Leute mit ihren Kindern. Es gibt Tee und Kuchen. Ich habe eine Flasche Weinbrand mitgebracht, die brechen wir gleich an. Wir sitzen draußen an der Hausecke, wo Wein wuchert.

Ein braungelockter Junge von siebzehn Jahren sitzt zwischen Martin und mir, in Badehose, mit dunklem Flaum über der Oberlippe. Er scheint hier zur Familie zu gehören.

Ich könnte jetzt auch einen Sohn in diesem Alter haben.

(Oder eine Tochter, natürlich. Ein Sohn wäre mir jedoch, wie den meisten Vätern, lieber.)

Aber Barbara wollte das Kind nicht. Obwohl sie verheiratet war. Ihr Mann schlief nicht mehr mit ihr; aus diesem Alter sei er heraus, mit siebenundzwanzig.

Und ich, einer ihrer Liebhaber, wollte das Kind auch nicht.

Der Maler zeigt uns sein Atelier auf dem hohen Dachboden, das ein weißer Schornstein in Form eines großen A (ohne Querstrich) teilt. Nein, es sind eigentlich zwei Schornsteine, schräg, sie vereinigen sich unter dem Dach.

Zaprasis arbeitet an Bühnenbildentwürfen für die Wiedereröffnung der Semperoper.

Der Siebzehnjährige hat eine LP von Joan Baez aufgelegt, die Musik kommt aus dem offnen Fenster in den Garten. Der jüngste Sohn von Fotis baut sein Fahrrad auseinander, ich lockere ihm eine rostige Schraube. Lange her, daß ich so was gemacht habe ...

Weil Ulf Weinbrand getrunken hat, fährt Martin uns zurück.

Wieder eine Blutorange als Sonne.

22. AUGUST

Kurz vor 6 werde ich wach, es ist schon hellgrau draußen, ich wecke Martin, wir klettern aus dem Fenster und lassen die Hühner raus, pinkeln an die Lehmwand der ehemaligen Scheune, dann steigen wir wieder durchs Fenster und schlafen noch mal.

Im Traum umarmt mich ein Junge von fünfzehn oder sechzehn, wir sind beide nackt, ich streiche mit der Hand über die glatten Schenkel, die Hoden, er macht Fellatio bei mir, ganz zittrig vor Aufregung und ungeschickt. Ich bin unruhig, er ist noch zu jung, das ist bei uns verboten. Doch dann sagt er: »Das brauchst du aber nicht gleich jedem zu erzählen!«

Ich wache mit einer Erektion auf, noch ganz deutlich diesen Satz im Ohr.

Martin geht nach dem Frühstück auf den Goldberg malen. Ich habe zwei Tage nichts geschrieben, jetzt fällt es mir schwer. Oda hält nebenan Mittagsschlaf, ich setze mich unter die Kastanie und tippe dort. (Blick auf die stehengebliebene Lehmwand, ein junges weißes Huhn davor, links daneben zwei pompöse Pappeln, ein strohgelbes Kornfeld dahinter. Entferntes Geräusch eines Traktors. Im Feld stehen zwei hölzerne Lichtmaste, ganz hinten eine kaputte Windmühle.) Ein Luftzug bewegt das Blatt Papier in der Schreibmaschine. Methusalem kommt und miaut, setzt sich ein bißchen neben das Tischchen ins Gras.

Es wird Zeit, daß ich mich wieder mit dem Zweiten Gesang beschäftige, mit Strophe drei.

Maldoror-Ducasse setzt den Angriff gegen den Allmächtigen fort. Er will »die Reste an Intelligenz« aus den Eingeweiden des Schöpfers herausholen und sie mit den anderen Menschen teilen, damit sie Gott nicht mehr fürchten, sondern mit ihm verhandeln wie eine Macht mit der anderen.

Egalité! Blasphemie! Rebellion!

Die Ursache, daß Ducasse überhaupt schreibt, ist jedoch Lohengrin. (Wahrscheinlich wieder eine Umschreibung für Georges, diesmal freundlicher, keine Kröte, sondern der Schwanenritter, Parzivals Sohn.) Ducasse hofft, daß nie der Tag kommen wird, an dem Lohengrin und er auf der Straße aneinander vorbeigehn, ohne sich anzusehn. Er war schon entschlossen, Lohengrin als Knaben zu töten, damit er nicht so wird wie die übrigen Menschen. Er überlegte es sich aber und gab diesen Plan auf. Lohengrin kann mit ihm machen was er will.

»Ich bin dein«, sagt Ducasse, »ich gehöre dir, ich lebe nicht mehr für mich. Ja, selbst das ist schön, sein Leben für einen anderen Menschen hinzugeben und so die Hoffnung zu bewahren, daß nicht alle Menschen schlecht sind, weil es schließlich einen gegeben hat, der es vermochte, den mißtrauischen Widerwillen meiner bitteren Sympathie mit Gewalt an sich zu ziehen ...«

Am frühen Abend im Auto den Feldweg lang zum Kuhlensee an der Straße. Schönes Schwimmen im kühlen Wasser. Dürre, abgebrochne Birken im Wasser, nahe am Ufer. Ich stehe dazwischen auf grasigem Grund, Luftblasen steigen an den Beinen hoch. Martin hat Angst, will nicht zu den Birken schwimmen.

23. AUGUST

Mir tut alles weh, Martin gibt mir eine Acesal. Die hilft aber auch nicht, was ist los?

Wir ziehen um, in ein Zimmer, das nach Osten liegt, zum Schweinestall hin. Wir haben aber jetzt zwei richtige Betten.

Wieder kreist ein Hubschrauber, zu weit weg, um ihn zu fotografieren.

Martin malt, vom Feldweg aus, im Stehen, ein Aquarell vom Haus, die mächtigen Bäume darüber.

Ich liege auf dem Bett und lese Strophe vier. Ducasse macht zum erstenmal eine genaue Ortsangabe: »Es ist Mitternacht; man sieht keinen einzigen Omnibus mehr von der Bastille bis zur Madelaine.«

Der Omnibus ist natürlich ein Pferdeomnibus.

Ich lege mich nachmittags wieder hin, schwach. Abends Schüttelfrost.

24. AUGUST

Traum: Im Bett sind verschiedene Hüllen, aus Leder, aus dickem, aus dünnem Stoff, mit Reißverschluß. Abwechselnd krieche ich in sie hinein, je nachdem ob ich friere oder schwitze. Ich bin andauernd in Bewegung, dabei überlege ich, wie die Dinger heißen, Futteral oder Etui?

Schwitzen, Halsschmerzen, Durst. Schneller Herzschlag.

Morgens immer noch matt.

Ulf und Susanne klagen über Atembeschwerden.

Eine Mähmaschine lärmt dicht hinterm Stall übers Weizenfeld.

Der Gestank vom Schweinestall.

Martin sieht eine Schlange vor der Verandatür: eine Kreuzotter ohne Kreuze oder eine Ringelnatter?

Wir trinken trotzdem im Garten Kaffee.

Methusalem kommt an, mit einem toten Frosch im Maul.

Düsenjäger und immer noch die blaugraue Mähmaschine.

Ein Schwalbenschwarm.

Mit Martin zum Goldberg, über elektrische Weidezäune, über die Koppel. Frösche hüpfen im Gras, Martin denkt, es sind Schlangen. (Seit wir in der Niederen Tatra fast auf eine dicke Kreuzotter getreten wären, reagieren wir nun leicht panisch.) Andere Vegetation auf dem Berg, obwohl es doch bloß ein Hügel ist, ganz flaches Gras, gebirgsähnlich. Ein geodätischer Stein. Der Blick über Koppeln, gelbe Felder, Baumgruppen, abgelegene Gehöfte, ein Dorf im fernen Dunst.

Wieder das Knallen von Düsenjägern.

Susanne meint, daß man hier schwer und träge wird, wie ein Bauer.

Auch kein Sexualtrieb mehr, merke ich.

Bei Martin ist es ebenso.

Das Landleben ist nichts für mich, ich bin ein urbaner Mensch.

Abends spielen wir etwas Canasta, trinken Whisky dazu.

25. AUGUST

Ich will schreiben, aber die Fliegen setzen sich auf die Maschine, auf den Notizblock, krabbeln über meine Hände, ich hole die Fliegenklatsche und patsche damit an Wände, Schrank und Fensterscheibe, bald liegt ein Haufen Fliegen auf dem Fensterbrett, doch immer noch fliegen andere mich an, dann fangen die niedergeschlagenen wieder an zu zappeln, ich spraye *tipp fix* drüber, die Scheibe ist beschmiert mit gelblichem Saft aus den zerquetschten Fliegenleibern, es ist ekelhaft, und nach einer Stunde sausen immer noch Fliegen im Zimmer rum, ich gebs auf.

Zaprasis hat uns zum Abendessen eingeladen in den Krützhof.

Später macht er ein Lagerfeuer. Der Jüngste will auf dem Baum schlafen, in der Baumhütte. Die beiden älteren Jungen haben den Kofferfernseher im Zelt und sehn einen Karl-May-Film, wir hören die Gewehrschüsse. Die Frauen diskutieren heftig über Kinder und Beruf.

Ich habs im Hals und bin still, leg mich rückwärts ins Gras, neben Martin. Die Halme sind dunkel über meinem Gesicht, ab und zu steigen Funken hoch, wenn Fotis Kleinholz ins Feuer wirft, in dem ein dicker Baumstamm glimmt.

Ich fühle, daß ich auf einem Planeten liege, blicke raus in den Weltraum, zu anderen leuchtenden Sonnen, die für mich winzig sind.

Zaprasis sagt: Mein Vater war Partisan; ich kämpfe auch weiter: Ich mach ein schönes Grau.

Das gefällt mir.

Mitternacht fährt uns Martin (er hat bloß Limonade getrunken) zurück, die Scheinwerfer beleuchten die Gebüsche am Straßenrand, das sieht sehr magisch aus. (Da ich nachtblind bin, ist das für mich immer wie eine Fahrt mit der Geisterbahn, nur unheimlicher.) Wenn Martin fährt, habe ich überhaupt keine Angst.

26. AUGUST

Die Schweine schreien im Stall.

Ich mach noch ein paar Fotos vom Haus. Es ist etwa 1840 gebaut, zuerst Fachwerk mit Lehm, später mit Ziegeln.

Ducasse hätte in diesem Haus leben können, von der Zeit her, meine ich.

Letztes Frühstück mit den Fliegen.

Ich passe auf, daß ich nicht wieder mit dem Kopf an die niedrige Küchentür stoße.

Was ich noch notieren muß: Im Krützhof ist das Plumpsklo in der Stallecke, wenn man Papier braucht, reißt man Seiten aus einem Science-fiction-Roman, aber von hinten, damit man ihn von vorn noch lesen kann, wenn man will, lange hält man es auf dem Abtritt sowieso nicht aus, es zieht von unten her.

Wir fahren mit Ulf und Susanne und Oda zurück nach Berlin, im engen und heißen Trabant-Kombi. Sie fahren dann gleich weiter nach Halle.

Im Radio: Truman Capote ist gestorben, kurz vor seinem 60. Geburtstag. Die Todesursache ist noch unbekannt, eine Autopsie wurde angeordnet. Er habe in einem Interview gesagt, daß er starke Drinks mit Medikamenten vermischt trinke. Capote galt als einer der finanziell erfolgreichsten Autoren Amerikas, sagt die Nachrichtenstimme, ehe sie den Wetterbericht verliest.

»Finanziell erfolgreich«, das ist typisch. Dabei hab ich überhaupt nichts gegen Geld.

Was kenne ich von Truman Capote? »Die Grasharfe« und »Andere Stimmen, andere Räume« und ein paar Erzählungen. »Kaltblütig« habe ich nicht gelesen.

27. AUGUST

Ich hätte gern einen Ruhetag eingelegt, aber Martin will weiter. Er holt unsere Post von der Nachbarin. Die *Neue Deutsche Literatur* schickt ein Belegexemplar mit meinen Gedichten, fünf Seiten. Wir schicken ein Telegramm an H.

Mittags im vollen Zug nach Erfurt. (Warum sind die Züge, mit denen wir reisen, immer voll?) Meine Hose klebt am Hintern. Bei H. und seiner Freundin gibt es gleich Tee, und nach dem abendlichen Gang durch die Schrebergärten trinken wir braunen kubanischen Rum und schwatzen bis in die Nacht hinein.

Martin muß aufs Klo und kotzen, ihm sind die Erbsen nicht bekommen, mittags in der Mitropa Lichtenberg.

28. AUGUST

Gegen 3 Uhr früh ein seltsames Geheul mehrerer Hunde, das ganz plötzlich wieder aufhört. Mir fällt die Stelle im Ersten Gesang ein: »Wenn du in deinem Bett liegst, und du hörst das Bellen der Hunde auf dem Feld, versteck dich unter der Decke, verhöhne sie nicht: sie haben unersättlichen Durst nach dem Unendlichen, wie du, wie ich, wie die anderen Menschen mit blassem und langem Gesicht.«

Stadtbummel bei 27 Grad Hitze.

Überall Urlauber.

Martin sagt, daß Erfurt von Ausländern als schönste Stadt dieses Landes bezeichnet wird. Mittelalterliche Häuser und enge Straßen. Mir ist das zu nostalgisch.

Die Gaststätten sind überfüllt, nein: besetzt.

Wir trinken Wein bei H. in der warmen Mansarde.

29. AUGUST

Der Zug nach S. besteht bloß aus zwei Doppelstockwagen, natürlich voller Menschen und Gepäck. Martins Vater holt uns mit dem Auto vom Bahnhof ab, die Mutter hat Krautwickel gekocht. Später fahren wir in den Garten am Stadtrand. Der Garten liegt am Hang, terrassenförmig, viele Obstbäume, Sträucher, Beete und Blumen. Die Eltern fahren abends wieder heim, wir schlafen im hölzernen Gartenhaus. Die Nacht ist schon kühl, aber das Holz hält noch stundenlang die gespeicherte Wärme.

Endlich habe ich das Gefühl von Ruhe.

30. AUGUST

Nach dem Mittagessen (Dampfnudeln, eine Spezialität) fährt Martin die Eltern ins Gartenhaus, und wir fahren dann weiter nach Fischbach und Bischofrod, suchen ein Motiv zum Malen, eine Stunde lang, schließlich fahren wir zurück auf den Höhenzug, und Martin malt die Kurve mit fünf Ahornbäumen und dem Wald dahinter.

Die Wolken bilden fantastische Formen, durch die das Sonnenlicht strahlt. Gestapelte Stämme an der Straße. Wind, die Blätter rauschen. Und hier, auf einer Decke im Gras, neben einem weißen Grenzstein, während Martin noch malt, fang ich wieder mit Ducasses Zweitem Gesang an und lese Strophe vier. Ein Pferdeomnibus fährt um Mitternacht durch Paris. Die Leute sitzen darin wie versteinert oder wie Leichen. Ein achtjähriges Mädchen schreit auf der Straße, es möchte nach Hause mitgenommen werden, doch der Omnibus rast vorbei und weiter.

Nur ein Adoleszent hat Mitleid und fragt sich, ob das

die »menschliche Barmherzigkeit« ist. Nein, er sieht ein, daß es nur noch ein leeres Wort ist, eine Worthülse.

Zitat: »Er strampelt sich vergeblich in dem Jahrhundert ab, in das er geworfen wurde; er fühlt, daß er darin nicht an seinem Platz ist, und doch kann er es nicht verlassen. Furchtbares Gefängnis! Gräßliche Fatalität!«

Maldoror Ducasse beobachtet den jungen Mann, den er Lombano nennt, und ist mit dessen Verhalten zufrieden. Er gibt ihm ein Zeichen, Lombano setzt sich neben ihn.

Das Schreien hat inzwischen aufgehört, weil das Mädchen gestürzt ist. Ein Lumpensammler hat es aufgehoben und wird es pflegen, er hat mehr Herz als die Leute im Omnibus.

Ducasse: »Stupide und idiotische Rasse! ... Meine Poesie wird nur darin bestehen, den Menschen, dieses wilde Tier, mit allen Mitteln anzugreifen, und den Schöpfer, der solches Ungeziefer erzeugt hat.«

Ich vermute, diese Episode geht auf ein tatsächliches Erlebnis Ducasses zurück. Der sympathische Jugendliche im Pferdeomnibus und das weinende kleine Mädchen am Straßenrand sind reale Gestalten, die in dieser Mininovelle handeln. Der Lumpensammler, genauer: die Tat des Lumpensammlers ist eine Erfindung Ducasses, um die Moral der Geschichte zu zeigen: die gesellschaftlich Deklassierten besitzen mehr Solidarität, mehr Menschlichkeit als die durchschnittlichen Bürger.

Homo homini lupus, der Mensch ist dem Menschen ein Wolf, das meint Ducasse, wenn er vom »Menschen, diesem Raubtier« spricht. Dieses Verhalten will er »unentwegt angreifen« und zugleich die Verhältnisse, die es hervorbringen.

Martin ißt am Waldrand Himbeeren. Die Sonne leuchtet warm. Wir steigen in den blauen Trabant und fahren zurück zu den Eltern, essen mit ihnen Abendbrot im Gartenhaus.

31. AUGUST

Um 8 mit dem Zug nach St., wir holen Otto und Olaf ab, wandern bergauf zum Finsterberg, aber bloß auf den Nebengipfel, auf dem Hauptgipfel (944 m) wacht die Rote Armee. Danach zum Mordfleck hinunter, und wieder hoch zur Schmücke, wo wir Spaghetti und Torte essen und Ansichtskarten schreiben. Querwaldein abwärts; die grünen Hügel, die Fichten, der hohe giftige Fingerhut am Weg, in der Sonne. Mir tun die Füße weh vom Wandern. Ottos Eltern bewohnen ein kleines Haus an der Fernverkehrsstraße. Viel Schnee, sagt die Mutter, immer viel Schnee. Um 22 Uhr sind wir wieder in S.

1. SEPTEMBER

Maldoror trifft bei seinem täglichen Spaziergang immer ein zehnjähriges Mädchen. Es sieht ihn an und folgt ihm durch die ganze Gasse, einmal spricht es ihn an, fragt nach der Uhrzeit, aber Maldoror (oder Ducasse) hat keine Uhr bei sich. Von nun an meidet er diese Gasse. Er denkt: vielleicht ist dieses Mädchen auch schon achtzehn. Es gibt Strichmädchen, die wie zehn oder zwölf aussehen, aber in Wirklichkeit zwanzig Jahre alt sind. Aber nein, sagt er sich, es ist sicher noch ein Kind. Er warnt es jedoch, ihm besser nicht zu nahe zu kommen. Weil er nicht geliebt worden ist, kann er auch nicht selber lieben. Er würde das Mädchen grausam mißhandeln, die Arme zerbrechen, die Augenlider zunähen, den Körper an eine Mauer werfen, daß er daran klebenbleibt.

Das ist der Inhalt von Strophe fünf. Die Grausamkeiten (habe ich das nicht schon gesagt?) kann ich nicht ganz ernst nehmen, weil sie so übertrieben sind. Ducasse ist ein Moralist, kein Sadist.

Es ist Sonnabend (morgens beim Glockenläuten erwacht). Mittags mit dem Wagen nach Steinbach-Langenbach ins Naturtheater. Gudrun F. besorgt uns Karten für den »Waffenschmied«, sie singt im Chor und hat eine betrunkene Schwiegermutter zu mimen. Nach der Vorstellung fahren wir nach H. zu ihrem Mann (unterwegs haben wir Ebereschen gepflückt, für Marmelade), trinken Kaffee und reden ein bißchen. Sie schwärmt von Erhart Kästners Büchern und gibt mir zwei zum Reinsehn mit. Bei der Rückfahrt auf der glatten Asphaltstraße durch den Wald sehn wir ein Reh im Straßengraben, es macht ein paar Sprünge, zum Glück nicht über die Straße.

2. SEPTEMBER

Martins Eltern holen uns im Gartenhaus ab, wir fahren nach Themar, zum Eingefallenen Berg. Am 3. April 1594 stürzte hier ein mächtiger Teil des Muschelkalkes ab, mehrere Häuser sollen verschüttet worden sein. Wir steigen unter den steilen Felsen zwischen Steinbrocken und Blaufichten umher; mir fällt ein, daß ich vor ungefähr fünfundzwanzig Jahren schon mal mit Baldwin hier war. Im Waldhof essen wir gebratene Forelle, sie schmeckt erdig, meint Martin. Er will sich Römhild ansehn; wir gehn durch die beiden Höfe des Schlosses (denken an Harald Gerlachs »Graupenhaus«), dann fahren wir ein paar Kilometer zurück und steigen auf den Kleinen Gleichberg (642 m). Hier haben die Kelten gewohnt, jetzt sieht man nur Wälle von halbmetergroßen

Basaltbrocken zwischen Buchen und Ahorn: düstere Reste. Weshalb besichtigt man das eigentlich, diese sich allmählich unaufhaltsam auflösende Vergangenheit. Abends sitzen Martin und ich im dunklen Garten, eine Kerze flackert, wir sehn manchmal zu den Sternen hoch und trinken eine Flasche Bier.

3. SEPTEMBER

Martin macht mit seinem Vater Gesträuch an der Straße weg, ich sitze in der verglasten Veranda, Sonne auf dem Schädel, und lese Strophe sechs. Ein achtjähriger Junge (in Strophe vier war es ein ebenso altes Mädchen, wozu diese genauen Altersangaben?) sitzt auf einer Bank in den Tuilerien (das Schloß mit seinen Anlagen). Maldoror setzt sich zu dem Jungen und erklärt ihm, wie er es anstellen soll, daß er eines Tages seine Mitmenschen beherrscht.

»Möchtest du nicht eines Tages deine Mitmenschen beherrschen?«

»Ja, ja.«

Also soll er listig sein (wie David gegen Goliath), jeden Tag 2 Stunden Gymnastik machen, damit er stark wird; zuerst stehlen, später Krieg führen, um siegreich und damit berühmt zu sein. Der Zweck heiligt die Mittel.

»Wer den Sieg über seine Mitmenschen davonträgt, der ist der Schlauste und Stärkste.«

Das Kind fängt vor Erregung an zu fiebern.

Maldoror schleicht sich weg und denkt: Es wird mit dreitägiger Bettruhe davonkommen.

Diese Ironie! Oder ist das schon Sarkasmus?

Mittags fahrn wir ins Nachbardorf, da ist dieses Jahr das Flüßchen gestaut worden; den Stausee hat man zum Naherholungsgebiet erklärt. Zwei Fahnen wehen, aber die Kassen sind geschlossen, Arbeiter gießen noch Beton. Wir fahren weiter, auf die Höhe hinauf, biegen in einen Feldweg ein, legen uns ins Gras und schlafen ein bißchen. Im Gebüsch ist Wind, manchmal kommt Sonne hervor. Am Waldrand ächzt ein Anstand zwischen Fichten. Von hier aus der Blick zu dunstigen Hügeln, im Tal liegt Hinternah.

Dieses Jahr gibt es viele Fichtenzapfen.

4. SEPTEMBER

Beim Frühstück in der Veranda scheint noch Sonne. Martin will in den Rennsteiggarten (bei Oberhof), dort stürmt es. Er besieht sich die, meist schon abgeblühten, Gebirgspflanzen: Alpenkratzdisteln, Gletschernelken, Rhododendron aus dem Himalaya und was noch alles. Mich interessieren Menschen mehr als Flora und Fauna.

Zurück zur Schmücke. »Die Schmücke (911 m) ist ein vielbesuchter Gasthof (Zimmer 1–3, Frühstück ¾ Mark), inmitten des schönen Waldes auf grünem Wiesenplan hübsch gelegen.« (Baedecker, 1899)

Inzwischen regnet es. Martin malt hinterm Steuer ein Aquarell: das regenblaue Tal (bei ihm wird alles grün, als ich ihm das sage, ärgert er sich). Ich schlafe etwas, zusammengekrümmt auf dem Rücksitz. Der Regen tröpfelt aufs Autodach, wir sind im Trocknen, es ist fast gemütlich. Andre Autos kommen und fahren wieder weg, weil die Gaststätte geschlossen ist.

Ich lese Strophe sieben, über den Hermaphroditen. Er ist, in der griechischen Sage, der schöne Sohn des Hermes und der Aphrodite; da er die Liebe der Quellnymphe Salmakis nicht erwiderte, wurde sie, als Hermaphrodit in ihrer Quelle badete, auf ihren Wunsch mit ihm zu einem zweigeschlechtlichen Wesen vereinigt.

Bei Ducasse liegt der Hermaphrodit im Gras, das feucht von Tränen ist, und schläft. Der Mond streicht über die schöne Gestalt dieses Jugendlichen, in dessen Gesichtszügen sich männliche Energie und zugleich mädchenhafte Anmut ausdrücken. Einen Arm hat er über die Stirn gelegt, die andere Hand auf die Brust gepreßt, als wolle er die Schläge eines Herzens unterdrücken, das die schwere Last eines Geheimnisses trägt.

Das Geheimnis ist seine Zweigeschlechtlichkeit.

Seine Bisexualität.

Seine Androgynie.

In der altägyptischen Mythologie ist es Ra, der Sonnengott, der sich selbst begattet.

Im Altindischen: Aditi, die Stierkuh, die Mutter und Vater von anderen Göttern ist.

Auch der afroamerikanische Gott Xango, der Gott des Regens, des Donners und des Blitzes, ist zweigeschlechtlich.

(Hubert Fichte: Xango)

Bisexualität oder zeitweiliger Geschlechtswechsel spielt auch eine wichtige Rolle in vielen alten Bräuchen.

Bei den afrikanischen Völkern der Masai, Nandi, Nuba und anderen ziehen die Jungen zu ihrer Initiation (Aufnahme unter die Erwachsenen) Frauenkleider an. Bei den Sotho, einem südafrikanischen Volk, tragen die Mädchen bei ihrer Initiation Männerkleidung.

Rituelle Verwandlungen von Jungen in Frauen kommen auch auf Tahiti, Neuguinea und bei den Insulanern in der Torresstraße vor. Ebenso wird bei den Initiationsfeiern der Australier der Junge zeitweise in eine Frau verwandelt.

Männer in Frauenkleidern: bei den römischen Saturnalien.

Beim mittelalterlichen Karneval.

Bei Shakespeare werden Julia, Ophelia und Lady Macbeth von jungen Schauspielern dargestellt.

Umgekehrt: die Hosenrollen.

Der junge Friedrich von Preußen ist im Deutschen Theater ebenso ein Mädchen wie der kleine Prinz im Berliner Ensemble.

Aber immer noch ist eine Frau in Hosen nicht so schlimm wie ein Mann im Kleid. Da lacht das Publikum im Kino, das männliche. Lacht es gegen die eigenen Ängste, nicht »Manns genug« zu sein?

Auch Ducasses Hermaphrodit hat Angst. Er fürchtet, daß man ihm früher oder später seine Veranlagung als einen ungeheuren Makel vorwerfen würde, wenn er sich an einen Mann oder eine Frau bindet. Ducasse findet ein anschauliches Bild für die Bisexualität des Hermaphroditen: »Wenn er einen Mann und eine Frau sieht, die in einer Platanenallee spazierengehen, fühlt er, daß sich sein Körper von unten nach oben in zwei Teile spaltet, und jeder neue Teil umarmt einen der Spaziergänger; aber es ist nur eine Halluzination, und die Vernunft übernimmt bald wieder die Herrschaft. Darum mischt er sich weder unter Männer noch unter Frauen; denn seine übergroße Scham, die aus der Idee entstand, er sei nur ein Monster, hindert ihn, seine heiße Sympathie irgendwem zu schenken.«

Und der Hermaphrodit liegt schlafend im Gras, das feucht von seinen Tränen ist. »Er träumt, er sei glücklich; seine körperliche Natur sei verwandelt; oder er fliege auf purpurner Wolke zu einer anderen Sphäre, bewohnt von Wesen seiner Natur.«

Tatsächlich gab es Zeiten, in denen ein bisexuelles Leben möglich war.

Der junge Spartaner konnte gleichzeitig vier verschiedene Beziehungen haben:

1. kameradschaftliche Beziehungen mit seinen Altersgenossen, die episodische homosexuelle Kontakte einschlossen;

2. eine intime Paarbeziehung mit einem Jüngeren;

3. eine heterosexuelle Ehe;

4. eine Liebesbeziehung mit einem unverheirateten Mädchen.

Mit einem Mann und einer Frau zusammenleben – die vollkommene Ehe?

Es ist doch schon zu zweit schwierig genug.

Vielleicht sollte man es mit Kommunen versuchen.

Da stehen die starren Stereotype im Weg.

Statt maskulin und feminin – androgyn.

Wer nicht androgyn ist, ist dumm.

»Kinder, deren Verhalten sich besonders streng nach den Forderungen ihrer Geschlechterrolle richtet, sind oft von einer geringeren Intelligenz und haben geringere schöpferische Fähigkeiten. Personen, die von einer starren Geschlechtertypisierung relativ unabhängig sind, verfügen hingegen über ein reichhaltigeres Verhaltensrepertoire und haben ein größeres psychisches Wohlbefinden. Androgyne Männer und Frauen fühlen sich im sexuellen Bereich wohler und ungezwungener.« (Walfish und Myerson 1980)

Aber der Hermaphrodit im 19. Jahrhundert ist noch unglücklich. Ducasse spricht ihn am Ende der Strophe direkt an: »Vielleicht werde ich eines Tages in einem umfangreichen Buch, auf erregten Seiten, deine Geschichte erzählen, erschrocken von dem, was sie enthält, und von den Lehren, die man daraus zieht. Bis jetzt konnte ich es nicht; denn immer wenn ich wollte, fielen reichlich Tränen aufs Papier, und meine Finger zitterten, doch nicht vom Alter. Aber schließlich will ich diesen Mut aufbringen. Ich bin entrüstet, nicht mehr Nerven als eine Frau zu haben, und immer in Ohnmacht zu fallen wie ein kleines Mädchen, wenn ich an dein großes Unglück denke.«

Der androgyne Ducasse.

5. SEPTEMBER

Morgens Regen, kühl. Martin macht Feuer im Herd, ich sitze in der Veranda und schreibe auf der amerikanischen Schreibmaschine.

Mittags gibts rohe Klöße bei den Eltern, danach fahren wir wieder ins Gartenhaus und schlafen. So ein Regentag ist auch mal gut, meint Martin.

Nachmittags: wir kaufen ein, für meine Mutter Pralinen und trockenen Sherry aus dem Delikatladen, und in der Buchhandlung am Markt Robert Walsers Romane in zwei Bänden. Martin kauft sich von Keith Jarrett »The Köln Concert«. (Eigentlich wollte ich für Mutter so eine schöne altmodische Kaffeemühle zum Kurbeln, aber die ist auch hier nicht zu kriegen.)

Abends in den amerikanischen Film »Kramer gegen Kramer«, dann noch zu den Eltern. Gespräche über Politik und die katholische Kirche, bei einer Flasche Wein.

Nachts: Martin versucht mehrmals, Feuer zu machen, das Holz ist zu feucht, es qualmt, bis er schließlich verzweifelt die Kohlen vor die Tür ins Gras wirft. Es stinkt nach Kohlenmonoxid. Wir nehmen jeder eine extra Decke. Es nieselt immer noch.

Ich hacke ein paar trockne Brettchen, Martin heizt, es wird warm im Gartenhaus. Zum Frühstück pflückt Martin frische kühle gelbe Pflaumen. Immer noch Regen.

Strophe acht. Maldoror war in seinen ersten Kinderjahren taub und lernte auch nur mit Mühe sprechen. (Ist das vielleicht ein biografisches Detail, oder gehört es zur nachfolgenden Komposition der Strophe, oder trifft beides zu?)

Ducasse schreibt: »... ich wuchs in Schönheit und Unschuld heran, jeder bewunderte die Intelligenz und Güte des Jungen ... diese klaren Züge ... in seinen Augen der Blick eines Engels. Aber nein, ich wußte sehr genau, daß die glücklichen Rosen der Jugend nicht dauernd blühen ... Ich begann zu ahnen, daß das Weltall ... vielleicht nicht so grandios war, wie ich es mir erträumt hatte.« Und nun beginnt die Beschreibung einer blasphemischen Horrorvision, noch radikaler als die früheren Angriffe gegen den Allmächtigen.

Maldoror sieht einen Thron aus Kot und Gold, auf dem der sitzt, der sich selbst den Schöpfer nennt, in ein ungewaschnes Leichentuch gewickelt, mit idiotischem Hochmut. In der Hand hält er den verfaulten Rumpf eines toten Menschen und führt ihn von den Augen zur Nase und von der Nase an den Mund; man errät, was er damit macht. Seine Füße stehn in einem Teich dampfenden Blutes, in dem Menschen schwimmen. Der Schöpfer tatzt sich einen nach dem andern und frißt ihn, Spritzer von Hirn hängen in seinem Bart. Manchmal ruft er: Ich habe euch geschaffen, also habe ich das Recht, mit euch zu machen, was ich will. Ich lasse euch leiden, und zwar zu meinem Vergnügen!

Da stößt Maldoror einen entsetzten Schrei aus, so

stark, daß er ihn plötzlich hören kann. Er ist nicht mehr taub.

7. SEPTEMBER

Von S. nach B. sind es 66 Kilometer, wir brauchen dreieinhalb Stunden dafür. In Themar umsteigen, ein verkommener, dreckiger Bahnhof. Das graue Schloßgebäude in Untermaßfeld, das jetzt Strafvollzugsanstalt ist, ein düsterer Anblick. In Meiningen eine Stunde Aufenthalt; rauchige Luft, die Straßen voller Autos. In B. warten wir auf ein Taxi.

Mutter empfängt uns munter, trotz des Ärgers mit dem Enkel und seiner Frau, die sie aus Gutmütigkeit ins Haus genommen hat. Jetzt haben sie endlich einen Wohnungsantrag gestellt, aber das kann dauern. Mutter haust in zwei Kellerräumen, und das in ihrem Alter. Sie schläft bei der Nachbarin, damit wir hier übernachten können und nicht wieder ins Hotel müssen.

8. SEPTEMBER

Unruhig geschlafen, fremde Geräusche oben im Haus, ungewohnt. Gegen Morgen mehrere Träume, auch zwei erotische. Im ersten sind wir zwei Männer und zwei junge Frauen, alle nackt, ich mache es mit einer der Frauen a tergo. Im andern Traum sind zwei junge Männer bei mir (ich verschweige ihre Namen, obwohl ich sie gut kenne), mit dem einen will ich es wie mit der Frau machen, der andere streckt mir auch seinen Hintern entgegen, aber ich sage zu ihm: Du kannst ja zugucken!

Strophe neun ist eine Hymne auf die Läuse. »Wenn die Erde mit Läusen bedeckt wäre wie der Strand des Meeres mit Sandkörnern, dann würde die menschliche Rasse vernichtet sein, eine Beute furchtbarer Schmerzen. Was für ein Schauspiel! Ich mit Engelsflügeln, unbeweglich in den Lüften, um es zu betrachten.«

Das ist noch härter als Rimbauds »Läusesucherinnen«.

Spaziergang ins nächste Dorf. Die Bauern modernisieren ihre Häuser auf städtische Art. Überall die gleichen Flurfenster mit farbigen Glasziegeln, das ist jetzt modern.

Regen weht uns in den Rücken.

9. SEPTEMBER

Strophe zehn ist eine Ode an die Mathematik. In ihren Gesetzen sieht Ducasse einen »Widerschein der Wahrheit«, während ihm die Erde nur Täuschung und moralisches Blendwerk zeigt.

Von der Mathematik lernt er die *Kälte* (um die flüchtigen Genüsse und die sympathischen, aber trügerischen Angebote seiner Mitmenschen abzulehnen), die hartnäckige *Vorsicht* und die *Logik* (mit deren Vernunftschlüssen sich seine Intelligenz verdoppelte). Ducasse fühlt, daß er dadurch menschlicher wurde, und er hofft, daß ihn die Mathematik bis an sein Lebensende über die Bosheit der Menschen und die Ungerechtigkeit der Welt trösten wird.

Wenn Ducasse sich solche Eigenschaften wie Kälte, Vorsicht und Logik anerziehen will, um im Lebenskampf zu bestehen, kann man daraus nicht schlußfolgern, daß er eigentlich warm, offen und gefühlvoll ist oder war?

Deshalb vielleicht auch diese Sehnsucht nach der Jugend, in der man noch vertrauensvoll und naiv sein konnte (... wie gut Maldoror in seinen ersten Lebensjahren war, damals, als er glücklich lebte, schrieb Ducasse im Ersten Gesang).

10. SEPTEMBER

Wir stehen schon um 7 auf, waschen uns, packen das Bettzeug weg (es ist alles beengt in den beiden Räumen), decken den Kaffeetisch und legen die Geschenke hin, ehe Mutter von der Nachbarin kommt. Heute ist ihr fünfundsiebzigster Geburtstag. Sogar die Sonne scheint mal, wir machen schnell ein paar Fotos in der Haustür, dann regnet es wieder. Zwei Freundinnen kommen zum Kaffee, Mutter hat Birnentorte und ein Blech »nassen Kuchen« gebacken. Wir stoßen mit Eierlikör an, auf ihre Gesundheit und daß sie bald ihre Wohnung wieder hat. Dann plaudern die Frauen über diese und jenen im Dorf. Ein Zwanzigjähriger ist in Berlin tot aufgefunden worden. Und was sonst noch passierte.

Abends im TV der amerikanische Film »Henker sterben auch«.

11. SEPTEMBER

Maldoror ist in einer Kathedrale und verlangt von der Öllampe, sie soll aufhören zu leuchten, weil er nur im Dunkeln seine Opfer finden kann. Die Lampe brennt weiter. Da wünscht er, daß sie sich in einen Menschen verwandelt, wirft mit einem Kieselstein nach ihr, die Lampe fällt herunter. Als er sie raustragen will, wehrt sie sich und wächst und nimmt die Gestalt eines Engels an. Maldoror kämpft mit dem Engel, »dessen Freund er gern geworden wäre«, er küßt ihn, der Engel wird schwarz, mit verbrannten Flügeln flieht er in den Himmel. Zuvor sehn sich beide noch an, und »dieser Blick verband sie in ewiger Freundschaft«. Die Lampe bleibt zurück, Maldoror schleudert sie in die Seine. Seitdem taucht sie jeden Abend am Pont Napoléon auf und gleitet leuchtend den

Fluß hinab, unter dem Pont de la Gare und dem Pont d'Austerlitz bis zum Pont d'Alma, und dann wieder zurück, »weiß wie elektrisches Licht«. Wenn aber ein Mensch mit schlechtem Gewissen über eine der Brükken geht, dann läßt die Lampe plötzlich ihren Schein erlöschen.

Wie stark muß Ducasses Wunsch nach Freundschaft gewesen sein, denke ich, wenn er in seiner Imagination einen Gegenstand in einen Menschen umwandelt. Und wenn er auch mit ihm (oder mit einem Engel, der sowieso stärker ist) kämpfen muß, so wird doch wenigstens ein körperlicher Kontakt hergestellt. Hier sind es aber vor allem die Blicke, die »alles sagen«, die beide verbinden »in ewiger Freundschaft«.

12. SEPTEMBER

Martin will an die Luft, wir gehn zum Wald, zwei Rehe springen in weiten Sätzen übers abgeerntete Getreidefeld, auf dem anderen Feld schimmern helle Kartoffeln aus der Erde. Die Wirtin im Hundskopf ist freundlich, wir trinken Boonekamp, dann gehn wir am Waldrand zurück. Martin sammelt Heidekraut und andere Blumen zu einem Strauß für Mutter. Die entfernten blaugrünen Hügelzüge; Wind über den Feldern; Stroh und Pflaumenbäume. Am Friedhof vorbei, wo das Grab meines Vaters ist.

In den Nachrichten:

Der Papst ist in Kanada und hat sich gegen den vorehelichen Geschlechtsverkehr ausgesprochen. Gegen Homosexualität ist er auch.

Abends kommt eine Nachbarin und erzählt gleich von dem Jungen, der mit 1000 Mark nach Berlin gefahren ist; im Plänterwald, in der Nähe des Rummels hat man ihn gefunden; wie er ums Leben gekommen ist, weiß man nicht. Zwanzig Jahre, ein brauner Lockenkopf.

Ein Junge vom Dorf, der in der Hauptstadt was erleben wollte?

Am 31. August ist er gestorben, ich schneide mir die Todesanzeige aus. Das war am Freitag, als wir mit O. und seinem Freund zur Schmücke gewandert sind.

Die Gleichzeitigkeit verschiedener Ereignisse.

Ein brauner Lockenkopf, erst zwanzig Jahre.

»Hört die Gedanken meiner Kindheit, als ich aufgewacht war, ihr Menschen mit roter Rute.« So beginnt Strophe zwölf. Wieder greift Maldoror-Ducasse den Allmächtigen an, diesmal aus kindlicher Sicht. Er sagt: »Ich möchte dich lieben und anbeten; aber du bist zu mächtig, und es ist Furcht in meinen Hymnen.« Er will nicht von ihm ständig beobachtet werden und sein »höhnisches Skalpell« am Gewissen spüren.

13. SEPTEMBER

Ducasse sucht die Güte, »von der Liebe zum Guten getrieben«. Aber er hat schon gemerkt, daß die Güte nichts weiter ist als eine Vereinigung klingender Silben. So heißt es gegen Ende dieser Strophe.

Wir haben unsere Sachen gepackt.

Nach Berlin will Mutter nicht fahren, das ist ihr zu weit, wir sollen Weihnachten wiederkommen. Immer fängt sie schon vor der Verabschiedung an aufzuräumen, der Abschied ist dann kurz, sie winkt nicht, geht gleich ins Haus und putzt dort weiter. Ich habe sie noch nie weinen sehen, wenn ich wegfuhr.

Wir fahren zurück nach S. Es ist wieder wärmer geworden. Nach dem Mittagessen erzählt Martins Mutter, wie er in der Schule war. Er kam nach Hause und sagte: »Mama, ich hab schon wieder eine Eins – aber ich weiß doch gar nichts!«

So ist er auch noch heute.

Wir schlafen mittags im Gartenhaus, dann fahren wir mit dem Auto zum Waldrand, durch die Furchen des ausgefahrenen Feldweges. Sonne scheint schräg durch die hohen Fichten, überall liegen trockene Äste, was für Feuerholz gäbe das.

Martin entdeckt lauter grüne Häufchen, es ist Kot, aber von welchen Tieren?

Ich fotografiere einen Wipfel gegen den hellen Abendhimmel. Vom Waldrand hat man einen weiten Blick über das Städtchen und die Hügel ringsum. Martin ist etwas sentimental und meint: Wie paradiesisch könnte die Erde sein ...

14. SEPTEMBER

Martin schneidet Blumen im Garten und sich in den Finger. (Dieser Satz ist ein sogenanntes Zeugma, ein Stilmittel für komische Wirkung.)

Sein Vater wird heute neunundsiebzig Jahre. Die Skatbrüder kommen, die Schnapsgläser werden gehoben, und auf die Gesundheit angestoßen. Später fahren wir mit den Eltern zum Essen ins Ringberghaus, ein klotziger Bau für die Urlauber, oben auf dem Berg wie eine Burg, aber häßlich.

Martin will noch auf den Adlersberg. Es ist ganz dunstig, wir sind in den Wolken, 850 Meter hoch. Auf den phallischen Turm steigen wir nicht. Auf dem Rückweg zupft Martin winzige Waldhimbeeren. Nun kommt die Sonne durch.

Nachmittags rufen Martins Geschwister an und gratulieren. Auch Loni ruft an, die vor kurzem Zwillinge bekommen hat, Gunnar und Patrick.

Der Farbfernseher geht wieder kaputt. Wir trinken Wein, Martin spielt auf dem Klavier »Wo die Alpenrosen blühn«, dann kommt neuer Besuch, und es wird über diese und jenen geredet.

Nachts im Gewitterregen durch die Stadt, die Scheibenwischer schaffen das Wasser kaum, kurz vorm Garten stockt der Motor, Martin startet mehrmals und fährt dann, mit Vollgas im ersten Gang, schneckenlangsam den Berg hoch, bis auf einmal das Auto wieder richtig fährt und die Garage erreicht.

15. SEPTEMBER

Ich sitze vormittags in der Veranda, sehe in den Garten und tippe auf der Remington, komme aber nicht mehr dazu, Ducasse zu lesen. Martin packt das Bettzeug zusammen und alles in den Kombi. Mir fällt ein, daß ich das Gartenhaus nicht beschrieben habe, nun ist es zu spät dafür.

Nachmittags Nieselregen, wir gehn unterm Schirm durch die Altstadt. Verkommene Häuser, Schieferwände; Rauch in der Luft und am Stadtrand Gebell, da dressieren welche ihre Hunde. Reste der Stadtmauer, ein Turm, noch Mittelalter. Daneben, als Kontrast, auf modern zurechtgemachte Fassaden, breite Fenster, Balkon mit gelber Kunststoffüberdachung.

Die letzte Nacht schlafen wir bei den Eltern am Markt, in Martins Geburtshaus, einem schmalen Fachwerkbau. Unten der kleine Schuhladen, den Martins Vater bis vor ein paar Jahren besaß, der gehört jetzt dem Konsum.

Ich lese im Bett Strophe dreizehn. »Ich suchte eine Seele, die mir ähnlich ist, und ich konnte sie nicht finden.« Das ist der erste Satz. Maldoror ist auf einer Klippe am Meer, ein Kriegsschiff sinkt im Orkan, langsam und majestätisch. Er beobachtet einen Schiffbrüchigen, »er konnte höchstens sechzehn Jahre alt sein« (so alt ist jetzt Georges Dazet), und erschießt ihn mit seiner Doppelbüchse. 6 Haie machen aus dem Rest der anderen Schiffbrüchigen »ein Omelett ohne Eier« (wieder ein Beispiel für Ducasses dunklen Humor). Da kommt eine hungrige Haiin, es entsteht ein Kampf um die Beute, Maldoror erschießt einen Hai und tötet den letzten mit dem Messer. Die Haiin und Maldoror schwimmen aufeinander zu, küssen sich zärtlich und paaren sich dann heftig. Sie wissen, daß sie in ihrer Grausamkeit ebenbürtig sind. Maldoror: »Ich war meiner ersten Liebe begegnet.« Der letzte Satz dieser Strophe.

16. SEPTEMBER

Endlich zurück nach Berlin, im übervollen Zug, der eine Durchschnittsgeschwindigkeit von 60 Stundenkilometer hat. Ich würde gern wissen, wie schnell zu Ducasses Zeit ein Zug fuhr, aber das hat er nicht notiert.

17. SEPTEMBER

Martin arbeitet wieder. Ich kaufe ein, hole die Post von der Nachbarin, Ansichtskarten aus Burgund, Dänemark, St. Hippolyte im Elsaß, vom Golfo Paradiso (Italien) und von der Insel Lesbos. Ulf M. schrieb einen langen Brief und legte ein Aktfoto bei, auf dem er zweiundzwanzig ist. Inzwischen ist er zwei Jahre älter. Der Brief beginnt: »Ich weiß nicht, wie ich den Brief anfangen soll, weiß aber, was ich damit will: wieder etwas mehr Nähe herstellen, ohne ein Problem, das ich mit mir oder anderen habe, und von Dir gelöst haben möchte, bewußt oder unbewußt, wie das früher sicher zum Teil zumindest der Fall war.« In der Mittagspause hole ich Martin ab, wir gehn Rostbrätl mit Pommes frites essen. Septemberliche Sonne. Nachmittags kommt Besuch, eine Bekannte aus Martins Bernburger Zeit, sie arbeitet in der Pflanzenzucht, erzählt sehr munter. Wir trinken Aprikosenlikör.

18. SEPTEMBER

In Strophe elf schreibt Ducasse von einer Lampe, die »weiß wie elektrisches Licht« scheint. Ich seh im Lexikon nach: Heinrich Goebel, ein nach Amerika ausgewanderter deutscher Optiker und Mechaniker, entwickelte 1854 (Rimbauds Geburtsjahr, da war Ducasse acht Jahre alt) die erste brauchbare Glühlampe, fünfundzwanzig Jahre vor Edisons Kohlefadenlampe). Wußte Ducasse davon? Was sollte er sonst unter elektrischem Licht verstehen?

Ich bin jetzt bei Strophe vierzehn. Aus der Seine wird eine Leiche geholt. »Sein Gesicht ist vornehm und seine Kleidung teuer. Ist er schon siebzehn Jahre? Das heißt jung sterben!« Die schaulustige Menge verläuft sich. Keiner von denen hat einen Versuch zur Wiederbelebung gemacht.

Maldoror reitet heran, dreht sofort den Ertrunkenen um, reibt ihm die Schläfen und beatmet ihn eine Stunde lang von Mund zu Mund. Dann fühlt er, wie das Herz des Unbekannten wieder zu schlagen beginnt. »Jemand das Leben retten, wie schön ist das! Und wieviel Schuld löscht diese Tat aus!«

Maldoror erkennt plötzlich diesen blonden Jungen, es ist Holzer. Sie umarmen sich, Maldoror setzt den Freund aufs Pferd und reitet mit ihm davon.

Am Schluß der Strophe spricht Ducasse direkt: »O

Holzer, du glaubtest, so vernünftig zu sein und so stark, hast du nicht an deinem eignen Beispiel gesehen, wie schwierig es ist, in einem Anfall von Verzweiflung die Kaltblütigkeit zu bewahren, deren du dich rühmst? Ich hoffe, du wirst mir nie mehr solchen Kummer machen, und ich, meinerseits, habe dir versprochen, daß ich mich nie an meinem Leben vergreifen werde.«

Wer ist Holzer? Ein neuer Name für Dazet? Hat er einen Suizidversuch gemacht? Oder ein anderer Junge, den er kennengelernt hat? Ducasse scheint jedenfalls ziemlich betroffen zu sein.

Als ich damals den Jungen aus der Werra holte, wie alt war ich da, vierzehn oder fünfzehn? Ich hatte erst spät das Schwimmen gelernt. Der Junge war vielleicht acht oder zehn. Er trieb flußabwärts, sein Kopf tauchte unter und wieder auf, ich sah die weit geöffneten Augen, den aufgerissenen Mund, er rief nach Hilfe und ging wieder unter, ich schwamm zu ihm hin und dachte: Wenn er mich umklammert und in seiner Todesangst mit unter Wasser zieht, dann muß ich mit der Faust auf seinen Kopf hauen, aber er legte die Arme um meinen Hals, ich spürte den heftigen Herzschlag an meiner Brust, ich schwamm zurück zum Ufer, sein Herz klopfte und klopfte, er ließ erst los, als ich auf dem erdigen Ufer stand, und rannte in die Wiesen, wo ich Leute beim Heuwenden sah.

Das passierte oberhalb der Badestelle, wo die Werra einen Bogen macht. Der Junge wäre sicher nicht ertrunken, an der Badestelle waren Schwimmer, die hätten ihn rausgeholt. Trotzdem sagte ich mir lange Zeit: Du hast einen Menschen gerettet, dein Leben kann nicht umsonst gewesen sein, was auch kommt. Oder so ähnlich. Ein bißchen pathetisch.

In meiner Schreibmappe bewahre ich ein abgegriffnes

Foto auf (36 × 47 mm), da bin ich fünfzehn. Ich sitze, mit meinen langen Beinen in eine Schulbank eingeklemmt, man sieht nur den aufgerichteten Oberkörper, ich halte einen Federhalter, der linke Zeigefinger ist ausgestreckt auf das Heft, aber ich schreibe nicht, es ist eine Pose. Ich habe ein kleinkariertes Hemd an, mit langen Kragenecken, bis oben zugeknöpft. Das glatte, schmale Gesicht mit dunklem Flaum über der Oberlippe, links gescheiteltes dunkelblondes Haar. Und die Augen sehen ganz ernst aus dem Bild, unter starken geraden Brauen.

Ob Ducasse sich für mich interessiert hätte?

19. SEPTEMBER

Es ist mir zu kalt im Wohnzimmer, ich mache in der Küche die Gasheizung an, rücke den Küchentisch ans Fenster, neben die Porzellanblume, trinke Beuteltee, *Ostfriesische Mischung*, und lese ein paarmal Strophe fünfzehn, in der ein Mensch von seinem Gewissen verfolgt wird wie von einem gelben Gespenst, es hetzt ihn durch rauhe Ebenen, durch die Gewitternacht, bis er sich schließlich ins Meer stürzt.

Diesmal will Maldoror den Menschen verteidigen, er verwandelt sich in einen Kraken mit acht monströsen Fangarmen, von denen jeder einen ganzen Planeten umspannen könnte, und überfällt den Schöpfer, sättigt sich an seinen »heiligen Blutkörperchen«. Dann macht er sich von ihm los, versteckt sich in einer Höhle; der Kampf ist bloß unterbrochen, er kann zu jeder Zeit fortgesetzt werden.

Der Schöpfer schickt das Gewissen zu Maldoror, der reißt ihm den Kopf ab und zwingt ihn zuzusehn, wie er drei anmutige junge Mädchen guillotiniert. Dann legt Maldoror seinen Hals unters Fallbeil, aber das kann ihn nicht verletzen. Mit erhobenem Kopf, prall voll Leben, geht Maldoror durch die bestürzte Menge davon.

Ich seh durchs Fenster auf die Gleise, eine S-Bahn kommt aus westlicher Richtung. Der Himmel ist grau, kurz vor 18 Uhr, Sommerzeit. Der Gefrierschrank summt.

Strophe sechzehn, die letzte, ist ganz kurz. Ducasse hält einen Augenblick an, der gottlose Gesang hat ihn etwas ermüdet, aber er wird kein einziges Wort an dem Auswurf ändern, den er aus seinem Schädel erbrochen hat. Er kann nicht anders, auch der Lehm kann nicht selbst seine Atome auflösen. Damit ist der Zweite Gesang zu Ende. Ich will noch schnell Brot kaufen; Martin hat Spätdienst.

20. SEPTEMBER

Von 8 bis 14.30 Uhr ist der Klempner da, ein alter keuchender Mann, die unteren Schneidezähne fehlen. Er installiert ein neues Klosettbecken; mit dem Spülkasten hat er Schwierigkeiten, er schimpft auf das moderne Plastezeug. Ich gebe ihm 10 Mark Trinkgeld.

Von Mutter kommen drei Postkarten, sie will plötzlich das Haus verkaufen, weil ihr der Bürgermeister gesagt hat, daß sie keine Wohnung für den Enkel haben. An der Schrift merkt man, daß sie aufgeregt sein muß, das ist nicht gut für ihr Herz. Ich schicke gleich ein Telegramm, sie soll nichts überstürzen.

In der französischen Lautréamont-Ausgabe (Paris 1966) ist ein Brief Ducasses an einen Kritiker, der in der deutschen Ausgabe fehlt.

Paris, den 9. November 1868

Monsieur,

haben Sie die Güte, diese Broschüre in Ihrem achtbaren Journal zu kritisieren. Durch Umstände, die von meinem Willen unabhängig waren, konnte sie nicht im August erscheinen. Sie erscheint jetzt in der Librairie du Petit Journal und bei Weil et Bloch in der Passage Européen. Ich muß den 2ten Gesang Ende dieses Monats bei Lacroix publizieren.

Nehmen Sie, Monsieur, meine bereitwilligen Grüße entgegen.

DER AUTOR

Man weiß nicht, an wen dieser Brief gerichtet ist.

Der Erste Gesang wurde von der Imprimerie Balitout, Questroy & Cie. im August verlegt, gelangte aber erst im November in den Buchhandel.

Durch welche Umstände?

Das weiß man auch nicht.

Eins ist sicher: der angekündigte Zweite Gesang erscheint nicht.

Gott im Bordell

21. SEPTEMBER

Heute wäre mein Vater achtundsiebzig Jahre alt geworden (er starb 1969, in dem Moment, als ich unser Haus betrat; Mutter hatte mir ein Telegramm nach Leipzig geschickt).

Ich schreibe an Mutter, daß sie auf jeden Fall zwei Tauschwohnungen braucht, für den Enkel und für sich, falls sie das Haus verkauft.

Im Bad funktioniert die Gasheizung nicht, Martin geht zum Klempner, der will noch vormittags kommen. Also wieder warten, daß es klingelt, wie soll ich mich da konzentrieren?

Es ist 14 Uhr, der Klempner ist nicht gekommen.

Ich fange den Dritten Gesang an, Strophe eins. Ducasse nennt noch mal die Namen: Léman – Lombano – Lohengrin – Holzer. Er nennt sie imaginäre engelhafte Wesen »mit den Insignien der Jugend ... vom stürmischen Erguß einer Liebe erzeugt. Einer hungrigen Liebe, die sich selbst zerfleischen müßte, wenn sie ihre Nahrung nicht in himmlischen Visionen suchen würde.«

Also doch ausgedacht? Keine Pseudonyme für Georges Dazet? Oder hat er ihn zum Idol stilisiert, dem er immer neue Namen gibt?

Nun stellt er gleich das nächste Idol vor: Mario.

Mario und Maldoror reiten am Meer entlang, Seite an Seite, wie zwei Kondore der Anden. Sie sprechen nicht, aber ihre Augen drücken alles aus.

Zitat: »Jeder bringt dem Leben des anderen das gleiche Interesse entgegen wie dem eigenen Leben.«

Man nennt sie »die beiden geheimnisvollen Brüder«. Es heißt, sie verkünden Cholera, Krieg und Not. Aber sie wollen mit den Strophen ihrer Prophezeiungen die Menschen warnen.

(Was nützen Warnungen? Das ist eine aktuelle Frage.)

Und Ducasse schreibt: »Der Erdball dreht sich weiter im Delirium, bewohnt von grausamen Geistern, die sich gegenseitig auf den Schlachtfeldern massakrieren (wenn sie sich nicht heimtückisch, aus Haß oder Ehrgeiz, mitten in den Städten umbringen).«

Mario und Maldoror galoppieren auf ihren Pferden am Meeresufer entlang, als flüchteten sie vor den Menschen.

Mario ist jünger als Maldoror. Das ist bitter für den Älteren. Er glaubt, daß dies der Grund ist, warum er Mario nicht glücklich machen kann.

(Ducasse quält sich noch immer mit dem Problem »Georges«, er hat noch keine Lösung, im doppelten Wortsinn, gefunden.)

Er vermutet Feuer und Leidenschaft im Blut des Jüngeren, aber der sagt ihm: Deine Einbildungskraft täuscht dich, in mir brennt kein Feuer, auch wenn mein Kopf heiß ist.

Und nun ein mutiger Satz Ducasses: »Ich habe das Leben wie eine Wunde empfangen, und ich habe dem Selbstmord verboten, die Narbe zu heilen.«

22. SEPTEMBER

Herbstanfang.

Wir wollen Otto besuchen, klingeln aber vergeblich.

Zu Ria, der Krankenschwester, sie hat das Handgelenk gebrochen; wir sitzen eine Stunde auf dem Balkon, unten jagen die Autos vorüber. Auf dem Feld gegenüber sollen nächstes Jahr Hochhäuser gebaut werden, eine schöne Aussicht.

Mit dem Bus nach Springpfuhl, das kennen wir noch

nicht, essen dort Mittag in einer Neubau-Gaststätte am Helene-Weigel-Platz.

Erinnerung: In den Herbstferien 1961, ich brauchte eine polizeiliche Genehmigung für die Fahrkarte nach Berlin, habe ich kurz mit Helene Weigel gesprochen, ich wollte Schmalfilmaufnahmen von einer Probe machen – wie naiv und kühn war ich damals. Ich drängte mich auch in Brechts Wohnung, ich durfte mich mal schnell umsehn, seine Manuskripte wurden gerade fotokopiert, es standen solche Apparate da; und es waren noch die alten Fußbodenbretter, abgetreten und schäbig, nicht die hellen, glänzend lackierten des heutigen Museums. Ich war beeindruckt, nachdem ich auch noch das Grab und die Aufführungen von »Galilei« und »Furcht und Elend des dritten Reiches« gesehn hatte; fuhr zurück und fing sofort an, einen Gedichtzyklus über Brecht zu schreiben und seine Bücher zu sammeln. Ich war ein richtiger Fan, trug auch die Haare kurz, nach vorn gekämmt, wie er; das machte damals Aufsehen in der Kreisstadt, an der polytechnischen Oberschule, wo ich Lehrer war.

Der Gedichtzyklus wurde gedruckt, zusammen mit einem Zyklus über Afrika; ich konnte damals nur Zyklen schreiben.

Das Vergessen geht so schnell, ich habe mir deshalb vorgenommen, unsere Wohnung zu skizzieren. (Eines Tages, wir sind ja registriert, bekommen wir eine größere.) Hier wohnen wir seit Januar 1982. Unsere erste gemeinsame Wohnung. Für zwei ist sie eigentlich zu klein. Aber so gut wie hier habe ich noch nirgends arbeiten können. Vielleicht liegt das nicht nur an der Wohnung.

Martins Bruder übernachtet hier, er fliegt morgen nach Leningrad, ein halbjähriger Studienaufenthalt.

Spät im TV: ein Film über Transsexuelle, über Frauen, die Männer waren. Jetzt haben sie eine weibliche Identität, Brüste (durch Hormone und Spritzen) und eine operierte Vagina.

Was mir gleich an der Wohnung gefallen hat: die beiden massiven Wohnungstüren, im Abstand von einundzwanzig Zentimetern voneinander, mit Messingklinken.

Eine Doppeltür.

Sie gibt mir ein Gefühl der Sicherheit. Und man hört auf der Treppe nicht alles, was in der Küche gesprochen wird, denn man kommt vom Treppenhaus direkt in die große Küche. Einer der Vormieter hat eine Trennwand aus Preßspanplatten und Leisten bauen lassen, so daß ein kleiner Korridor entstand, zur Küche hin durch einen Vorhang verschließbar.

Die Attraktion der Küche ist ein großer nostalgischer Herd aus Eisen und weißen Kacheln. Ein Herd, an dem man Küchenlieder singen kann. Er funktioniert auch noch, im Winter wird er geheizt, ich koche drauf. Auch eine Backröhre ist da, aber Martin bäckt seinen Kuchen im Gasherd.

An der Wand hängt eine Kuckucksuhr, ohne Kuckuck.

Einen Geschirrschrank gibt es, das ist ein alter Apothekenschrank mit Glastüren, und einen kleineren, aber ebenso altmodischen Topfschrank aus dem Altersheim.

Als Kontrast dazu drei moderne Küchenmöbel, birkenhell: Spüle, Schrank und Schränkchen. Einen Küchentisch mit zwei rotgestrichenen Melkschemeln.

Und überall, auf den Schränken, dem Kühlschrank

(170 Liter) mit aufgesetztem Gefrierschrank, auf dem Kachelsims des Herdes und im großen Doppelfenster: Pflanzen.

Gummibaum. Affenbrotbaum. Porzellanblume. Russischer Wein. Efeu. Philodendron. Hibiskus. Kakteen. Usambaraveilchen in der Speisekammer.

Susanne sagt, Martin hat einen *grünen Daumen*.

Die Tür zwischen dem abgetrennten Küchen-Korridor und dem eigentlichen Flur ist ebenfalls massiv, schön gegliedert in vier längliche Rechtecke, dazwischen zwei Quadrate, ebenfalls mit Messingklinken.

Sie steht fast immer offen.

Ich messe den Korridor, er ist 8,60 Meter lang.

Hier befindet sich unsere *Gemäldegalerie*.

An der linken Wand die Ölgemälde: »Herbstlandschaft mit See«. »Blumenstrauß vor Fenster«. »Röhrender Hirsch«. »Haus im Gebirge«. »Brücke über einen Bach«.

Rechts hängen fünf Aquarelle, die Martin auf Rügen gemalt hat, auf allen ist die Steilküste dargestellt, die Kreidefelsen, von verschiedenen Stellen aus gesehn.

Vor den Gemälden sind rechts zwei Türen, eine ins Bad, die nächste in die Kammer.

Das Bad, orange und weiß gestrichen, ist so groß wie ein kleines Zimmer, mit umfangreicher Badewanne, mit Waschbecken, Waschautomat und dem Klosett in der Ecke. Daneben, auf dem Schuhregal, stehen auch Grünpflanzen und wuchern zum Fenster hin. An der langen Wand die Haken für Handtücher und Bademäntel, darunter ein weißes Bänkchen, die blaue Plasttonne für schmutzige Wäsche, und die Wäscheschleuder auf einem Hocker.

Im Bad, im Korridor und in der Küche: rote Kokosläufer.

Die Türen zur Kammer und zum Bad sind 1,80 Meter hoch, genau meine Größe, und manchmal vergesse ich, den Kopf etwas einzuziehen ... Da hat es Martin besser, er ist 13 Zentimeter kleiner. Die Kammer kann ich kurz beschreiben, weil sie so schmal ist, 140 Zentimeter. Vorn ein Ofen, dann der Kleiderschrank mit Spiegeltür und das Bett – das ist alles. Das Bett habe ich selber gebaut, aus Brettern und Schaumstoffmatratzen, es reicht von Wand zu Wand, die Bretter ächzen, wenn man sich umdreht. Eigentlich ein bißchen schmal für zwei Leute. Wir haben aber auch schon zu dritt drin geschlafen, das war jedoch wirklich eng.

Genug. Ich verliere langsam die Lust an der Beschreibung.

Schnell noch das Wohnzimmer, ein schöner großer quadratischer Raum, mit mongolischen Wollteppichen ausgelegt. Vier helle Schränke, dazu passend ein Schreibtisch, ein Kaffeehausstuhl, orangefarbne Couch mit einem Sessel, zierliches braunes Regal, brauner Klubtisch, zwei Lampen aus Kupfer und Stoff (die Stehlampe haben wir bei André gekauft), ein riesiges Ölgemälde in Goldrahmen, eine »Meeresbrandung«, schließlich der ockergelbe Berliner Kachelofen in der Ecke hinter der Tür.

Der messingene Mörser weist auf Martins Beruf hin, ebenso die braunen Flaschen und die Standgefäße aus Porzellan mit ihren geheimnisvollen Aufschriften: *Tinct. Arnicae; Extr. Balladonn.; Eucerinum; Lapis Cancrorum; Thea nigr.*

Thea nigr.: Schwarzer Tee.

24. SEPTEMBER

Morgens Magenschmerzen (nervös).

Ich beschäftige mich mit Strophe zwei des Dritten Gesanges. Sie ist ziemlich blutrünstig.

Eine Verrückte, von den Kindern mit Steinwürfen verfolgt, verliert ein Manuskript. Ein Unbekannter findet es und liest diese Geschichte:

Die Frau (die jetzt verrückt ist) hat eine Tochter, die Margeriten pflückt und nach Schmetterlingen hascht, ein heiteres Naturkind. Maldoror sieht das junge Mädchen unter einer Platane schlafen. »Nackt wie ein Stein wirft er sich auf den Körper des jungen Mädchens und schlägt das Kleid zurück, um ein Sittlichkeitsverbrechen zu begehen ... im Sonnenschein!«

Danach befiehlt er seiner Bulldogge, das »blutüberströmte Mädchen« zu töten. Der Hund vergewaltigt es aber auch noch einmal. Maldoror gibt der Bulldogge einen Fußtritt und haut ihr ein Auge raus, sie flüchtet.

Nun nimmt er »ein amerikanisches Taschenmesser mit zehn bis zwölf Klingen« und »ohne blaß zu werden, durchwühlt er mutig die Vagina des unglücklichen Kindes« und zieht Gedärme, Lunge, Leber und schließlich das Herz heraus, ehe er das Mädchen in seinem Blut liegen läßt und über die Grenze flieht.

Daraufhin hat die Mutter den Verstand verloren, sie geht täglich zum Grab ihrer Tochter und betet.

Der Unbekannte, es ist natürlich Maldoror, hatte diese Jugenderinnerung völlig vergessen, als er nach 20 Jahren in das Land zurückkehrte. Er wird keine Bulldogge kaufen, nimmt er sich vor, und nicht unter Platanen schlafen. Das Manuskript verbrennt er.

Vielleicht hatte es tiefenpsychologische Ursachen,

daß Ducasse diese Vergewaltigungs- und Mordfantasie aufschrieb. Ich weiß es nicht.

Besser ein Mord in der Kunst als im wirklichen Leben.

25. SEPTEMBER

Was ich immer erstaunlicher finde: Ducasses Humor.

Maldoror nimmt nicht einen Dolch für seine blutige Beschäftigung, sondern ein Taschenmesser (ein amerikanisches, das war wohl damals das modernste) mit zehn bis zwölf Klingen. Wenn er nur geschrieben hätte: mit zwölf Klingen, das wäre schon witzig gewesen durch die Übertreibung. Aber dieses »bis« ist es, was seinen Humor ausmacht.

Im Zug nach Leipzig (ich fahre zum Zirkel) lese ich Strophe drei. Sie fängt mit dem Namen Tremdall an. Ein neues Pseudonym? Maldoror ist von Tremdall weggegangen, »immer vor ihm auf der Flucht«. (Heißt das, daß Georges' Bild ihn immer noch verfolgt, daß er von ihm nicht loskommt?) Maldoror nennt sich den Ewigen Juden. Er brauchte nicht zu flüchten, »wenn das Szepter der Erde der Rasse der Krokodile gehören würde«. (Das Krokodil ist Maldoror-Ducasse, in einem früheren Gesang hat er sich schon einmal so bezeichnet.) Tremdall, eine »Statue der Freundschaft«, sieht ihm mit blauen Augen nach und sieht, wie ein Drache, der ein Wort auf seiner Stirn trägt, auf Maldoror zukommt. Maldoror verwandelt sich in einen Adler.

Tremdall kommentiert den nun folgenden Kampf. Er will, daß der Drache gewinnt, aber der Adler reißt ihm schließlich das Herz heraus, und nun erkennt Tremdall auch das Wort, das der tote Drache auf seiner Stirn trägt, es heißt »Hoffnung«.

Maldoror hat also die Hoffnung besiegt. (Heißt das,

die Hoffnung auf Georges?) Tremdall leidet, »obwohl ich sozusagen gänzlich abgestumpft bin für das Leid«. (Ein Vorwurf gegenüber Georges?) Maldoror geht seinen Weg weiter, und Tremdall ruft ihm nach: »Adieu, bis in alle Ewigkeit, wo wir uns nicht wiederfinden werden!«

So absolut und hoffnungslos soll die Trennung sein.

26. SEPTEMBER

Der Ofenbauer (hier sagen sie Töpfer) kommt und holt Ruß und Flugasche aus dem Kachelofen. Auf den Klempner, der auch heute kommen wollte, warte ich wieder umsonst.

Im Ärztemagazin steht ein Artikel über Transsexualismus. Die Verfasser schreiben: Das Sexualverhalten wird nach drei Gesichtspunkten beurteilt:

1. biologisches Geschlecht
2. Geschlechtsrolle
3. sexuelle Orientierung.

Der Transsexuelle will sein biologisches Geschlecht wechseln. Die Wissenschaft nennt es »Transposition der psychosexuellen Geschlechtsposition«, ein hübscher Ausdruck. Warum der Transsexuelle das will, weiß die Wissenschaft (noch) nicht.

Nach der Statistik haben diesen Wunsch 85–255 Männer und 21–85 Frauen in der DDR. (Die große Schwankung in den Zahlenangaben erklärt sich wohl aus der Ungenauigkeit der Statistik.) Selbst der minimale Prozentsatz von 85 Männern ist schon beachtlich. Die meisten von ihnen wollen durch eine Operation in Frauen umgewandelt werden.

(Penis und Hoden abgeschnitten. Und was für eine Vagina macht ihnen der Chirurg? Und was wird eigentlich bei den Frauen gemacht? Die scheinen jedoch in der

Mehrheit mit ihrem Geschlecht zufriedener zu sein, der Statistik nach.)

Man darf übrigens die Transsexuellen nicht mit den Transvestiten verwechseln. »Der Transvestitismus ist als erweiterter Kleider- und Wäschefetischismus zu verstehen, er kommt eigentlich nur bei eindeutig heterosexuell empfindenden Männern vor. Das Tragen weiblicher Kleidung setzt dabei höchste sexuelle Erregung frei« (Lykke Aresin, Thomas M. Goerlich, Ferdinand Dieterich).

Es gibt mehr Spielarten des Sexualverhaltens, als unsre Schulweisheit sich träumen läßt. Der Evolution sei Dank!

Abends kommen Erika E. und Ulrich, wir trinken Nußlikör aus Ungarn, es wird lustig erzählt, fast bis Mitternacht.

27. SEPTEMBER

Im Antiquariat Unter den Linden kaufe ich ein französisch-deutsches Wörterbuch, für 8 Mark. Das Buch ist in Great Britain gedruckt, ohne Jahreszahl. Es stammt aus der Zeit, als es noch Pferdedroschken gab und man Hülfe schrieb statt Hilfe, wann war das? Das Wort république steht nicht drin.

Jedenfalls kann ich jetzt die Zitate selbst übersetzen.

Ducasse beschreibt in Strophe vier, wie der Schöpfer, der Allmächtige, schmutzig auf der Straße liegt, er ist besoffen, furchtbar besoffen!

Der Igel kommt, sticht ihn in den Rücken und sagt: »Da, für dich. Die Sonne ist auf der Hälfte ihrer Bahn: arbeite, Faulenzer, und friß nicht das Brot der anderen.«

Der Grünspecht, die Eule, der Esel, die Kröte kommen vorbei und beschimpfen ihn auch. Endlich kommt der Mensch, und der kackt ihm drei Tage lang, unter dem

Beifall der Filzlaus und der Viper, ins »erhabene Angesicht«.

»Wehe dem Menschen, weil er ihn beschimpfte; denn er respektierte nicht den Feind, hingestreckt in der Mischung aus Scheiße, Blut und Wein; wehrlos und beinahe leblos.«

Schließlich erhebt sich der Schöpfer, sackt aber gleich wieder zusammen. Ein Bettler gibt ihm einen Brocken Brot, ohne ihn zu erkennen. Der Allmächtige dankt mit einer Kopfbewegung.

»O, ihr werdet nie wissen, was für eine schwierige Sache es ist, dauernd die Zügel des Weltalls zu halten!«

So rabiat und radikal Ducasse auch sein mag, er ist fair.

Im Briefkasten sind die Mitteilungen des Schriftstellerverbandes. Ich lese, wer nach Jugoslawien, Polen, Ungarn, Frankreich, Finnland und Westberlin zu Studienaufenthalten entsandt wurde.

28. SEPTEMBER

Strophe fünf, die letzte des Dritten Gesanges, ist lang, 10 Seiten. Ich könnte sie mir von Fellini verfilmt vorstellen. Ja, warum verfilmt er »Maldoror« eigentlich nicht, etwa in der Art von »Satiricon«? Mit einem unbekannten jungen Schauspieler in der Doppelrolle als Ducasse/Maldoror, und einem blonden Jungen als Georges Dazet.

Pasolini hätte »Maldoror« sicher besser verfilmen können.

Aber von ihm kenne ich kaum einen Film.

Die Strophe im Zeitraffer: Eine rote Laterne über dem Tor eines ehemaligen Nonnenklosters. Ein Mann verläßt dieses Bordell. Eine nackte Frau kommt in den Hof, die hungrigen Hennen und Hähne stürzen sich auf sie und

»zerhackten mit Schnabelhieben bis aufs Blut die schlaffen Schamlippen ihrer geschwollenen Vagina«. Sie trinken das Blut, die Frau geht gereinigt zurück, um auf neue Kunden zu warten.

Maldoror ist neugierig, er sieht durch ein Fenster in eine Kammer, in der sich ein mannshoher blonder Stab befindet, der sich wie ein Aal krümmt und versucht, die Mauer zu durchstoßen. Maldoror erkennt, daß es ein überdimensionales Haar ist, und er hört auch den Monolog dieses Haares.

Es beschreibt, wie sein Herr sich hier, »während die ganze Natur in ihrer Keuschheit schlief, mit einer heruntergekommenen Frau in geilen und unreinen Umarmungen paarte«. Beim Orgasmus fiel ihm das Haar aus, es blieb in der Kammer liegen und beklagt sich bitter über seinen Herrn, der sich in den Himmel geschwungen hat, ohne es mitzunehmen.

Dann hört Maldoror eine andere Stimme, die das Haar leise um Verzeihung bittet. Sein Herr ist wieder zur Erde gekommen, um es zurückzuholen, unauffällig. Die Erzengel und auch Satan haben von der Verirrung des Schöpfers erfahren. Und was werden erst die Menschen denken? Wie sollen sie Gesetzen gehorchen, wenn die Gesetzgeber sich ihnen selber nicht fügen?

Das Haar verzeiht seinem Herrn, beide schleichen aus dem Bordell. Maldoror beschließt, über diesen Vorfall zu schweigen, »und mit einigen schnellen Reflexionen über den kindischen Charakter des Schöpfers, der leider noch lange Zeit die Menschheit leiden lassen wird (die Ewigkeit ist lang), sei es durch die verübten Grausamkeiten, sei es durch das gemeine Schauspiel der Geschwüre, verursacht durch ein großes Gebrechen, schloß ich wie ein Betrunkener die Augen bei dem Gedanken, solch ein Wesen zum Feind zu haben, und nahm voll Traurigkeit meinen Weg wieder auf durch die Labyrinthe der Straßen.«

29. SEPTEMBER

In diesem Tagebuch folge ich zwei Linien:

1. Leben und Werk von Isidore Ducasse; von der Geburt bis zum Tod, und von Strophe zu Strophe. Diese Linie ist, wenn auch oft undeutlich und unterbrochen, vorgezeichnet.

2. die unvorhersehbaren Tage meines Lebens, eine Zickzacklinie von Ereignissen, Beobachtungen, Begegnungen, Lektüre und sehr alltäglichen Fakten.

Diese Linie berührt manchmal die erste, die fremde Linie, oder verläuft ganz nah und parallel, oder überschneidet sie, oder entfernt sich von ihr.

Das notiere ich in der S-Bahn nach Adlershof.

In der Köllnischen Heide fällt neben uns eine große braune Eichel vom Baum: Herbst.

Ich fotografiere den steinernen nackten Jugendlichen im Schloßhof in Köpenick.

Wir essen Eis, Martin mit Früchten, ich mit Sahne.

Auf dem Wasser rudern Einer, Zweier und Vierer in weinroten Trikots.

Motorboote machen Wellen.

Ich lese Martin was vor: »Ein altes Männlein kratzte sich mit beiden Händen. Da, wo es mit beiden Händen nicht hinkam, kratzte es sich mit einer, aber dafür ganz schnell. Und schnell zwinkerte es dabei mit den Augen.«

(Aus dem Notizbuch von Daniil Charms, einem sowjetischen Autor, der von 1906 bis 1942 lebte.)

Wo ist da der Sinn? fragt Martin.

Wo ist der Sinn des Lebens? frage ich zurück.

Hinter dem Hoftor steht ein junges Paar in der dunklen Ecke und küßt sich; sie gehen auseinander, als wir vorbeikommen, der Junge lächelt.

Im Gegensatz zu diesen beiden sind mir heute wieder ein paar Pärchen aufgefallen, die sich in der vollen Straßenbahn küssen, in der S-Bahn oder wo sonst Leute sind, die zusehn können. In der Psychologie wird das »Paar-Exhibitionismus« genannt.

30. SEPTEMBER

Traum: Ich bin mit einem Tiger in einem Fahrstuhl; das Raubtier will mit mir spielen, ich habe aber Angst und mache keine Bewegung.

1869 (wahrscheinlich im Januar) wird der Erste Gesang noch einmal abgedruckt, in der bereits erwähnten Anthologie »Parfums de l'âme«, bei Evariste Carrance in Bordeaux. Wieder anonym, aber diesmal statt des Namens Dazet nur das Initial D + + +.

Um 16 Uhr kommt ein Bekannter, er hat für uns Karten zur Wiedereröffnung des Schauspielhauses.

Es ist zwar erst die Generalprobe, aber die Garderobe ist festlich. Der Konzertsaal gleißt und glänzt in Elfenbein und Gold, die Orgel in Aluminium.

Die Musik lasse ich über mich ergehen (Beethovens Fünfte klingt mir hier zu gefällig, im Vergleich zu der Aufnahme von 1960, mit dem Gewandhausorchester Leipzig unter Franz Konwitschny), ich beobachte lieber die Kamera 4 vor uns, das Fernsehen macht eine Aufzeichnung.

In der Pause hole ich mir am Büffet einen Brandy, um das Glas dann bei einem der drei jungen Kellner aufs runde Tablett zu stellen; sie schleichen in ihren schwarzen Anzügen umher und lauern, wo es was zum Abräumen gibt, das sieht lustig aus, und einer von ihnen ist auch ganz hübsch. Martin ißt Häppchen und ist glücklich, daß er zu den ersten gehört, die im wiederhergestellten Schauspielhaus sind.

Früher hat hier Gründgens gespielt.

Ab heute gilt wieder die Winterzeit.

Ich bin schmutzig

1. OKTOBER

Nun fange ich schon mit dem Vierten Gesang an. Es ist eine Elegie »über das Wesen unserer perversen Seele«, eine Klage, daß sich die Menschen nicht verstehen. Wenn Ducasse »der Mensch« schreibt, dann meint er hier den Menschen allgemein und Georges im besonderen.

»Der Mensch und ich ..., statt unsere Kräfte zu vereinigen, um uns gegen Zufall und Unglück zu verteidigen, entfernen wir uns voneinander, zitternd vor Haß, auf zwei entgegengesetzten Wegen, als hätten wir uns gegenseitig mit der Spitze eines Dolches verwundet!«

Und Strophe eins endet: »Dieser schreckliche Krieg wird Schmerzen für beide Parteien bringen: zwei Freunde, die hartnäckig versuchen, sich zu vernichten: was für ein Drama!«

In dieser Strophe nennt Ducasse den »Tempel von Dendera« und einen »Komet, der nach achtzig Jahren wieder erscheint«. Es handelt sich um den Tempel der Göttin Hathor (1. Jahrhundert v. u. Z.) in Dendera, das bei Luxor liegt, in Oberägypten.

Der Komet ist der Halleysche, er hat eine Umlaufzeit von 74 bis 79 Jahren, erschien 1835 (elf Jahre vor Ducasses Geburt) und wird sich 1986 wieder der Erde nähern, gleichgültig, ob es dann noch Menschen auf diesem Planeten gibt oder nicht.

2. OKTOBER

Baldwin Zettl kommt zur Eröffnung der Ausstellung »Alltag und Epoche«. Er lädt mich in den Palast der Republik ein, wir essen gepökeltes Eisbein, danach gibt es Mokka und Brandy.

Wie lange habe ich schon vor, eine Hymne auf den Palast zu schreiben, aber solange ich an diesem Tagebuch arbeite, komme ich nicht dazu. Lyrik und Prosa gleichzeitig, das kann ich nicht.

3. OKTOBER

Vorhin habe ich zwei Briefe von der Post geholt, Mutter schickt sie jetzt mit »Einschreiben« und »Eigenhändig«, damit sie nicht wieder verlorengehen. Sie will das Haus verkaufen, wenn sie eine Neubauwohnung bekommt. Es soll sich Ende Oktober entscheiden, einen Käufer hat sie schon.

13 Uhr, die Sirene heult, also ist heute ein Mittwoch.

Ich lese noch mal Strophe zwei. Ducasse ist hier übermütig, konstruiert lange Schachtelsätze (die ich auf dem Schreibblock erst zergliedern muß, um sie überhaupt zu begreifen) und bittet den Leser dann um Pardon.

»Meine Urteile stoßen manchmal gegen die Schellen des Wahnsinns und gegen den ernsten Anschein dessen, was im Grunde bloß grotesk ist ...«

Ducasse sagt, er selber kann nicht lachen, er hat nie lachen können, obwohl er es mehrmals versucht hat. (Ist das nicht wie bei den großen Clowns, die meist Melancholiker sind? Charlie Rivel zum Beispiel.)

Feierlich stellt er unsinnige Behauptungen auf: über das Töten von Fliegen und Nashörnern, über eine Feige, die einen Esel fraß.

Aber dann wird er wieder ernsthaft: »Ich will meine Qualitäten zeigen, aber ich bin nicht heuchlerisch genug, meine Fehler zu verheimlichen! Das Lachen, das Böse, der Hochmut, der Wahnsinn werden der Reihe nach zwischen der Sensibilität und der Gerechtigkeitsliebe erscheinen und menschlichem Erstaunen als Beispiel dienen: jeder wird sich wiedererkennen, nicht so, wie er sein soll, sondern so, wie er ist.«

Und noch mal, nachdrücklich: »Also wird die Heuchelei hochkantig aus meiner Wohnung geworfen. In meinen Gesängen ist ein imposanter Beweis der Kraft enthalten, um die Vorurteile zu verachten.«

Ich gehe in zwei Buchhandlungen und kann diesmal nicht widerstehn, ein Buch zu kaufen, Petrons Satyrgeschichten für 2 Mark.

Um halb fünf kommt Martin vom Dienst, und später kommt Baldwin von einer andern Ausstellungseröffnung, wo er wieder einen Preis bekommen hat.

Baldwin war noch nie im Berliner Ensemble, ich habe also Karten besorgt, für »Mann ist Mann«, wir sitzen in der ersten Reihe, in der Mitte. Viele Jugendliche aus Westberlin, einer macht ungehemmt Blitzlichtaufnahmen. Ich denke zurück an 1961, Ernst Busch als Galilei, damals war eine andere Atmosphäre in diesem Haus, war alles noch neu, relativ neu.

Anschließend lädt uns Baldwin ins Wein-ABC ein, zu Steak und algerischem Rotwein. Die Kapelle geht von Tisch zu Tisch, und der Geiger geigt die Gäste an. Auf jedem Tisch brennt eine Kerze.

4. OKTOBER

Der Klempner kommt, der Meister selbst, er setzt die Gasheizung im Bad endlich in Gang. Die 5 Mark Trinkgeld nimmt er nicht.

Danach beschäftige ich mich mit Strophe drei. Seit drei Tagen baumelt ein gefesselter Mann am Galgen, an seinen Haaren aufgehangen. Ehe Maldoror ihm helfen kann, tänzeln zwei betrunkene Frauen heran. »Sie lachten mit einer solchen egoistischen Sicherheit und ihre

Züge flößten so viel Widerwillen ein, daß ich nicht einen Augenblick zweifelte, die beiden scheußlichsten Exemplare der menschlichen Rasse vor Augen zu haben.«

Es sind Mutter und Gattin des Gehenkten, sie bestreichen seinen Leib mit Teer und peitschen ihn aus (die Peitschen haben Bleistränge), hauptsächlich Gesicht und Unterleib.

Nach einer ziemlich verzwickten rhetorischen Abschweifung gelangt Ducasse zu dem Satz: »Es ist selbstverständlich, lest mich sonst nicht, daß ich nur die schüchterne Persönlichkeit meiner Meinung in Szene setze: fern von mir liegt es jedoch, auf Rechte zu verzichten, die unbestreitbar sind!«

Dann kehrt er »mit eingeklemmtem Schwanz (wenn es überhaupt wahr ist, daß ich einen Schwanz habe)« zum Thema zurück.

Als die Weibsbilder nach zwei Stunden die Peitschen nicht mehr halten können und gehen, schneidet Maldoror mit einer Schere den Mann vom Galgen ab. Der berichtet ihm, daß seine Mutter von ihm verlangte, mit ihr zu schlafen, und weil er sich weigerte, zog er sich auch noch den Zorn seiner Frau zu. Aus Rache haben sie ihn an den Galgen gehangen.

Maldoror bringt ihn zu Bauern in eine Hütte und gibt Geld, damit sie ihn wie ihren eigenen Sohn pflegen.

5. OKTOBER

»Ich bin schmutzig. Die Läuse zernagen mich. Die Schweine kotzen, wenn sie mich ansehen ... Eine boshafte Viper hat meine Rute verschlungen und ihren Platz eingenommen: sie hat mich zum Eunuchen gemacht, diese Elende ... Zwei kleine Igel, die nicht mehr wachsen, haben einem Hund, der nicht ablehnte, das Innere meiner Hoden vorgeworfen: die sorgfältig gewaschene Epidermis haben sie als Wohnung genommen. Den Anus hat eine Krabbe besetzt; ermutigt durch meine Trägheit bewacht sie den Eingang mit ihren Scheren und tut mir sehr weh!«

In dieser Strophe vier hat Maldoror geschworen, so lange zu leben, bis er den Schöpfer besiegt hat. Als das der Mensch hörte, stieß er ihm sein Schwert in den Rükken, das ist nun die Wirbelsäule. Bisher konnte es noch keiner herausziehen.

Trotzdem: von Tier und Mensch gequält, bittet Maldoror den Wanderer, der vorüber kommt, ihn nicht zu trösten, sonst würde sein Mut geschwächt. Das Schicksal hat ihn zur Auflehnung getrieben, wenn er auch als guter Mensch geboren wurde.

6. OKTOBER

Strophe fünf spielt in Ducasses Zimmer. Er sieht einen Schatten an der Wand und spricht ihn an, wieder mit einer Lust an komplizierter Syntax, so daß ich die Sätze mehrmals lesen muß. Und nach einem langen Schachtelsatz fragt er dann auch noch: »Ich hoffe, du hast mich verstanden.« Da muß ich innerlich lachen.

Obwohl ich gleich geahnt habe, daß es sein eigner Schatten ist, das ungenaue Spiegelbild, das er sucht und nicht fassen kann.

Er fragt sich zum Schluß: »Erinnere ich mich denn nicht, daß ich ... 5 Jahre lang (die exakte Zeitdauer ist mir entfallen) ein menschliches Wesen in ein Gefängnis eingesperrt hatte, ... weil es mir, mit vollem Recht, eine Freundschaft abgeschlagen hatte, die man Wesen wie mir nicht gewährt?«

Sind damit jene 5 Jahre gemeint, die Ducasse bei den Dazets in Tarbes wohnte? Wahrscheinlich. Und natürlich war es dann Georges, der ihm die Freundschaft verweigert hatte.

(Muß ich immer wieder auf Georges, den geheimen Helden dieser Gesänge, hinweisen?)

Ducasse glaubt, daß ihm die Fähigkeit der Erinnerung fehlt. Es ist nicht das erstemal, daß er momentan das Gedächtnis verliert, wenn er seinem unkenntlichen Bild gegenübersteht.

Auch meine Erinnerungen werden blasser.

Ich vergesse Namen am schnellsten.

(Wie hieß dieser achtzehnjährige Halbgrieche damals in Leipzig?)

Im Tagebuch festhalten.

Ich hätte schon früher damit anfangen müssen.

7. OKTOBER

Martin hat, wie gestern, wieder Bereitschaftsdienst im Berolinahaus, von 8 bis 20 Uhr, anläßlich des Nationalfeiertages. Ich heize ein und trinke Tee aus einer Tasse, die außen ganz vergoldet ist. Letzte Nacht wachte ich auf mit dem Gedanken, dieses Tagebuch in Kapitel einzuteilen; vorhin habe ich es gemacht.

Jetzt lese ich Strophe sechs. Maldoror, der sonst an Schlaflosigkeit leidet, ist tief eingeschlafen. Er träumt, daß er in den Körper eines Schweines geschlüpft ist und wälzt sich im stinkendsten Schlamm. Sollte das eine Belohnung sein? Er ist am Ziel seiner Wünsche: er gehört nicht mehr der Menschheit an! Es gibt keinen Zwang mehr. Wenn er töten wollte, tötete er. Der Erdboden war von geronnenem Blut bedeckt. Er ist der Stärkste und bleibt immer Sieger. Aber dann wacht er wieder in menschlicher Gestalt auf und ist unglücklich. Er weint ganze Nächte durch. Seine Laken sind dauernd naß, als hätten sie im Wasser gelegen, und er läßt sie täglich wechseln.

Und weil diese so kurz ist, gleich noch Strophe sieben. »Ich mache den, der mich liest, darauf aufmerksam, daß er aufpassen soll, sich keine unklare und im Grunde falsche Vorstellung von den Schönheiten der Literatur zu machen, die ich in der äußerst schnellen Entwicklung meiner Sätze entblättere.«

Hier rätseln die Literaturwissenschaftler, ob Ducasse »automatisch« geschrieben hat, wie später die Surrealisten. Ich vermute, er hat bloß schnell geschrieben. Ich feile an diesen Sätzen auch nicht, bis sie glatt und kalt und literarisch sind. (Nebenbei höre ich »Das wohltemperierte Klavier, Teil II«, gespielt von Swjatoslaw Richter.)

Maldoror sieht ein menschliches Wesen im Meer schwimmen, das Entenfüße anstelle der Extremitäten hat und eine Rückenflosse wie ein Delphin. Er ruft diesen Amphibienmenschen, und der erzählt ihm seine Geschichte: Ich kam mit einem Zwillingsbruder auf die Welt, ein Grund mehr, sich gern zu haben. Das war aber nicht so. Weil ich schöner und intelligenter war, begann mein Bruder mich zu hassen. Er verleumdete mich. Ich mußte fünfzehn Jahre lang in einem Kerker leben, mich von Larven und fauligem Wasser ernähren. Drei Henker folterten mich mit Zangen und anderen Marterinstrumenten. Meinem Bruder habe ich verziehen. Wie groß jedoch mein Haß gegen die Menschheit wurde, kannst du dir denken. Durch List gelang es mir, wieder meine Freiheit zu gewinnen. Ich wollte im Meer den Tod finden, aber die Vorsehung hat mir, wie du siehst, zum Teil den Körper des Schwans gegeben.

Dann schwamm der Amphibienmensch, von Fischen umringt, königlich davon. Maldoror beobachtete ihn noch durch das Fernrohr, dann warf er es die Klippen hinunter: Mit dieser Tat und dem letzten Adieu verneigte er sich vor einer edlen und unglücklichen Intelligenz!

Ich merke, daß mich Ducasse immer mehr beschäftigt. Je mehr ich von ihm lese, desto lebendiger wird er. Ich mache einen Spaziergang in den Monbijoupark, nachmittags, die Sonne scheint schräg von Westen. Ich sehe Leute auf der Straße, sie bewegen sich an mir vorbei, aber es scheint, daß sie weiter weg sind als dieser Isidore Ducasse, der schon über hundert Jahre nicht mehr existiert. Wahrscheinlich kann auch geistige Energie nicht verlorengehen im Weltall, vielleicht stecken Partikel von Ducasse nun in mir?

Heute vor 11 Jahren machte ich mit Martin unsere erste Reise, nach Prag, und schrieb mein erstes Reisetagebuch, eigentlich nur eine Materialsammlung für das Prosagedicht »Prager protokoll«. Ich gewöhnte mir nun an, auf Reisen und später täglich Aufzeichnungen zu machen, und so ist jenes Tagebuch sicher der Keim für dieses gewesen. Ich tippe es schnell ab.

EIN TAGEBUCH IM TAGEBUCH

7. OKTOBER 1973. Sonntagmorgen in Prag. Die Straßen fast leer. Erster Kaffee, schwarz und stark, in einem Büffet am Wenzelsplatz. Dann die Suche nach einem Hotel, schließlich bekommen wir im Ostaš ein relativ billiges Zimmer.

In einer Gasse haben sich Jugendliche versammelt,

die Langspielplatten unterm Arm tragen, andere sind an graue Hauswände gelehnt: The Beatles, Jimi Hendrix, Shocking Blue, Jesus Christ Superstar. Sie werden gekauft oder getauscht.

Mittag auf dem Altmarkt. Sonne, Tauben. In der Teinkirche, hoch und schmal, dämmernde Altäre, viel verdunkeltes Gold, Kerzen, Gemälde auf fleckigen Wänden.

Zur Karlsbrücke. Männer an einer Ecke verkaufen alte Abzeichen, ebenso auf der Brücke. Vor einer Barockstatue zwei Burschen mit kleinem hellem Holzfaß und Bechern. Verkaufen sie Slibowitz? Es bleibt keiner von den Passanten stehn.

8. OKTOBER 1973. Hotelhalle vom Ambassador, wir versinken in tiefen schilfgrünen Sesseln und rauchen indische Zigaretten. In der Kirche St. Jakob, Altäre und Gold, aber heller und fürstlicher als in der Teinkirche.

Altstadt, Altneusynagoge. Dunkle Bänke und schmale Pulte davor. Die jüdische Fahne, dunkelrot, Fransen. Der Stuhl des Rabbi Löw, darauf ein Kissen mit Davidstern. Düsteres Licht. Wie einen das alles angeht.

Nebenan das jüdische Museum. Der große Schlüssel zur Synagoge, drei Davidsterne im Griff. Amulette mit kabbalistischen Symbolen. Kinderzeichnungen aus dem KZ Theresienstadt. In einem kostbaren Rahmen ein unvollendetes Aquarell.

Hinter dem Museum der Friedhof, die Steine schräg und dicht nebeneinander. Steinchen und zusammengefaltete Zettel auf dem Grabmal des Rabbi. Ich bin neugierig: Was wünschen sich diese Menschen? »Im Glauben an die Vorbestimmung und in unbestimmtem Gefühl an S.W. – Vielleicht ist das Leben doch lebenswert.« – »Ich wünsche, daß es mir weiterhin so gut geht, und daß ich die Festigkeit und die Liebe haben möge, um keinen

Menschen, besonders einen, unglücklich zu machen.«
Wir legen die Zettel wieder zurück.

Café Parnas am Moldauufer, im Stil eines Wiener Kaffeehauses, braunes Holz, grüne Polster, Marmortische. Man bekommt zum Kaffee ein goldgerändertes Glas Wasser. Martin liest eine kommunistische Zeitung aus Österreich.

Ein kleines Plakat an der Karlsbrücke: Galerie Kurovsky zeigt »Imaginace a Science-Fiction«, Panská 7. Es geht durch den Hof, Kreidepfeilen nach, in einen Keller, auf der Treppe ungerahmte Bilder, von der Decke hängen Weintrauben und Knoblauchzöpfe. Ein schmaler Atelierraum, Gemälde an den unverputzten Wänden, kosmische Visionen in Blaugrün, Violett, Rot und Gelb. Abgewetzte Sessel. Tonbandmusik, Pop und Brandenburgische Konzerte. Der Maler spricht uns deutsch an. Korpulenter Achtundvierziger, kaugummikauend, mächtiges graues Haar und Vollbart. Hat früher Philosophie studiert, malt seit 8 Jahren abstrakt, verkauft viel ins Ausland.

Kaffee im Evropa. Zwei junge Tschechen setzen sich an unseren Tisch, einer ist taubstumm und hübsch.

Abends U Fleků, 1499 gebaut. Große dunkle Räume, lange Tische, Bänke und Stühle, fast schwarz. Dunkelbraunes Bier, das im Hause gebraut wird, Halbliterkrüge. Es soll sonst geröstetes Brot mit Knoblauch geben. Später setzen sich junge Dänen an den Tisch, sie stoßen mit uns an und sind sehr lustig.

9. OKTOBER 1973. Wieder im Parnas. Viel Platz, keiner stört den andern. Studenten, einige schreiben, Zeitungsleser, ältere Damen, die Kaffee mit Schlagobers nehmen. Wir trinken Kaffee mit Zucker, aber an einem der großen Fenster, rauchen und sehn auf den Hradschin. Sonne. Die Bäume gelblich. Heller Herbst.

Auf der Kleinseite die Kirche Mikuláš. Grau und geräumig. Statuen, Gold und Deckengemälde. Eine alte Frau in Schwarz wischt vor dem Altar die schwarzweißen Steinplatten.

Nationalgalerie im Šternberk-Palais: Goya, Canaletto, ein Liebespaar von Cranach, eine Maria von Dürer, Altdorfer, viele Rubens, zwei schöne Winterbilder von Breughel, ein Rabbi von Rembrandt, Stilleben von Snyders.

Dann der Dom St. Veit. Farbiges Licht durch die Glasfenster. Der Prunksarkophag mit den drei Kaisern. Unterirdisch die Sarkophage Karls IV. und seiner vier Gemahlinnen, die Frauen alle in einem Sarg.

Gegen Abend Kaffee im hellerleuchteten Evropa. Eine gepflegte ältere Dame am Tisch erzählt uns von ihrer Spanienreise. Österreichischer Akzent. Sie hat 3 Jahre gespart für diese Reise und schwärmt nun von Toledo, Madrid, Barcelona und Córdoba. Am wunderbarsten aber sei die Alhambra bei Nacht. Martin vergißt seine Müdigkeit und lauscht hingerissen.

10. OKTOBER 1973. Wie immer frühstücken wir im Hotel: frische Hörnchen, Butter, Wurst, ein Kännchen Kaffee, alles im Zimmerpreis von 96 Kronen inbegriffen.

Die Stille im Waldstein-Garten. Gelbe Gebäude mit niedrigen Hecken, die der Gärtner gerade beschneidet. Beete und Brunnen. Gänge zwischen hohen rechteckigen Hecken. Bronzefiguren. Die Gartenstühle verstaubt und gestapelt.

Am Altmarkt essen wir Kartoffelpuffer mit Wurststükken, pfannenheiß in Papier. Hinter dem Rathaus das rosagelbliche Eckhaus, in dem Kafka geboren wurde. Sein metallener Kopf, sehr schmal vor einer gewölbten Platte mit der Inschrift. Jetzt ist im Erdgeschoß eine Datenverarbeitungsanlage. Die Rechenmaschinen surren leise. Wir steigen auf den Rathausturm. Weiter Blick auf die verschachtelten Dächer um den Altmarkt, über den sich winzige Figürchen bewegen. Wieder beginnen meine Handflächen zu schwitzen aus Furcht vor der Tiefe. Endlich mit dem Fahrstuhl, einem runden Käfig, abwärts.

11. OKTOBER 1973. Zur finnischen Sauna, die aber heute nur für Frauen geöffnet ist. Wir suchen im ehemaligen Getto das Koscher-Restaurant, Maislova 18. Es hat nichts von einer Gaststätte an sich, ist unauffällig. Ein hoher Versammlungs- oder Gemeinderaum, wenig Gäste an den weißgedeckten Tischen. Es sei ein halber Feiertag, sagt die Frau mit weißer Schürze, die uns bedient, auf deutsch und sehr freundlich. Es gibt nur ein Menü: Nudelsuppe, Zwiebelrostbraten mit Kartoffelpüree, wir trinken Pomeranzenjuice und Pilsner Urquell dazu. Das Gefühl, bei fremden Verwandten zu sein.

In der Klausensynagoge jüdische Kultgegenstände, Thorakronen, silberne Becher, silberne Schüsseln, Gewürzbehälter und Beschneidungsbesteck.

Um 22 Uhr in das Reduta zum Jazz. Kleines Theater mit roten Wänden, roter Bühne. Stühle und sehr lange schmale schwarze Tische. Das »Tandem System« spielt eine Art free jazz, Flöte/Saxophon und Gitarre, sehr laut und manchmal lustig. Wir setzen uns weiter nach hinten. Alles Jugendliche. Die Kellnerin will uns unbedingt etwas zu trinken bringen. »Hier muß man trinken, alle trinken«, sagt sie. Ich will schon nachgeben, aber Martin bleibt hart, wir wollen nur Musik hören, außerdem ist es hier unverschämt teuer. Der Jazz geht bis Mitternacht.

12. OKTOBER 1973. Die finnische Sauna ist in einem Schiff auf der Moldau. Duft nach Birkenholz, das im ei-

sernen Ofen verbrannt wird. Im Freien ein Bassin mit Flußwasser. Wir sitzen nackt in der Oktobersonne, man hört die Straßenbahnen über die nahe Brücke fahren. Für 10 Kronen darf man eine Stunde schwitzen, bekommt ein langes Handtuch und Plastpantoffeln.

Im Reitsaal des Waldstein-Palastes die eben eröffnete Ausstellung, Gemälde und Grafik von Albert Marquet. Landschaften, Häuser und Häfen in einem verwaschenen Grüngrau.

Tee im Parnas, wir rauchen ägyptische Zigaretten und die blauen Gauloises. In der »l'Unita« Nr. 235 eine ganzseitige Werbung für *Jesus-Jeans*. Ein jugendlicher Unterleib, die Jeans mit offenem Reißverschluß, man sieht das Schamhaar.

Nachmittags Orgelkonzert in der Kirche St. Jakob. Überfüllt, meist Jugendliche, sie stehn in den Gängen. Wir sitzen in einem Seitenschiff auf Altarstufen. Klarer Klang. Bach, dann Modernes. Draußen ist es Nacht über der Altstadt.

8. OKTOBER

Strophe acht. »Jede Nacht«, schreibt Maldoror-Ducasse, »rief ich die Erinnerung an Falmer wach ... jede Nacht. Seine blonden Haare, sein ovales Gesicht, seine majestätischen Züge waren noch eingeprägt in meine Vorstellung ... unzerstörbar ... besonders seine blonden Haare.«

(Alle Jungen, die in den Gesängen auftreten, sind blond, so blond wie Georges.)

»Er war vierzehn Jahre, und ich war bloß ein Jahr älter.«

(Georges war vierzehn, als Ducasse von Tarbes wegging. Ducasse war einundzwanzig geworden, nach seiner Meinung zu alt für Georges, deshalb wünschte er wohl, bloß ein Jahr älter zu sein.)

»Wer ist also der, auf den ich anspiele? Es ist ein Freund, den ich in vergangenen Zeiten besaß, glaube ich.«

Nun folgt eine symbolische Handlung. Maldoror will einer Frau (ein weibliches Wesen könnte die Freundschaft zwischen Männern bedrohen) den Dolch in die Brust stoßen (um die Gefahr abzuwenden), aber Falmer hält seine Hand fest (er stellt sich auf die Seite der Frau, später wird er sich ihr zuwenden, den Freund aufgeben). Da packt der Ältere (der auch der Stärkere ist) ihn an den blonden Haaren und schleudert ihn gegen den Stamm einer Eiche (ein Akt der Befreiung: er wirft ihn weg). Den blonden Skalp behält er dabei in den Händen; als er flüchtet, preßt er ihn an sein Herz und bewahrt ihn »wie eine verehrte Reliquie«.

Und dann schreibt Ducasse: »Tatsächlich floh ich weit weg mit einem von nun an unversöhnlichen Gewissen.«

(War sein Weggang von Tarbes eine Flucht vor Georges, eine abrupte Trennung, die er jetzt bereute? Er war es ja, der weg ging und den Jüngeren im Stich ließ.)

»Nun, ich glaube wirklich, daß er schwächer war ...«

(Das ist das Gewissen. Ducasse fühlt sich, immer noch, für den schönen Gleichgültigen verantwortlich. Er, der Ältere und Erfahrenere, hätte Geduld haben, um den Jüngeren kämpfen müssen, das sagt er sich wahrscheinlich. Ich kenne das.)

Jetzt beschreibt sich Ducasse selbst: »... ein junger Mann, der nach Ruhm strebt, in einer fünften Etage über seinen Arbeitstisch gebeugt, zur stillen Mitternachtsstunde ... der Kopf schwer vom Nachdenken und den staubigen Manuskripten ...«

Er hört ein Geräusch: Ist es eine anmutige Stimme, die ihm seinen Namen ins Ohr flüstert, oder ist es bloß eine Mücke? Ist es vielleicht Falmers Stimme?

»Hat er mir denn verziehen?«

Oder ist es doch eine Mücke?

»Niemals ... o! nein, niemals! ... ließ eine sterbliche Stimme diese seraphischen Töne hören, indem sie mit so schmerzlicher Eleganz die Silben meines Namens aussprach! Die Flügel einer Mücke ... Wie wohlwollend ist seine Stimme. Hat er mir denn verziehen? Sein Körper prallte gegen den Stamm einer Eiche ... ›Maldoror!‹«

So endet der Vierte Gesang.

Wie in einer Fuge kreuzen und wiederholen sich die Satzfragmente, wie Erinnerungsfetzen, die schnell und durcheinandergeschnitten im Kopf ablaufen wie ein Video.

Ducasse antizipiert hier schon die Methode des cut-up, die William S. Burroughs in den sechziger Jahren dieses Jahrhunderts in seinen Romanen verwendete, zum Beispiel in »Nova Express«.

Ein Detail fällt mir noch auf: »es ist die Stunde der rosa Dominos und der Maskenbälle« – also ist Karneval. Es könnte Februar 1869 sein, als Ducasse diesen Gesang beendet.

Ducasse geht nicht zu Maskenbällen.

9. OKTOBER

Zwei Frauen in der S-Bahn. Die ältere mit einem Kater in der Einkaufstasche, will zum Tierarzt. Die eine sagt: »Tiere sind viel anhänglicher als Menschen.« – »Wer kein Tierfreund ist, kann sich selber nicht leiden«, entgegnet die andere.

Zum Zirkel. Manfred ist im Krankenhaus, wird an der Galle operiert. Ilona, die mollige lustige Lehrerin, hat ein Gedicht über Hiroshima und ein Herbstgedicht geschrieben. Wir reden über Reime. Die Zwillinge sind jetzt in der Lehre, Michaela arbeitet in der Küche, Kristina im Ziehwerk. Ich sage: Schreibt doch mal was über eure Arbeit. Der Zirkel ist mit dem »Friedensdiplom des Ministers für Kultur« ausgezeichnet worden, aber keiner weiß so richtig warum. Wir betrachten uns die Urkunde, es ist keine Begründung dabei. Am Bahnhof sagt der elfjährige Michael: »Das sind wir Ihnen wert, daß Sie alle vierzehn Tage die Strapaze auf sich nehmen, von Berlin hierher?« Na ja, ich muß doch auch Geld verdienen, das sage ich ihm aber nicht. Im Zug zurück lese ich: *Wochenpost*, *Filmspiegel* und *Jugendmagazin*; ich lese mich mal richtig an Zeitungen satt.

10. OKTOBER

Traum: Wir liegen mit einem etwa neunzehnjährigen Mädchen im Bett, im Bett daneben ist aber auch ein Pärchen. Ich denke: Wir müssen warten, bis die eingeschlafen sind, und denke dann: Was machen wir, wenn das Mädchen ein Kind kriegt? Da merke ich, wie Martin und sie Petting machen, und Martin ejakuliert natürlich gleich, er kann wieder nicht warten.

Ich wache auf mit einer Erektion.

Ich suche nach Verbindungen Ducasse – Baudelaire.

Zunächst die Form: Seit 1855 erscheinen Baudelaires Prosagedichte in verschiedenen Zeitschriften, als Buch jedoch erst 1869, zwei Jahre nach Baudelaires Tod. Ganz sicher haben sie Ducasse beeinflußt, sonst hätte er seine Gesänge nicht in Prosa geschrieben. Ja, er muß diese

Form als neu und unkonventionell empfunden haben, vielleicht sogar als provokant.

1857 erscheinen Baudelaires »Les Fleurs du Mal« (Die Blumen des Bösen). Wenige Wochen später gibt es einen Prozeß »wegen Gefährdung der öffentlichen Moral und der guten Sitten sowie der religiösen Moral«. Der Dichter und sein Verleger werden zu hohen Geldstrafen verurteilt. Staatsanwalt Pinard in seiner Anklagerede: »Reagieren Sie mit einem Schuldspruch auf diese um sich greifende Tendenz, auf dieses krankhafte Fieber, das danach trachtet, alles darzustellen, alles zu beschreiben, alles auszusprechen, als wäre das Delikt der Gefährdung der öffentlichen Moral abgeschafft und als gäbe es eine solche Moral nicht.«

Schon die Gedichttitel haben es in sich: Die kranke Muse, Das Aas, Der Vampir, Der Besessene, Das Gift, Das Gespenst, Begräbnis, Der fröhliche Tote, Das Faß des Hasses, Der Geschmack des Nichts, Alchimie des Leids, Das Unheilbare, Die Blinden, Das arbeitende Skelett, Totentanz, Die Liebe zur Lüge, Der Wein des Mörders, Die Zerstörung, Verdammte Frauen, Der Blutbrunnen, Die Litanei des Satans, Der Tod der Armen, Die Verwandlungen des Vampirs, Der Rebell, Der Abgrund.

Das sind Themen, die man bei Ducasse wiederfindet, nur noch krasser, nicht durch Ästhetik, Metrik und Reim geglättet. Was wird der Staatsanwalt dazu sagen?

O Päderasten!

Ducasse sitzt in seinem Zimmer (wohnt er noch in der Rue Notre-Dame-des-Victoires 23 oder ist er schon in die Rue du Faubourg-Montmartre 32 umgezogen?) und fängt den Fünften Gesang an.

Strophe eins beginnt: »Der Leser zürne mir nicht, wenn meine Prosa nicht das Glück hat, ihm zu gefallen.«

Am Beispiel des Starenzuges, der trotz seiner seltsam wirbelnden Flugart schnell große Entfernungen bewältigt, verteidigt er »die bizarre Manier«, in der er seine Strophen schreibt. Das Wesentliche der Dichtkunst wird deshalb nicht weniger bewahrt; auch diese ungewöhnliche Schreibweise ist möglich. Zwischen der Literatur, wie sie der Leser versteht, und Ducasses Literatur gibt es unzählige Zwischenstufen. Einteilungen, sogenannte »Schubkästen« sind unnütz und unvernünftig. Wichtig dagegen ist eine umfassende Weite, eine Vielzahl von Möglichkeiten.

Wenn es gelingt, »auf dem Rücken einer lebenden Ratte den abgetrennten Schwanz vom Körper einer anderen Ratte zu pfropfen«, so soll der Leser versuchen, Ducasses vielfältige Formen der Vernunft in seine Vorstellungen zu übertragen, sich also anzueignen.

Auch wenn der Leser noch ein bißchen krank im Kopf ist, so zweifelt Ducasse nicht, daß er bald ganz gesund sein wird. Als heilende und kräftigende Nahrung soll er die Arme seiner Mutter (ist die schon zu alt, dann die Schwester nehmen!) ausreißen und stückchenweise essen.

Noch besser ist jedoch »eine Schüssel voll Gonorrhoe-Eiter, in dem man vorher eine haarige Zyste des Eierstockes aufgelöst hat, ein Follikelgeschwür, eine entzündete Vorhaut, hinter die Eichel gestülpt durch Paraphimose, und drei rote Nacktschnecken.« Befolgt der Leser seine Verordnung, so wird ihn Ducasses »Dichtkunst mit offenen Armen empfangen, wie eine Laus mit ihren Küssen ...« Ist das nicht eine boshaft-brillante Verteidigung seiner Poesie? Und das Rezept zum Schluß weist auf beste französische Tradition: Villon.

Ducasse liest sehr viel und verwendet vieles für seine Arbeit, vor allem aus naturwissenschaftlichen Werken. Maurice Viroux hat nachgewiesen, daß Ducasse manche Stellen wörtlich übernommen hat, zum Beispiel den Starenflug aus dem Buch von Dr. Chenu: Encyclopédie d'Histoire naturelle.

Nachts höre ich das Schreien der Möwen von der Spree.

12. OKTOBER

Ich sitze in der Küche und warte, daß die Spaghetti weich werden, es ist 11.40 Uhr auf dem orangenen Wekker, die Sonne scheint auf den Gasherd: das gehört alles ins Tagebuch, ich bin Realist. Aber *alles* kann ich nicht aufschreiben, das verstieße gegen die Sitten, den guten Geschmack und wäre peinlich (für die Kritiker, nicht für mich). Auch Ducasse hat nicht alles notiert, leider. Die Spaghetti sind fertig, ich würze sie mit Ketchup und Muskat und Pfeffersoße, gieße etwas Öl drüber und verschlinge sie, manierlich um die Gabel gewickelt und vom Löffel unterstützt, ja, ich *kann* Spaghetti essen! Die Schüssel wisch ich mit Weißbrot aus, jetzt ist es 12.16 Uhr auf meiner sowjetischen Armbanduhr (Marke *Poljot*), ich lege mich auf die Couch und lese Strophe zwei.

Schon wieder Tiere: ein Skarabäus, ein Lämmergeier, ein Uhu und ein Mensch mit einem Pelikankopf. Wie sich herausstellt, hat eine Frau vier Männern die Liebe versprochen, aber dann alle betrogen und in Tiere verwandelt. Der Skarabäus (auch Pillendreher genannt), »nicht viel größer als eine Kuh« (Ducasse übertreibt wieder), rollt eine große schwarze Kugel durch die Landschaft, immer noch in Wut: Es ist seine gefesselte Frau, die tot ist, als Strafe für ihre Untreue.

(In Homers Odyssee verwandelt die verführerische Zauberin Circe die Männer in Schweine, wenn ich mich richtig erinnere.)

Mitten in dieser Strophe berichtet Ducasse von einem Kapitän in Saint-Malo: Nach dreizehn Monaten kam er nach Hause zurück, gerade als seine Frau, die noch im Bett lag, ihm einen Sohn geboren hatte. Der Kapitän zeigte nicht, daß er überrascht und verbittert war. Ganz kalt sagte er zu seiner Frau, sie soll sich anziehen und mit ihm einen Spaziergang auf den Stadtwällen machen. Es war Januar. Die Wälle von Saint-Malo sind hoch, und wenn der Wind von Norden kommt, werden sie auch von den Mutigsten gemieden. Die arme Frau gehorchte resigniert, und als sie wieder heimkamen, hatte sie schon Fieber. Sie starb noch in der Nacht.

Beide Geschichten, die faktische wie die fantastische, sollen den Männern als warnendes Beispiel dienen und sie »vor der Liebe finsterer Magierinnen bewahren«.

Hat Ducasse Angst vor Frauen?

13. OKTOBER

Ich sehe mir ein farbiges schwedisches Heft an, *Teenangels* von 1980, ob das Ducasse gefallen hätte? Lauter nackte Jungen.

14. OKTOBER

Sonntag. Wir fahren nach Rahnsdorf, ein Fährmann mit Schiffermütze rudert uns über die schmale Müggelspree. Im Café L & B essen wir ein gutes Steak mit Pommes frites und sehn dabei auf den Kleinen Müggelsee. Weiter durch den Herbstwald. Am Großen Müggelsee weht der Wind. Wellen rauschen ans Ufer, wie am Meer. Mit dem Bus nach Köpenick, dann in die S-Bahn. Wir wollen einen Bekannten im Friedrichshain besuchen, doch der ist nicht zu Haus.

Abends schreib ich für Mutter eine Eingabe an den Staatsrat.

Ach ja: Saint-Malo – eine Hafenstadt in der Bretagne, 43000 Einwohner; alte Stadtbefestigungen.

Martins Mutter war schon dort, als junge Frau.

15. OKTOBER

Maldoror weigert sich zu schlafen. Manchmal träumt er, »aber ohne einen Augenblick das lebhafte Gefühl seiner Persönlichkeit und meine Bewegungsfreiheit zu verlieren«.

»Wer schläft, ist weniger als ein am Tag vorher kastriertes Tier.«

(Ja: wer schläft, sündigt nicht!)

»Wenigstens ist es wahr, daß tagsüber jeder der Großen Äußeren Sache (wer kennt nicht ihren Namen?) einen nützlichen Widerstand entgegensetzen kann; denn dann wacht der Wille über seine eigene Verteidigung mit einer merkwürdigen Erbitterung.«

Im Schlaf ist der Mensch wehrlos.

Im Schlaf (auch im künstlichen Schlaf durch Medikamente oder Hypnose) kann das Bewußtsein ausspioniert werden.

Ducasse: »... nie wird die weiße Katakombe meiner Intelligenz ihre Heiligtümer den Augen des Schöpfers öffnen.«

Daraus folgt: »Meine Subjektivität und der Schöpfer, das ist zuviel für ein Gehirn.«

Als ich nachmittags zur Post gehe, denke ich: Wenn sich Ducasse gegen den Schöpfer, gegen den Allmächtigen empört, dann lehnt er sich doch auch gleichzeitig gegen den Mächtigen, den Machthaber und seinen Machtapparat, die Große Äußere Sache auf. Gemeint ist hier Napoléon III.

Warum bin ich nicht eher auf diesen Gedanken gekommen?

Was will Ducasse?

»Autonomie ... oder man soll mich eben in ein Nilpferd verwandeln.« Ein schöner Satz.

Das war Strophe drei.

16. OKTOBER

Auch in Strophe vier hält Ducasses Empörung an. Er verteidigt aber nicht bloß seine Unabhängigkeit, diesmal greift er den an, der die Macht hat: »... ich täusche mich nicht, und trotz der vielfachen Metamorphosen, zu denen du Zuflucht nimmst, wird dein Schlangenkopf immer vor meinen Augen glänzen wie ein Leuchtturm ewiger Ungerechtigkeit und grausamer Herrschaft! Er wollte die Zügel der Befehlsgewalt ergreifen, aber er kann nicht regieren! Er wollte ein Gegenstand des Schreckens für alle Wesen der Schöpfung werden, und das ist ihm gelungen. Er wollte beweisen, daß er allein der Monarch des Weltalls ist, und darin hat er sich getäuscht.«

Und einen Satz danach: »Der Tag ist nicht fern, wo mein Arm dich in den Staub stürzen wird ...«

Das ist ein Jahr vor dem Sturz Napoléons III. geschrieben, zwei Jahre vor der Pariser Kommune.

17. OKTOBER

Ich bleibe, obwohl die Sonne scheint, zu Hause und lese Lautréamont, schon über mein tägliches Pensum hinaus, so süchtig und neugierig bin ich geworden.

Aus dem Fünften Gesang suche ich die *Termini technici* heraus. Auf 28 Seiten stehen unter anderen: Evolution, Intoleranz, Axiom, Kubus, Lymphe, assimilieren, Modifikation, Gonorrhöe, follikular, Paraphimose, ambulant, exkrementös, Agonie, Pons, konvex, Hypothese, Duplizität, Metamorphose, Tentakel, amorph, koagulieren, homogen, Proportion, Investigation, Moleküle, exzentrisch, kondensieren, Kausalität, Pluralität, Stigma, Totalität, Katafalk, Obelisk, Python, Kollektiv, qualifizieren, papillar, Perversität, Postament, Kristallisation, syphilitisch, Elektrizität, Struktur, perfid, Binarität, Prolegomena, Mandat, Syllogismus, Peripherie, Zyklon, Lustrum, zerebrospinal, Atom ...

Da muß selbst ich im »Kleinen Fremdwörterbuch« nachschlagen. Und wenn man bedenkt, daß diese in einer *Dichtung* stehen, in den sieben Strophen eines Gesanges, und nicht in einer wissenschaftlichen Abhandlung, dann kann man ahnen, wie unerbittlich Ducasse mit der literarischen Konvention gebrochen hat. Das alles im Jahr 1869! Der ist noch radikaler als Rimbaud! Je mehr ich mich mit ihm beschäftige, desto mehr staune ich.

Der junge Schornsteinfeger holt sich den Boden- und

den Kellerschlüssel. Baldwin kommt auf einen Tee vorbei. Die eine der beiden Musikstudentinnen in der ersten Etage kann nicht in ihre Wohnung, ich probiere mit dem zu einem Dietrich umgebogenen Schraubenzieher, aber vergeblich. Ich kaufe Brot im Minimarkt. Drei ältere Vietnamesen fragen nach der neuen Adresse unserer Nachbarin, die schreib ich ihnen auf, sie drücken mir die Hand. Die junge Schneiderin, die in die Wohnung von Frau J. zieht, will wissen, wo der Keller ist, doch ihr Schlüssel paßt nicht.

Merkwürdige Alltäglichkeiten, die nichts miteinander zu tun haben, und trotzdem sind die meisten durch das Motiv des Schlüssels verbunden.

Was bedeutet der Schlüssel in der Psychoanalyse?

18. OKTOBER

Strophe fünf ist eine Ode. Eine Ode an die Päderasten.

Im Französischen werden nicht nur die Liebhaber von männlichen Jugendlichen so bezeichnet, sondern alle Homosexuellen:

pédérastes.

Oder abgekürzt: pédé.

Gide war pédé und Rimbaud und Cocteau, Jean Genet und Jean Marais und wer weiß noch.

Ich fange an, mit dem Wörterbuch diese Strophe zu übersetzen. »O unbegreifliche Päderasten, nicht ich werde Beleidigungen zu eurer großen Diskriminierung schleudern, nicht ich werde eurem trichterförmigen Anus mit Verachtung begegnen. Es reicht, daß schändliche und beinahe unheilbare Krankheiten, die euch bedrohen, ihre unvermeidliche Züchtigung mit sich bringen. Gesetzgeber stupider Institutionen, Erfinder einer engherzigen Moral, entfernt euch von mir, denn ich bin eine unparteiische Seele. Und ihr, junge Burschen oder eher junge Mädchen, erklärt mir, wie und warum (aber haltet euch in entsprechendem Abstand, denn auch ich kann meinen Leidenschaften nicht widerstehen) die Rache in eurem Herzen gekeimt ist, einen solchen Kranz von Wunden um die Lenden der Menschheit zu winden. Ihr macht sie erröten über ihre Söhne durch euer Benehmen (das ich verehre!); eure Prostitution, die sich dem ersten besten anbietet, ist eine Übung der Logik für die tiefsten Denker, während eure übersteigerte Sensibilität das Maß des höchsten Erstaunens selbst der Frau voll macht. Seid ihr von einer mehr oder weniger irdischen Natur als eure Mitmenschen? Besitzt ihr einen sechsten Sinn, der uns fehlt? Lügt nicht und sagt, was ihr denkt. Das ist keine Frage, die ich euch stelle; denn seit ich als Beobachter oft die Erhabenheit eurer grandiosen Intelligenz aufsuche, weiß ich, woran ich mich zu halten habe. Seid gesegnet von meiner linken Hand, seid geheiligt von meiner rechten Hand, ihr Engel, von meiner alles umfassenden Liebe beschützt. Ich küsse euer Gesicht, ich küsse eure Brust, ich küsse mit meinen liebevollen Lippen die verschiedenen Teile eures harmonischen und duftenden Körpers. Warum habt ihr mir nicht gleich gesagt, was ihr seid, Kristallisationen einer höheren moralischen Schönheit? Ich habe die unzähligen Schätze von Zärtlichkeit und Keuschheit selbst erraten müssen, die das Schlagen eures bedrückten Herzens verheimlichte. Brust geschmückt mit Girlanden von Rosen und Vetiver. Ich habe eure Beine halb öffnen müssen, um euch zu erkennen und meinen Mund an die Insignien eurer Scham zu hängen. Aber (wichtig darauf hinzuweisen) vergeßt nicht, die Haut eurer Schamteile jeden Tag mit warmem Wasser zu waschen, denn sonst würden unvermeidlich venerische Geschwüre in den eingerissenen Winkeln meiner unbefriedigten Lippen wachsen. O! wenn das Weltall statt einer Hölle ein immenser himmlischer Anus wäre, seht die Handbewegung an, die ich nach meinem Unterleib mache: ja, ich hätte meine Rute durch den blutenden Schließmuskel tief hineingestoßen und mit meinen ungestümen Bewegungen die eigenen Wände seines Beckens zerschmettert! Das Unglück hätte dann nicht über meine geblendeten Augen ganze Dünen von Treibsand geweht; ich hätte die unterirdische Stelle entdeckt, wo die eingeschläferte Wahrheit liegt, und die Ströme meines klebrigen Samens hätten dadurch einen Ozean gefunden, um sich hineinzustürzen! Aber warum ertappe ich mich dabei, einen imaginären Zustand der Dinge zu bedauern, der nie das Siegel seiner späteren Erfüllung bekommen wird? Machen wir uns nicht die Mühe, unhaltbare Hypothesen aufzustellen. Inzwischen soll der, der vor Eifer glüht, mein Bett zu teilen, zu mir kommen; aber ich stelle eine unerbittlich strenge Bedingung für meine Gastfreundschaft: Er darf nicht älter als fünfzehn Jahre sein. Er glaube seinerseits nicht, daß ich dreißig bin; was hat das damit zu tun? Das Alter vermindert nicht die Intensität der Gefühle, überhaupt nicht; und wenn meine Haare auch weiß geworden sein sollten wie Schnee, dann nicht wegen des Alters: im Gegenteil, es ist aus dem Grund, den ihr kennt. Ich liebe die Frauen nicht! Nicht einmal die Hermaphroditen! Ich brauche Wesen, die mir gleichen, auf deren Stirn der menschliche Adel seine Zeichen eingeschrieben hat, tief und unauslöschlich! Seid ihr sicher, daß diejenigen, die lange Haare tragen, von derselben Natur sind wie ich? Ich glaube es nicht, und ich werde meine Meinung nicht ändern. Brackiger Speichel läuft aus meinem Mund, ich weiß nicht warum. Wer will mich aussaugen, damit ich ihn loswerde? Er steigt ... er steigt immer noch! Ich weiß, was es ist. Ich habe gemerkt, wenn ich das Blut aus der Kehle derjenigen trinke, die neben mir liegen (man hält mich zu Unrecht für einen Vampir, weil man so die Toten nennt, die aus ihrem Grab steigen; ich aber, ich bin ein Lebender), spucke ich am nächsten Tag einen Teil wieder durch den Mund aus: das ist die Erklärung für den verpesteten Speichel. Was soll ich da machen, wenn die Organe, geschwächt vom Laster, sich weigern, die Funktion der Ernährung zu übernehmen? Aber enthüllt keinem meine vertrauliche Mitteilung. Es ist nicht wegen mir, daß ich euch das sage; es ist wegen euch und den anderen, damit das Prestige des Geheimnisses diejenigen in den Grenzen der Pflicht und der Tugend zurückhält, die, magnetisiert von der Elektrizität des Unbekannten, versucht wären, mich zu imitieren. Habt die Güte, meinen Mund anzusehen (im Moment habe ich keine Zeit, eine längere Höflichkeitsfloskel zu gebrauchen); er frappiert euch auf den ersten Blick durch das Aussehen seiner Struktur, ohne die Schlange zum Vergleich heranzuziehen; das kommt daher, weil ich das Gewebe bis zum äußersten zusammenziehe, damit man glaubt, daß ich einen kalten Charakter besitze. Ihr wißt genau, daß es völlig entgegengesetzt ist. Leider kann ich nicht durch diese seraphischen Seiten das Gesicht dessen sehen, der mich liest. Wenn er noch nicht die Pubertät überschritten hat, soll er näher kommen. Drücke mich an dich und fürchte nicht, mir weh zu tun; ziehen wir unsere Muskelbündel immer enger zusammen. Noch mehr. Ich fühle, daß es zwecklos ist, darauf zu bestehen; die in mehr als einer Beziehung merkwürdige Undurchsichtigkeit dieses Blattes Papier ist ein sehr erhebliches Hindernis für das Unternehmen unserer vollständigen Vereinigung. Ich habe immer eine schändliche Vorliebe für die blasse Jugend der Gymnasien und die bleichsüchtigen Kinder der Fabriken empfunden! Meine Worte sind nicht Reminiszenzen eines Traums, und ich hätte zu viele Erinnerungen zu entwirren, wenn mir die Verpflichtung auferlegt wäre, die Ereignisse an euren Augen vorüberziehen zu lassen, die mit ihrer Zeugenaussage die Wahrhaftigkeit meiner schmerzlichen Behauptung bestätigen könnten. Die menschliche Justiz hat mich noch nicht auf frischer Tat ertappt, trotz der unbestrittenen Geschicklichkeit ihrer Beamten. Ich habe sogar (es ist nicht lange her!) einen Päderasten ermordet, der sich meiner Leidenschaft nicht genug hingab; ich habe seine Leiche in einen verlassenen Schacht geworfen, und man hat keine entscheidenden Beweise gegen mich. Warum schlotterst du vor Angst, Jüngling, wenn du mich liest? Glaubst du, daß ich es mit dir auch so machen will? Du zeigst dich sehr ungerecht ... Du hast recht: traue mir nicht, vor allem wenn du schön bist. Mein Geschlechtsteil bietet ewig das schauerliche Schauspiel der Schwellung; keiner kann behaupten (und wie viele haben sich ihm nicht schon genähert!), daß er es im Zustand normaler Ruhe gesehen hat, nicht einmal der Schuhputzer, der mir in einem Moment des Wahnsinns einen Messerstich versetzte. Der Undankbare! Ich wechsle die Kleidung zweimal pro Woche, doch die Sauberkeit ist nicht das Hauptmotiv meines Entschlusses. Wenn ich nicht so handelte, würden die Mitglieder der Menschheit nach einigen Tagen in dauernden Kämpfen verschwinden. Wirklich, in welcher Gegend ich mich auch befinde, sie belästigen mich andauernd mit ihrer Gegenwart und kommen, die Fläche meiner Füße zu lekken. Aber was für eine Macht besitzen sie denn, meine Samentropfen, daß sie alles anziehen, was durch Geruchsnerven atmet! Sie kommen von den Ufern des Amazonas, sie durchqueren die Täler, die der Ganges bespült, sie verlassen die Polarflechten, um lange Reisen auf der Suche nach mir zu unternehmen und fragen unbewegliche Städte, ob sie nicht den für einen Augenblick an ihren Wällen entlanggehen sahen, dessen heiliges Sperma die Berge, die Seen, die Heiden, die Wälder, die Vorgebirge und die Weite der Meere durchduftet! Die Verzweiflung, mich nicht antreffen zu können (ich verstecke mich heimlich an ganz unzugänglichen Stellen, um ihr Feuer zu unterhalten), veranlaßt sie zu sehr bedauerlichen Taten. Es stellen sich dreihunderttausend auf jeder Seite auf, und das Brüllen der Kanonen dient als Vorspiel zur Schlacht. Alle Flügel rücken gleichzeitig vor, wie ein einziger Krieger. Karrees formieren sich und fallen sofort, um nicht wieder aufzustehen. Die aufgeschreckten Pferde entfliehen in alle Richtungen. Die Kanonenkugeln pflügen den Erdboden wie unerbittliche Meteore. Der Schauplatz der Schlacht ist nur noch ein ausgedehntes Feld des Gemetzels, wenn die Nacht ihre Anwesenheit enthüllt und der stille Mond zwischen den Rissen einer Wolke erscheint. Mit dem Finger auf einen Raum von mehreren Meilen zeigend, bedeckt mit Leichen, befiehlt mir die dunstige Sichel dieses Sterns, einen Augenblick die unheilvollen Konsequenzen zum Thema meditativer Betrachtung zu machen, die der unerklärliche Zaubertalisman nach sich zieht, den die Vorsehung mir bewilligt hat. Wie viele Jahrhunderte sind unglücklicherweise noch nötig, ehe die menschliche Rasse völlig durch meine perfide Falle zugrunde geht! So wendet ein geschickter Geist, ohne sich zu rühmen, gerade die Mittel an, um seine Ziele zu erreichen, die zuerst ein unüberwindliches Hindernis zu sein scheinen. Immer erhebt sich meine Intelligenz zu dieser imposanten Frage, und ihr selbst seid Zeugen, daß es mir nicht mehr möglich ist, bei dem sittsamen Thema zu bleiben, das ich zu

Anfang die Absicht hatte zu behandeln. Ein letztes Wort ... Es war eine Winternacht. Während der Nordwind durch die Tannen pfiff, öffnete der Schöpfer seine Tür und ließ einen Päderasten eintreten.«

Hat Ducasse also jetzt, mit zweiundzwanzig, die schwule Szene entdeckt?

In welchem Park, an welchen Pissoirs traf man sich?

Er schreibt von aktiver Fellatio und aktivem Coitus in anum. Hat er diese Sexualpraktiken bevorzugt?

Nach dem Code Napoléon von 1804 war die gleichgeschlechtliche Liebe nicht strafbar, gab es keinen preußischen § 175.

Aber noch 1857 behauptete der französische Psychiater Tardé, daß Homosexualität eine angeborene Abnormität ist, die sich sogar in einer besonderen Form des Penis zeigt. Die einzige Methode, die Homosexualität zu bekämpfen, seien Strafmaßnahmen bis hin zur Kastration.

Tardé ist passé. Aber der profaschistische Marschall Pétain (1940–44) führte die Bestrafung Homosexueller wieder ein. Erst François Mitterand hob sie 1980 auf. Heute ist in Frankreich das Schutzalter für Mädchen und Jungen auf fünfzehn Jahre festgesetzt, ebenso wie in Dänemark und Schweden.

19. OKTOBER

Heute wird Martin sechsunddreißig.

Ich kann es kaum glauben.

So alt war ich damals, als wir uns kennenlernten.

Ich sehe die allmählichen Veränderungen, die Fältchen um die Augen, den Bauchansatz, aber ich sehe immer noch den Vierundzwanzigjährigen in ihm.

Die Spur der Jugend bleibt.

Ich hole ihn ab, er hat eine Menge Blumen bekommen, die er gar nicht allein tragen kann.

Ich habe ihm eine Kassette mit spanischen Gitarrenkonzerten geschenkt, schon zum Frühstück.

Abends kommen die Gäste:

Achim und Gerd.

André.

Horst und Ulli.

Christian und Karsten.

Martin hat Soljanka gekocht, nach Originalrezept, ich habe einen Topf Schmalz ausgelassen, mit Pfeffer, Curry, Zwiebeln, Knoblauch und Äpfeln.

Cola mit Weinbrand.

Die Gäste sind zwischen zwanzig und neununddreißig Jahre alt.

Die Gäste sind Buchhändler, Diplom-Ingenieur, Doktoringenieur, Krankenpfleger, Student, Verkäufer, Verkäufer.

Die letzten gehn nach Mitternacht.

20. OKTOBER

Vormittags einen Haufen Abwasch. Danach hören wir uns die Schallplatte an, die H. geschickt hat: Pietro Aretinos Kurtisanengespräche. Von Aretino habe ich noch nichts gelesen. Die Wörter Scheiße, kacken, Arschbakken, Schwanz, Fotze und ficken werden verwendet, in heiterer Selbstverständlichkeit der Renaissance von 1535/38.

Im Lexikon steht über ihn: »Die literarische Tradition lehnte er ab und schrieb seine Werke ohne gelehrte Kenntnis mit leichter Hand.« Dem fühle ich mich verwandt. Auf der Plattenhülle lese ich, daß er Sonette zu 16 sexuellen Stellungen geschrieben hat, die »Sonetti lussuriosi« (1524). Davon existiert kein Exemplar mehr, die Zensur hat total gearbeitet. (Und Büchners Verlobte verbrannte sein Stück über Aretino!)

Ich finde dazu passende Gedanken in Montaignes »Essais«: »Was hat denn der Geschlechtsakt, der so natürliche, so lebensnotwendige und so gerechtfertigte, den Menschen getan, daß sie sich alle nicht entschließen können, ohne die Farbe der Scham im Gesicht von ihm zu sprechen, und daß sie sich nicht erlauben, dieses Thema in einer seriösen und wohlanständigen Unterhaltung zu berühren? Wir fürchten uns nicht, Worte wie erschlagen, berauben, verraten auszusprechen, aber das verbotene Wort bleibt uns zwischen den Zähnen stekken. Kann man hieraus nicht ableiten, daß wir, je seltener wir es in unseren Reden erwähnen, um so mehr in den Gedanken darauf eingehen?«

Und gleich noch ein Schlag in dieselbe Kerbe: »Es wird nachgerade Zeit, daß wenigstens die deutschen Arbeiter sich gewöhnen, von Dingen, die sie täglich oder nächtlich selbst treiben, von natürlichen, unentbehrlichen und äußerst vergnüglichen Dingen ebenso unbefangen zu sprechen wie die romanischen Völker, wie Homer und Plato, wie Horaz und Juvenal, wie das Alte Testament und die ›Neue Rheinische Zeitung‹.«

Das schrieb Friedrich Engels am 7. Juni 1883 in der Zeitung *Der Sozialdemokrat*. Engels und Ducasse waren Zeitgenossen.

21. OKTOBER

Es ist Sonntag, und Martin will »an die frische Luft«. Wir treffen uns mit Michael, fahren von Ostkreuz nach Friedrichshagen. In der Bilderkneipe trinken wir Bier, dann gehn wir durch die Müggelberge. Alles ist gelbgrün.

Blick vom Turm. Danach umrunden wir den Teufelssee. Die Sonne beleuchtet wie ein Scheinwerfer die Bäume am anderen Ufer, magische Wirkung des Lichts.

Abends hören wir in Treptow einen Vortrag über Neurosen und Suizidgefährdung bei Homosexuellen.

22. OKTOBER

Das Zimmer ist voller Blumen: Crysanthemen, Astern, weiße und rote und rosa Nelken, hohe Rosen in der Messingvase. Ich lese.

Strophe sechs schildert eine Begräbnisszene. Ein zehnjähriger Junge wird beerdigt. Maldoror erscheint auf einem Pferd an der Friedhofsmauer und verschwindet wieder. Der Priester sagt: Maldoror ist »der wahrhaft Tote, obwohl er viel gelebt hat«, während das begrabene Kind »der zweifellos Lebende« ist.

Wie soll ich das verstehen? Meint Ducasse, daß das kindlich Gute das eigentlich Unsterbliche ist? Und das Böse, obwohl lebendig, ist schon tot?

Am Anfang dieser Strophe entdecke ich eine Sentenz: »... es ist vor allem wichtig, richtige Begriffe von den Grundlagen der Moral zu besitzen, derart, daß jeder von dem Prinzip durchdrungen sein soll, das befiehlt, dem anderen das zu tun, von dem man vielleicht wünscht, daß es einem selbst getan wird.« Das Sprichwort sagt es so: Was du nicht willst, das man dir tu, das füg auch keinem andern zu.

Ducasse, der Moralist.

23. OKTOBER

Der D-Zug nach Leipzig kommt schon mit einer Stunde Verspätung in Schöneweide an, fast wäre ich wieder nach Hause gefahren, aber mein beträchtliches Pflichtgefühl siegt mal wieder, und ich bin noch pünktlich beim Zirkel. Ich kann es mir auch schlecht leisten, auf 200 Mark (brutto) zu verzichten.

Auf dem Bahnhof kaufe ich ein Reclambuch mit italienischen Renaissance-Novellen. Aretino ist leider nicht dabei. Die Übersetzung ist uralt, von 1851. Liegt es nun an der schamhaften Übersetzung, oder wurde in der Renaissance doch nicht allgemein so frei gesprochen? Ein erigierter Penis wird bei Molza mit einer hoch stehenden Glücksfahne umschrieben, und bei Sercambi stößt einer mit dem Stößel seine Soße in fremden Mörsern. Nun wird mir langsam der Zweck von Metaphern klar.

24. OKTOBER

Martin hat frei genommen, wir gehn in die Sauna (Sport- und Erholungszentrum Leninallee), etliche junge Männer fördern ihre Durchblutung, alles ist sauber und science-fiction-haft, und jeder scheint allein hier zu sein.

Am Sonntag ist François Truffaut gestorben, erst zweiundfünfzig Jahre alt. Im TV, spät: »Die letzte Metro«.

25. OKTOBER

Jede Nacht kommt eine große Spinne zu Maldoror und saugt sein Blut aus. In dieser Nacht kommt sie zum letztenmal, und aus ihrem Bauch springen plötzlich »zwei Jugendliche in blauer Kleidung«, es sind Reginald und Helsingör. Sie erinnern ihn an vergangene Tage.

»Die Erinnerung ist manchmal bitterer als die Sache selbst.«

Reginald sagt zu ihm: Ich habe dich sehr geliebt, aber du warst oft barsch zu mir und ließest mich leiden. Dann hast du versucht, mich beim Schwimmen zu erstechen; Fischer retteten mich.

Und Helsingör: Nach Reginald nahmst du mich als Freund, aber auch mich wolltest du umbringen, ich verlor eine Hand dabei, doch ich wurde ebenfalls gerettet.

Ein Erzengel verwandelte sie beide in eine Spinne, die jede Nacht zu Maldoror kam, um Rache zu nehmen, fast 10 Jahre lang. Von heute an ist er erlöst.

Maldoror erwacht aus seiner Lähmung und sieht »die beiden himmlischen Gestalten mit umschlungenen Armen in den Lüften verschwinden«. Er wartet auf die Morgendämmerung.

Ich warte den ganzen Tag auf Ulf und Susanne. Nervös, kann mich nicht konzentrieren und probiere stundenlang, diese Strophe sechs in ein paar Sätzen zusammenzufassen.

Es stört mich, wenn ich weiß, es kann jeden Moment klingeln, und dann muß ich aufmachen. Ich will die Freiheit haben, aufzumachen oder *nicht* aufzumachen, das ist es.

Martin meint, er will mir nicht mehr sagen, wenn sich tagsüber Besuch anmeldet. Aber das will ich auch nicht.

Abends habe ich schwache Herzrhythmusstörungen.

26. OKTOBER

Am 22. Mai 1869 schreibt Ducasse einen Brief an den Bankier Darasse. Sein Vater hat es unterlassen, weiter Geld aus Montevideo anzuweisen, wohl aus »Mißtrauen« (Ducasse gebraucht dieses Wort). Glaubt er, daß sein Sohn arbeitsscheu ist? Jedenfalls soll Ducasse père »bestimmte melancholische Bemerkungen« gemacht haben. Sicher hat Isidore sofort nach Montevideo geschrieben und sich verteidigt.

Er bittet den Bankier, ihn gleich zu benachrichtigen, wenn neue Gelder geschickt werden. »Übrigens bin ich zu jeder Stunde des Tages zu Hause«, schreibt er; also scheint er intensiv zu arbeiten.

In den Cafés wird Absinth getrunken, Billard und Domino gespielt.

In der Opéra Comique spielt man Offenbachs komische Oper »Vert – Vert«. Auf der Bühne: Dragoner-Offiziere und Backfische treffen sich zum Rendezvous bei charmanter Musik. Aus den Logen funkeln Diamanten und Epauletten.

Aber in den Straßen rumort schon der Aufruhr. Abend für Abend wälzen sich Menschenmassen über die Boulevards, berittene Regimenter zerteilen die Menge, Hüte und Helme fliegen aufs Pflaster, Kleider zerreißen im Handgemenge, eine Frau schreit gellend ... (So beschreibt es Kracauer in seinem Buch über Offenbach.)

Ich hole Martin von der Apotheke ab, wir kaufen in der Kaufhalle ein. Man hat angefangen, um den alten Friedrichstadtpalast einen hohen blauen Zaun zu bauen.

Was mir aufgefallen ist:

Ducasses Brief ist ähnlich rhetorisch verschachtelt wie manche Strophen. Er scheint mit der Syntax zu spielen.

Tod eines Sechzehnjährigen

Ich bin beim Sechsten Gesang, dem letzten. Strophe eins ist eine Art Vorwort. Ducasse meint, »... glaubt nicht, daß es noch darum geht, in Strophen von vierzehn oder fünfzehn Zeilen wie ein Schüler der Quarta Ausrufe auszustoßen, die als unzeitgemäß gelten werden.« (Wieder diese feine Ironie: vierzehn oder fünfzehn Zeilen! Gemeint ist natürlich ein Sonett, als Symbol für alle konventionelle Dichtung.)

Aber worum geht es denn nun? »... die Behauptungen, die man aufstellt, durch Fakten zu beweisen.«

In den ersten fünf Gesängen, meint Ducasse, hat er den Menschen und den Schöpfer angegriffen, das war der synthetische Teil des Werkes, die Zusammenfassung.

Von nun an will er, »weniger abstrakt«, den analytischen Teil behandeln und in Form eines Romans lebendige Wesen schildern. Ducasse nennt es seine Absicht, den Leser zu überraschen, »der nicht recht sieht, wohin er geführt werden soll«. Aber er tröstet oder verspricht: Später, »wenn einige Romane erschienen sind«, wird man dieses Vorwort besser verstehen.

Hat er vor, Romane zu schreiben? Überhaupt epischer zu schreiben, im Gegensatz zu den bisherigen Gedichten in Prosa?

Mit Martin bei seinen (weitläufigen) Verwandten in Marzahn, eine Dreiraumwohnung, sie sagen: Man hört, wenn der Nachbar das Licht anschaltet. Aber sie sind zufrieden, vorher hatten sie eine feuchte Wohnung in Lichtenberg, einundeinhalb Zimmer.

Ein Hörspiel von Hubert Fichte, »Die Geschichte der Empfindungen Augusts von Platen«. Fichte führt auch Regie und spricht selbst den Platen, mit einer überraschend jungen Stimme.

28. OKTOBER

Sonntag. Seit gestern abend wieder unruhiger Herzschlag, ich bin nervös, nehme eine Rudotel.

Werner K. kommt (sein Vater und Martins Vater sind Cousins), wir gehn mit in den Tierpark. Sonniges Wetter, ein goldener Herbsttag, wie ihn Martin sich wünscht.

Ich sehe lange die Pelikane an, die sich ganz nah am Weg putzen. Dabei denke ich an die Beschreibung des Menschen mit dem Pelikankopf im Fünften Gesang: »... dieser sehr lange, breite, konvexe, gewölbte Schnabel mit auffallendem Grat, bauchig und am äußersten Ende sehr hakenförmig ... diese breite Tasche, gelb und sackförmig, welche die ganze Kehle bedeckte und sich beträchtlich ausdehnen konnte ...«

Genau beobachtet oder aus einem Tierbuch abgeschrieben?

Ich sehe, daß manche Pelikane auch rosa Taschen haben, eine andere Art vielleicht. Es sind seltsame Vögel, ich sehe sie jetzt mit besonderem Interesse.

Die Blätter segeln von den Bäumen. Werner macht uns darauf aufmerksam, daß sich die Wipfel vieler Bäume zuerst entlauben, aber eigentlich müßten die unteren Blätter zuerst abfallen. Sind die Wipfel von den UV-Strahlen schon verbrannt, durch die beschädigte Ozonschicht?

Ein Hirsch hebt seinen Kopf mit dem mächtigen Geweih und röhrt, es sieht genauso aus wie auf dem kleinen Ölbild, das im Korridor hängt.

Strophe zwei ist ein zweites Vorwort. Bevor Ducasse zur Sache kommen kann, findet er es stumpfsinnig, daß er erst noch ein offenes Tintenfaß und einige Blätter Papier neben sich legen muß, ehe er mit diesem Gesang die Reihe instruktiver Gedichte beginnen kann, nach deren Produktion er sich sehnt.

Hat Ducasse mit einer Stahlfeder geschrieben, die es seit etwa 1830 gibt?

Er hätte auch mit einer Schreibmaschine schreiben können.

1864 baute der Tiroler Tischler Peter Mitterhofer die erste brauchbare Schreibmaschine aus Holz mit kreisförmig angeordneten Typenhebeln.

Ähnlich diesem Modell konstruierte man in den USA eine Schreibmaschine, die ab 1873 von der Remington Arms Company in größeren Stückzahlen hergestellt wurde.

1888 erfand der Deutschamerikaner Franz Xaver Wagner die segmentartige Anordnung der Typenhebel, die eine sofort sichtbare Schrift ermöglicht. Erst damit konnte die industrielle Herstellung der Schreibmaschine beginnen.

Ich schreibe jetzt auf einer *Olympia* von 1935, die mein Vater gekauft hat, und kehre zur Strophe zurück. Maldoror, der sich bisher meist in Höhlen und an unzugängliche Orte zurückgezogen hatte, immer von der Polizei, »diesem Schild der Zivilisation«, von Spitzeln und Agenten gesucht, wendet sich jetzt der Großstadt zu. Er kann sich in verschiedene Gestalten verwandeln.

»Habt ihr nicht die Anmut einer hübschen Grille mit lebhaften Bewegungen in den Pissoirs von Paris bemerkt? Es gibt nur diese eine: das war Maldoror!«

Ich merke, daß diese Strophe ziemlich kurze Schnitte hat, wie in einem Film. Die Stelle »... die Länder des Erdballs durch Eroberungen und Blutbäder verwüstet und Bürgerkrieg unter den Landsleuten verbreitet ...« erinnert an den Bürgerkrieg in Uruguay.

Schnitt:

»Die strahlende Vergangenheit hat glänzende Versprechungen für die Zukunft gemacht: sie wird sie halten.«

Und wieder ein Schnitt:

»Ich habe soeben bewiesen, daß nichts auf diesem Planeten lächerlich ist. Drolliger, aber prächtiger Planet.«

Sofort anschließend eine neue Einstellung:

»Indem ich mir einen Stil aneigne, den einige naiv finden werden (während er so tief ist), lasse ich ihn zur Darstellung von Ideen dienen, die unglücklicherweise vielleicht nicht großartig erscheinen werden!«

(Diesen ironischen Satz habe ich als Motto zu »Tandem« genommen, dabei das Wort »vielleicht« vergessen oder mit Absicht weggelassen, das weiß ich nicht mehr.)

Ducasse scheint immer noch übermütig zu sein, er fängt einen Satz an und hört mittendrin auf: »... ich weiß nicht mehr, was ich sagen wollte, denn ich erinnere mich nicht an den Anfang des Satzes.« Er braucht doch den Satzanfang nur zu lesen!

Und zum Schluß:

»Ich werde mich erstmal schneuzen, weil ich es nötig habe; und dann, kräftig von meiner Hand unterstützt, werde ich wieder den Federhalter ergreifen, den meine Finger fallen gelassen hatten.« Das ist schon eine sehr moderne Haltung. Der Autor zeigt, daß er immer anwesend ist, er zeigt seine Werkzeuge vor, er fordert den Leser heraus, er will ihn nicht passiv halten.

In diesem Moment rattert hier ein Hubschrauber über das Haus, ich seh ihn in Richtung Friedrichstraße fliegen.

Seit drei Tagen keine Post.

Ich hole Martin ab, wir fahren in die Schönhauser Allee, ich brauche eine Cordhose, es gibt aber keine, wir fragen in verschiedenen Geschäften.

Abends brate ich Lendenschnitten, dazu Brot und Bier.

30. OKTOBER

Im Traum rauchte ich eine Zigarette, ich spürte danach den schlechten Geschmack im Mund und ärgerte mich, daß ich wieder angefangen hatte.

Eine Ansichtskarte aus Prag, eine von Thomas Böhme aus Grimma, die Werkzeitung mit einem Artikel, daß der Zirkel schreibender Arbeiter 5 Jahre besteht und mit dem Friedensdiplom ausgezeichnet wurde.

Mit Kapitel I beginnt nun Ducasses Roman. Die Fabel ist einfach. Mervyn, ein junger Engländer (sechzehn Jahre und vier Monate alt, und natürlich blond) geht abends von der Fechtstunde nach Hause. Maldoror verfolgt ihn, er will wissen, wo Mervyn wohnt.

Ein wirklich epischer Anfang: »Die Läden der Rue Vivienne breiten ihre Reichtümer vor den erstaunten Augen aus. Von zahlreichen Gaslaternen beschienen, werfen die Mahagonitruhen und die goldenen Uhren blendende Lichtbündel durch die Schaufenster. 8 Uhr hat die Turmuhr der Börse geschlagen: das ist nicht spät!«

Mir fehlt ein Stadtplan von Paris, um Mervyns Weg zu folgen, von der Rue Colbert über den Boulevard Poissonnière und den Boulevard Bonne-Nouvelle, durch die Rue de Faubourg-Saint-Denis, am Bahnhof der Strasbourger

Eisenbahn vorbei. Bevor er die Rue Lafayette erreicht, ist Mervyn schon zu Hause.

Trotz dieser objektiven Schilderung ist der Autor auch jetzt immer anwesend. Manche Satzteile oder Sätze fallen mir auf, zum Beispiel »meine Feder (dieser wahre Freund, der mir als Komplize dient)«. Ist Ducasse so einsam?

Oder diese Maxime: »Die Summe der Tage zählt nicht mehr, wenn es sich darum handelt, die intellektuellen Fähigkeiten eines ernsthaften Gesichtes zu würdigen.«

Und dann natürlich dieser berühmte Vergleich, diese Metapher, von der die Surrealisten später so entzückt waren: Mervyn ist so schön »wie die zufällige Begegnung einer Nähmaschine und eines Regenschirms auf einem Seziertisch.« Das machte ihn zum »Großvater des Surrealismus« (Wolfgang Koeppen). Ich kann mir Ducasse nicht als Großvater vorstellen.

Es ist 14 Uhr 37, die Sonne blendet noch mal auf, ich kann nicht mehr sitzen, ich muß meine Beine bewegen.

Ich werde in Buchhandlungen gehn, aber wahrscheinlich kein Buch kaufen.

Im Radio: AIDS breitet sich in afrikanischen Ländern aus, zum Beispiel in Ghana und Zaïre, hier aber hauptsächlich durch heterosexuelle Kontakte.

Das gleiche in Haiti.

31. OKTOBER

Der Roman geht weiter: Kapitel II. Mervyn ist zu Hause angekommen, in der »aristokratischen Villa«. Er wirft sich auf ein Sofa, sehr erregt, kann nicht sprechen (hat also doch geahnt, daß er verfolgt wurde) und verliert das Bewußtsein.

Wie sich die Familie jetzt um ihn kümmert, das hat Ducasse komisch dargestellt. Der altersschwache, aber autoritäre Papa, ein ehemaliger Kommodore (Geschwaderführer), gibt seine Befehle. Und die Mama pariert: »Mein sanfter Gebieter, wenn du es deiner Sklavin gestattest, werde ich aus meinem Appartement ein Fläschchen mit Terpentinessenz holen, dessen ich mich gewöhnlich bediene, wenn nach der Heimkehr vom Theater die Migräne meine Schläfen befällt, oder wenn die Lektüre einer rührenden Erzählung aus den britischen Jahrbüchern der ritterlichen Geschichte unserer Vorfahren meine träumerischen Gedanken in die Torfmoore der Betäubung wirft.«

In diesem Stil geht das Kapitel. Der Arzt kommt, und Mervyn zu sich (das ist wieder ein Zeugma, ein selten gebrauchtes Stilmittel, ich habe schon eins verwendet)!

Die Grundsituation ähnelt der Strophe elf im Ersten Gesang: Die heile Familienwelt und die Versuchung des Sohnes (das Erlkönig-Motiv).

Gibt es eine Beziehung Kommodore–Kanzler (so wurde Ducasses Vater in Montevideo von der Familie genannt)? Hier ein Franzose in Uruguay, dort ein Engländer in Frankreich, die gleiche Konstellation.

Ich kaufe ein Buch, das ich für diese Arbeit gut gebrauchen kann, »Der Untergang der romantischen Sonne. Ästhetische Texte von Baudelaire bis Mallarmé« (Kiepenheuer). Es zeigt vom marxistischen Standpunkt, was für ein progressives Geschichtsbewußtsein diese Dichter hatten. Lautréamont steht hier in einer Reihe mit Gautier, Flaubert, Baudelaire, Rimbaud und Mallarmé. 7 Seiten Text von ihm, er wird mehrmals erwähnt, aber nicht ausführlich besprochen.

Ein Beispiel von Ducasses Geschichtsbewußtsein, das

ich erst übersehen hatte, steht in Kapitel I: Ein alter, muskulöser Kater, »Zeitgenosse der Revolutionen, denen unsere Väter beigewohnt haben«, betrachtet »melancholisch die Mondstrahlen, die auf die schlafende Ebene fallen«.

Wartet er auf eine neue Revolution?

Die Revolutionen der Väter waren 1830 und 1848.

1830 war Ducasses Vater einundzwanzig Jahre alt.

1. NOVEMBER

Kapitel III beginnt: Mervyn est dans sa chambre ..., das verstehe ich auch ohne Dictionnaire. Mervyn ist in seinem Zimmer, er hat einen Brief bekommen, auf Velinpapier (ein feines, pergamentartiges Papier).

»Junger Mann, ich interessiere mich für Sie; ich will Ihr Glück machen. Ich werde Sie als Gefährten nehmen, und wir werden lange Fahrten zu den Inseln Ozeaniens machen. Mervyn, Du weißt, daß ich Dich liebe, und ich brauche es Dir nicht zu beweisen. Du wirst mir Deine Freundschaft schenken, davon bin ich überzeugt.«

Der Absender verabredet ein Rendezvous auf dem Pont du Carrousel. Mervyn soll aber keinem diesen Brief zeigen.

Mervyn ist verwirrt; Verlockung und Furcht zugleich. Nachdem Vater und Mutter unbeholfen-komisch versucht haben, ihren Ältesten durch Vorlesen von Reisebeschreibungen und Belletristik aufzumuntern, kehrt er nach dem Abendbrot in sein Zimmer zurück und beantwortet den Brief: »... Um offen zu sprechen, was täte ich nicht für Sie, dessen unerklärliche Anhänglichkeit sich sofort meinen geblendeten Augen offenbart hat, die über einen solchen Beweis von Güte ganz besonders erstaunt waren, den ich sicher nicht erwartet hätte. Wenn ich an Sie denke, gerät meine Brust in Bewegung, lärmend wie der Zusammensturz eines dekadenten Kaiserreiches ...«

Eine enorme Metapher.

Pubertärer und gesellschaftlicher Aufruhr.

Ich lasse mich bei meiner Ärztin gegen Grippe impfen. Thomas Böhme kommt, zeigt mir zwei neuere Gedichte, dann gehn wir zum Club des Aufbau-Verlages, es gibt kaltes Büfett, ein Literaturprofessor spricht.

2. NOVEMBER

Nach Mitternacht erst eingeschlafen, blöd geträumt. Thomas hat auf der Couch übernachtet, geht mit Martin aus dem Haus. Ich bin noch müde, keine Lust zum Arbeiten.

Später lese ich Kapitel IV. Maldoror betrachtet sich im Spiegel: »O Silberspiegel, eingelegt in die Füllungen der Vestibüle, wie viele Dienste habt ihr mir nicht durch eure reflektierende Macht geleistet! ... Heute, ... werfe ich einen langen Blick der Befriedigung auf die Dualität, aus der ich zusammengesetzt bin ... und finde mich schön! Schön wie die angeborene Mißbildung männlicher Sexualorgane, die in der relativen Kürze der Harnröhre besteht und in der Teilung oder dem Fehlen einer unteren Wand, so daß diese Röhre sich in unterschiedlicher Entfernung von der Eichel und an der Unterseite des Penis öffnet ...«

Ich brauche lange, ehe ich dahinterkomme, was Ducasse hier meint. Ich suche in Martins medizinischen Büchern. Schließlich finde ich heraus, daß es sich um eine Hypospadie handelt. Bei dieser angeborenen Mißbildung bildet die Harnröhre eine nach unten offene Rinne bzw. liegt die Harnröhrenmündung unterhalb ihrer normalen Stelle. Harn und Samen werden durch eine Öffnung an der Penisunterseite entleert; je nach Lage trennt man beim Mann: Hypospadia glandis, Hypospadia penis, Hypospadia scrotalis und Hypospadia perinealis.

Über diesen Dichter staune ich immer mehr.

Diese Kühnheit, genau beschriebene anatomische Mißbildungen in eine Dichtung zu montieren, und das mitten im 19. Jahrhundert. Welcher junge Poet schafft das heute?

Die eigentliche Aussage dieser Strophe: Maldoror droht dem Schöpfer, er werde ihm die Beute, die Mervyn heißt, bald wieder abjagen.

3. NOVEMBER

Mit Horst und Ulli nach Grünau, durch den Wald nach Schmöckwitz.

Fallendes Laub; Sonne leuchtet in die Bäume; Gegenlicht.

Drei Flugzeuge, ganz tief und aluminiumhell über die Wipfel weg, zur Landung in Schönefeld.

In einer Gaststätte essen wir Pasta ascuitta, Spaghetti mit Hühnerbrüstchen und roter scharfer Soße, davor eine Wildsuppe, danach Mokka.

Abends trinken wir bei Horst noch Wein und sehn zufällig im TV »Paso doble«, einen Film von Lothar Lambert. Die Geschichte einer Ehekrise; nachdem sie mit ihrem türkischen Masseur geschlafen hat, sucht er Trost bei einem jungen, stummen Spanier. Nach einiger Zeit kommen die Eheleute wieder zusammen, aber offener und unverklemmter als früher. Zum Schluß tanzen sie Paso doble, er in Frauenkleidern, sie in seinen Männersachen.

4. NOVEMBER

Ein nebliger Sonntag, wir gehn nicht aus dem Haus. Unsere ehemalige Nachbarin aus dem Alterswohnheim kommt vorbei, sie will zum Tanz. Wir trinken Kaffee und reden ein bißchen.

Kapitel V: Vor dem Palais Royal findet Maldoror ein zerlumptes, geistesgestörtes Individuum. Dieser Mann erzählt ihm seine Geschichte: Er hatte seinen drei Schwestern einen Kanarienvogel geschenkt. Der Vater, ein Alkoholiker, zertrat betrunken und aus Wut den Käfig, der Vogel verendete. Die Schwestern kriechen daraufhin in die Hundehütte; als sie vom Bruder und der Mutter aufgebrochen wird, sind die Schwestern tot. Seitdem ist Aghone verrückt. Maldoror läßt ihn neu einkleiden, mietet ihm eine Wohnung, gibt ihm Geld. Aghone fällt ihm dankbar zu Füßen, er wird von nun an Maldorors Befehlen unbedingt gehorchen.

5. NOVEMBER

Der Allmächtige hat einen Erzengel zur Erde geschickt, um Mervyns Leben zu retten. Damit er nicht erkannt wird, nimmt er die Gestalt eines Taschenkrebses an. (Die Szene spielt am Meer.) Maldoror erkennt ihn jedoch und lacht bloß, als der Taschenkrebs ihm ins Gewissen redet (Maldoror soll reumütig in den Kreis der Engel zurückkehren). Er will nur mit dem Allmächtigen selbst verhandeln und erschlägt den Taschenkrebs.

Das war Kapitel VI.

6. NOVEMBER

Zum Zirkel. Vier Studenten sind neu dazugekommen und ein junger Arbeiter aus dem Werk, der noch nichts geschrieben hat.

7. NOVEMBER

Kapitel VII, das vorletzte. Mervyn geht zum Rendezvous. Wieder Straßennamen: Boulevard Sebastopol, Fontaine Saint-Michel, Quai des Grand-Augustins, Quai Conti, Quai Malaquais, Quai du Louvre.

Mervyn sieht ein Individuum mit einem Sack unterm Arm (es ist der geistesgestörte Aghone), sie treffen auf dem Pont du Carrousel zusammen. »Mervyn, das Gesicht in Tränen, dachte, daß er beim Eintritt ins Leben eine wertvolle Stütze für zukünftiges Mißgeschick getroffen hätte.« Er glaubt, den Schreiber des Briefes vor sich zu haben. Aber Aghone steckt den Jungen einfach in den Leinwandsack und bindet den mit seinem Taschentuch zu; dann schlägt er ihn, weil Mervyn gellend schreit, ein paarmal gegen das steinerne Brückengeländer.

»Einzigartige Szene, die kein Romancier wieder erfinden wird!« kommentiert Ducasse cool das Geschehen.

Ein Schlachter kommt auf seinem Fleischerkarren vorüber, und Aghone gibt ihm den Sack: »Hier ist ein Hund drin, der die Räude hat, schlachtet ihn so schnell wie möglich!« Seine Kollegen im Schlachthof zögern aber. »Dieser Hund stößt Klagelaute aus wie ein Kind«, sagt einer, und sie binden den Sack auf. Als Mervyn aus seiner Ohnmacht erwacht ist, kehrt er »beklommenen Herzens« nach Hause zurück und schließt sich in sein Zimmer ein.

In Kapitel VIII geht es zu wie auf einem Gemälde von Hieronymus Bosch, oder wie in einem Buñuelfilm mit dem Szenenbild von Bosch.

Ein Fischschwanz bewegt sich in einem Sandloch neben einem abgetretenen Stiefel. Der Taschenkrebs wird neu geboren. Er gibt dem Fischschwanz Albatrosflügel, damit er dem Schöpfer eine Botschaft bringen kann. Aber der Fischschwanz fliegt zu Maldoror, um den Taschenkrebs zu verraten. Dieser merkt es jedoch und schießt ihn mit einem vergifteten Pfeil ab. Da richtet sich ein hundertjähriger Balken im Dachstuhl eines Schlosses auf und ruft laut nach Rache. Der Schöpfer, in der Gestalt eines Nashorns, sagt ihm aber, daß der Tod des Fischschwanzes gerecht war. Der Balken beruhigt sich wieder. Maldoror befiehlt nun Aghone, den Balken zu verbrennen. Danach erzählt Aghone, daß er einen Hahn gesehen hat, der mit seinem Schnabel einen Kandelaber spaltete und flügelschlagend ausrief: Es ist nicht so weit von der Rue de la Paix zum Place du Panthéon, wie man denkt; bald folgt der Beweis!

Der Taschenkrebs hat ein feuriges Pferd bestiegen und reitet zum Meer, er will eine Pilgerkarawane einholen und sie um Hilfe bitten; ein Lumpensammler hatte ihm von dem Vorfall auf dem Pont du Carrousel berichtet; der Taschenkrebs kommt jedoch zu spät. Inzwischen bringt Aghone den gefesselten Mervyn zum Place Vendôme und bindet seine Füße an ein Seil.

Das Nashorn hat erfahren, was passieren soll. Schweißbedeckt und keuchend erscheint es an der Ecke der Rue Castiglione. Maldoror steht auf der Vendômesäule, lädt seinen Revolver und schießt. Der Kommodore (er zieht seit Mervyns seelischer Veränderung bettelnd durch die Straßen) und die Mutter (die man wegen ihrer extremen Blässe das Schneemädchen nennt) werfen sich vergeblich in die Schußlinie, die Kugel durchlöchert das Fell des Nashorns, kann es aber natürlich nicht töten. Verdrießlich zieht sich der Schöpfer zurück.

Maldoror hat das andere Ende des Seils in der Hand. Er zieht nun Mervyn, der mit dem Kopf nach unten hängt, bis zur halben Höhe des Obelisken und läßt ihn wie eine Schleuder um die Säule kreisen, bis Seil und Säule einen rechten Winkel bilden. Dann öffnet er seine Faust, Mervyn fliegt wie ein Komet durch die Luft und prallt gegen die Kuppel des Panthéon, während das Seil die obere Wölbung umschlingt.

Wenn der Wind das verdorrte Skelett schaukelt, das auf der Kuppeloberfläche hängengeblieben ist, dann sollen die Studenten des Quartier Latin ein kurzes Gebet sprechen, aus Furcht vor einem ähnlichen Schicksal, aber das ist nur ein nichtssagendes Gerücht, um kleinen Kindern Angst einzujagen.

Ende des Sechsten Gesanges.

Es ist fünf Minuten vor halb zwölf.

Meine Hände schwitzen.

Die Sonne leuchtet durch den Nebel.

9. NOVEMBER

Isidore Ducasse braucht ein Pseudonym, denn »Die Gesänge des Maldoror« unter eigenem Namen erscheinen zu lassen, das ist ihm doch zu gefährlich.

Es gab einen Duhamel de Latréaumont (1690 in Rouen als Sohn eines königlichen Beamten geboren), der verpraßte sein Vermögen und zettelte dann eine Verschwörung gegen Ludwig den Vierzehnten an, er wollte die Normandie an Holland verkaufen. Das Komplott wurde verraten, Latréaumont bei der Verhaftung getötet. Seine Komplizen, darunter der Chevalier de Rohan, wurden auf dem Place de l'Hôtel de Ville hingerichtet.

Eugen Sue (1804–1857) veröffentlichte über diesen politischen Abenteurer einen Roman mit dem Titel »Latréaumont«.

Ducasse verändert einen Buchstaben und nennt sich *Comte de Lautréamont*.

Comte – das heißt Graf.

Nun will er »Les Chants de Maldoror« in der Buchhandlung Lacroix, Verboeckhoven (Boulevard Montmartre 15) erscheinen lassen.

Eben finde ich einen Zettel mit der Notiz: Latréaumont war auch eines der Pseudonyme von Karl May.

10. NOVEMBER

Ich wache gegen 5 Uhr früh auf und überlege, weshalb Maldoror eigentlich Mervyn umgebracht hat.

Als Schlagzeile: Warum mußte Mervyn sterben?

Es ist jetzt 9 Uhr durch, ich habe eben die Haustür aufgeschlossen, draußen ist es dunstig, aber nicht so kalt wie gestern. Ich lese noch mal die Stelle, wo Maldoror Mervyn begegnet: »... sein Bewußtsein kannte kein Symptom einer embryonalen Emotion, wie ihr zu Unrecht vermuten könntet.« Aber Mervyn flüchtete vor ihm, als ahnte er schlimme Absichten. »Er hielt mich für einen Übeltäter«, meint Maldoror, »er ist ein Schwachkopf.«

Weil Maldoror für böse gehalten wird, wird er tatsächlich böse. Ist es so? Dann wäre Mervyn schuld?

Der Schriftstellerverband lädt mich zu einem Gruppengespräch ein.

Martin hat nach dem Nachtdienst noch bis 12 Uhr Sonnabenddienst. Nach dem Mittagessen gehn wir erstmal schlafen.

Michael klingelt am späten Nachmittag, er hat immer noch keinen Freund gefunden.

Achim und Gerd kommen abends, ich koche ein Essen: Lasagnenudeln mit Bologneser Sauce, danach gibts warmen Quarkstrudel (aus dem Tiefkühlschrank in die Backröhre) und Kaffee. Vorher reparieren sie noch schnell den Schalter vom Deckenlicht im Wohnzimmer.

Wir trinken Wein bis Mitternacht, sehn nebenbei fern.

11. NOVEMBER

Achtmal nennt Ducasse im Ersten Gesang den Namen seines Freundes Georges Dazet.

Der hat dagegen protestiert, und als der Gesang wieder in einer Anthologie veröffentlicht wird, steht nur noch die Initiale D+++. Aber auch das ist Dazet noch zu deutlich, also ersetzt ihn Ducasse jetzt durch die Namen widerlicher Tiere: Krake, Laus und Kröte. In Strophe zehn wird er als Rinolophus bezeichnet, was ist das für ein Tier? Und in Strophe vierzehn als Acarus sarcpotus, der »die Krätze verursacht«.

Armer Dazet! Es hat ihm nichts genützt; die Literaturwissenschaftler, so schlau wie die Kriminalpolizei, haben doch herausgekriegt, wer mit der Kröte, der Laus und dem »Kraken mit dem seidigen Blick« gemeint ist. (Statt der dumme Junge froh ist, daß sein Name mal *unsterblich* sein wird. Wie viele möchten das, und schaffen es nie – vergessen in alle Ewigkeit!)

Heute vormittag wurde im Radio Goethes »Erlkönig« rezitiert, ich dachte gleich an den Sechsten Gesang. Dort der König, hier Maldoror, beide locken einen minderjährigen Jungen mit Versprechungen. Ich liebe dich, mich reizt deine schöne Gestalt, und bist du nicht willig, so brauch ich Gewalt.

Ist das nicht schon ein krimineller Sachverhalt?

Aber bei Goethe stört es keinen, der ist ein Klassiker.

Es muß eigentlich Elfenkönig, nicht Erlkönig heißen (dänisch: ellerkonge oder elverkonge).

Weil der Junge nicht will, wird er umgebracht, vom König der Elfen wie von Maldoror.

Das ist Mord, zumindest Totschlag, glaube ich.

12. NOVEMBER

Am 23. Oktober 1869 schreibt Ducasse einen Brief an seinen Verleger Verboeckhoven.

»Ich habe das Böse besungen wie Mickiewicz, Byron, Milton, Southey, A. de Musset, Baudelaire usw. es getan haben. Natürlich habe ich das Register ein wenig übertrieben gezogen, um etwas Neues im Sinne jener erhabenen Literatur zu schaffen, die die Verzweiflung nur besingt, um den Leser zu bedrücken und ihn das Gute als Heilmittel wünschen zu lassen. Also ist es im Grunde immer das Gute, was man besingt, nur ist die Methode philosophischer und weniger einfältig als die der alten Schule, deren einzige noch lebende Vertreter Victor Hugo und einige andere sind ...« Das klingt ja fast wie eine Verteidigung. Deuten sich schon Schwierigkeiten an? In diesem Brief bittet Ducasse vor allem darum, daß die Rezensionsexemplare an die wichtigsten Kritiker geschickt werden. Er erklärt sich sogar bereit, »in den folgenden Ausgaben einige zu starke Stellen streichen« zu wollen. Er wünscht, von der Kritik beurteilt zu werden. Die Kritiker, so meint er, würden ihn bekannt machen, und dann ginge alles von selbst.

(Die Neuerscheinungen wurden in den Tageszeitungen immer am Montag [französisch: lundi] rezensiert. Die Rezensenten nannte man deshalb lundistes.)

Ducasse wohnt jetzt Rue du Faubourg-Montmartre 32.

13. NOVEMBER

Am gleichen Tag, an dem Ducasse den Brief an Verboeckhoven schreibt, wird sein Buch von Auguste Poulet-Malassis (er ist der Verleger von Baudelaires »Blumen des Bösen«) angekündigt, und zwar im Bulletin trimestriel des publications défendues en France imprimées à l'étranger Nr. 7: »... Wie Baudelaire, wie Flaubert, so glaubt auch er, daß der ästhetische Ausdruck des Bösen den heftigsten Wunsch nach dem Guten enthält, die höchste Moral. Isidore Ducasse (wir waren so neugierig, seinen Namen zu erkunden) hatte unrecht, die Gesänge des Maldoror nicht in Frankreich drucken zu lassen ...«

Tatsächlich wurde das Buch im Ausland gedruckt: in Brüssel. Das scheint kein Zufall, sondern taktisches Verhalten der Verleger zu sein. Ahnten sie, was sie da drukken ließen?

Ich habe auf einmal keine Lust mehr zum Schreiben; es geht alles zu langsam, ich bin ungeduldig und unzufrieden.

Ich dusche mich, es ist halb zwei, die Sonne scheint ins Fenster, ein langer dumpfer Ton kommt von einem Lastkahn auf der Spree. Als ich über die Weidendammer Brücke gehe, fahren zwei Kähne aneinander vorbei.

Im Minimarkt kaufe ich Brot, Lebkuchen und Käse. Ich sehe nach Cordhosen im Exquisit, es gibt aber nur helle. In einer Buchhandlung gibt es *meinen* Geßner, die zweite Auflage, ich kauf einen.

Ich bin immer noch unzufrieden und leicht deprimiert, habe aber eigentlich keinen Grund.

Inzwischen ist es fünfzehn Uhr durch, und die rushhour beginnt, die Luft in der Friedrichstraße ist schon abgasgraublau.

Schnell nach Hause.

Erinnerung: Ich bin so alt wie Ducasse jetzt, dreiundzwanzig. Ich habe an der Oberschule in H. angefangen, als Lehrer. Ich habe 5 Elegien geschrieben und schicke sie an die Zeitschrift *SINN UND FORM*. Eine Elegie heißt

Sommer

Warm von Süden staubt der Wind
Wild und hell die Sonne brennt
In den Schatten stöhnt das Gras
Sommer glüht

Körper glänzen kupferbraun
O weißer Strand weißer Sand
Um den See aus mattem Glas
Wind von Süd

Rote Flügel hat die Zeit
Unterm Lidschlag zittert Blut
Heißer streicht der Traum durchs Haar
Zeit verblüht

Hitze schläft im dürren Heu
Urwaldtraum und schwarzes Glück
Himmel stürzt in tiefes Blau
Tag ist müd

Die Gedichte kommen zurück mit einem Brief.

»Sehr geehrter Herr Berkes, zu unserem Bedauern sehen wir in Anbetracht der Planung unserer kommenden Hefte wie auch in Berücksichtigung einer größeren Zahl bereits fest angenommener Beiträge keine Möglichkeit, Ihre uns freundlichst übersandten Gedichte zur Publikation vorzumerken. Wir denken daher auch in Ihrem Interesse zu handeln, wenn wir Ihnen diese zu Ihrer freien Verfügung zurückreichen. Mit hochachtungsvollem Gruß.«

Unterschrieben ist der Brief von Peter Huchel, dem Chefredakteur. Schreibt der nicht auch Gedichte? Wie kann er solch einen kalten Geschäftsbrief unterschreiben?

Ich gebe das Schreiben auf.

Ich fange wieder an zu zeichnen, ab und zu.

Auf der Straße treffe ich den siebzehnjährigen Bernd, den ich von früher flüchtig kenne. Er arbeitet jetzt als Schlosser, erzählt von seinen Freundinnen. Bernd besucht mich in meinem Untermieterzimmer. Einmal zeichne ich ihn, wie er nackt auf dem Bett liegt, ein kräftig gebauter Bursche mit dunklem Haar. Wir schlafen zusammen. Die Zeichnung ging verloren.

14. NOVEMBER

Vorgestern fing ich einen fantastischen Roman von den Strugazki an, den H. mir geschickt hat, kam aber nur bis Seite 41. Ich finde die Fiktionen langsam langweilig. Ich lese wieder in den Tagebüchern von H. C. Artmann und Walter Vogt.

Am 27. Oktober 1869 schreibt Ducasse wieder an Verboeckhoven, vorher hat er mit Lacroix, dem Teilhaber, gesprochen. Es geht um die Vertragsbedingungen, er ist einverstanden, daß das Buch etwas teurer verkauft wird.

»Übrigens werden die Geister dort drüben (er meint: in Belgien) besser als in Frankreich vorbereitet sein, um Geschmack an solcher Dichtkunst der Empörung zu finden. Ernest Naville (Korrespondent des Institut de France) hat voriges Jahr in Genf und in Lausanne, unter Anführung der Philosophen und verworfenen Dichter, Vorträge über »Das Problem des Bösen« gehalten, die durch einen unmerklichen Strom, der breiter und breiter wird, ihre Spur in den Geistern hinterlassen haben müssen. Danach hat er sie in einem Band zusammengefaßt. Ich werde ihm ein Exemplar schicken. In den folgenden Ausgaben wird er von mir sprechen können, denn ich nehme mit größerem Nachdruck als meine Vorgänger diese seltsame These wieder auf, und sein Buch ... wird mich direkt in Frankreich bekannt machen. Das ist eine Sache der Zeit.«

Ernest Navilles »Das Problem des Bösen« erschien 1868 in Genf, in der Buchhandlung Cherbuliez.

Ob Ducasse ihm tatsächlich ein Exemplar der »Gesänge des Maldoror« geschickt hat?

»Diese seltsame These«, von der Ducasse schreibt: die Darstellung des Bösen erzeugt den Wunsch nach dem Guten.

Stimmt das?

Die Frage ist mir zu abstrakt.

Was mir an diesem Brief wieder auffällt: der Ehrgeiz Ducasses, bekannt zu werden.

Ich höre gerade Beethovens Violinenkonzert.

Martin will übers Wochenende zu seinen Eltern fahren. Ich schwanke, ob ich mitfahren soll, kaufe aber vorsichtshalber zwei Platzkarten am Ostbahnhof.

Beim Schriftstellerverband bezahle ich meine Beiträge. 10 Jahre bin ich jetzt schon Kandidat. Im Statut steht: »Die Zeit der Kandidatur beträgt in der Regel bis zu 5 Jahre.« Man hat mir gesagt, daß ich 2 Bücher veröffentlicht haben muß, ehe ich Mitglied werden kann. Im Statut steht das allerdings nicht.

15. NOVEMBER

Ducasse hat seine 20 Exemplare bekommen, wie er es wollte. Aber »Die Gesänge des Maldoror« erscheinen nicht im Buchhandel, obwohl sie im Katalog angezeigt sind.

Das Buch hat 332 Seiten.

Die Auflage kostet 1 200 Francs, davon hat Ducasse erst 400 bezahlt.

Warum erscheint es nicht?

Lacroix & Verboeckhoven liefern das Buch nicht aus, weil sie den Staatsanwalt fürchten.

Das muß ein Schlag für Ducasse sein; vielleicht hat er auch schon gewußt oder zumindest geahnt, daß es so kommen würde.

Er faßt sich aber schnell.

Ein neues Jahr beginnt: 1870.

Am 21. Februar schreibt er wieder an Verboeckhoven: »Wissen Sie, ich habe meine Vergangenheit verleugnet. Ich besinge nur noch die Hoffnung; aber dazu muß man zuerst den Zweifel dieses Jahrhunderts angreifen (Schwermut, Trauer, Schmerz, Verzweiflung, grausiges Gewieher, künstliche Schlechtigkeiten, kindischen Hochmut, komische Flüche usw.). In einem Werk, das ich Lacroix in den ersten Märztagen bringen werde, greife ich die schönsten Dichtungen von Lamartine, von Victor Hugo, von Alfred de Musset, von Byron und von

Baudelaire auf und verbessere sie im Sinne der Hoffnung; ich zeige, wie man es hätte machen müssen. Zugleich verbessere ich darin sechs der schlechtesten Stellen meines verdammten Buches.«

Zum Verlag, aber meine Lektorin ist krank. Auf dem Heimweg treffe ich die Lektoratsleiterin für DDR-Literatur, sie hat mir das Signalexemplar von »Tandem« vor die Wohnungstür gelegt. Ich bin überrascht, daß es schon fertig ist. Susannes Umschlag ist hübsch, aber ihr erster Entwurf wäre doch besser gewesen. Nach 8 Jahren halte ich wieder ein eigenes Buch in den Händen. (Bis zum nächsten darf es aber nicht so lange dauern.)

Ein Brief von Mutter. Ihr Jugendfreund ist gestorben, nach einem Beckenbruch, vom Auto angefahren. Er war einundachtzig.

Nun hat sie keinen mehr, der sie sonntags besucht.

Er war ihre erste Liebe, aber ihre beste Freundin hat ihn geheiratet. Nach vierundfünfzig Jahren haben sie sich, inzwischen beide verwitwet, wiedergefunden. Eine kurze, wehmütige Altersliebe.

16. NOVEMBER

Gestern abend in der Revue im neuen Friedrichstadtpalast. Viel Glitzer, aber wenig Esprit. Während Caterina Valente singt, kriege ich einen Krampf im Bein.

In der Nacht ein feines Geräusch am Fenster. Morgens sehn wir: Es hat geschneit.

Wieder schreibt Ducasse einen Brief (es ist der letzte, der erhalten blieb) an den Bankier Darasse, am 12. März 1870. Er beginnt so: »Lassen Sie mich ein wenig zurückgreifen. Ich habe ein Werk mit Dichtungen bei M. Lacroix veröffentlicht. Aber nachdem es gedruckt war, hat er sich geweigert, es erscheinen zu lassen, weil das Leben darin in zu herben Farben gemalt ist und weil er den Staatsanwalt fürchtete. Es war etwas in der Art des ›Manfred‹ von Byron und des ›Konrad‹ von Mickiewicz, nur noch viel schrecklicher.«

Er fährt fort: »Das dichterische Gewinsel dieses Jahrhunderts ist nichts als scheußlicher Sophismus. Langeweile, Schmerzen, Trauer, Schwermut, Tod, Schatten, Düsternis usw. besingen, heißt mit aller Gewalt nur die kindischen Kehrseiten der Dinge sehen wollen ... Immer muß geflennt werden. Darum habe ich die Methode vollständig geändert, um ausschließlich DIE HOFFNUNG, DIE ZUVERSICHT, DIE RUHE, DAS GLÜCK, DIE PFLICHT zu besingen.«

Und zum Schluß: »Mein Buch wird erst in vier oder fünf Monaten fertig sein. Aber inzwischen möchte ich meinem Vater das Vorwort schicken, das sechzig Seiten umfaßt, bei A. Lemerre. So wird er sehen, daß ich arbeite, und mir die Gesamtsumme für den späteren Druck des Buches schicken.«

Er bittet den Bankier um 200 Francs für den Druck des Vorwortes.

Die Poesie
muß von allen
gemacht werden

17. NOVEMBER

Um vier Uhr auf, es ist kalt und finster. Zum Bahnhof Lichtenberg. Wie viele Leute verreisen wollen ... Zum Glück haben wir Platzkarten.

In Weimar fallen träge dicke Flocken am Zugfenster vorbei. In Arnstadt ist alles wieder weg, und Martin ärgert sich ein bißchen, er wollte durch Schnee wandern.

Mittags sind wir bei seinen Eltern. Es gibt Kohlrouladen.

18. NOVEMBER

Wir machen einen Gang durch den Wald, auf den Kohlberg. Die Lärchen haben ihre Nadeln abgeworfen, der Boden ringsum ist lehmfarben. Oder wie Kamelhaar. So hab ich das noch nie gesehn. In der Stadt riecht es nach Schwefeldioxid, die Schornsteine auf den alten Ziegeldächern qualmen gräulich-schwarz.

19. NOVEMBER

Nach Leipzig. Ich war ein Jahr lang nicht in meiner Wohnung. Ulrich K., der sie während seines Studiums am Literaturinstitut benutzt, schläft diese Nacht woanders.

Wir besuchen Thomas Böhme und Uta, sehn uns ihre Parterrewohnung und ihre Tochter Henriette an, essen Abendbrot und reden.

Unruhige Nacht zu zweit auf der Liege (auf ihr haben wir das erstemal zusammen geschlafen, 1973).

20. NOVEMBER

Frühmorgens die lauten Geräusche im Haus, Schritte auf der Treppe, Türenschlagen, Wasser rauscht im Bad.

Nein, ich möchte nicht im Neubau wohnen.

Martin fährt nach Berlin zurück.

Als ich bei Baldwin bin, ruft Martin dort an, Mutter hat ein Telegramm geschickt, ich soll nach Hause kommen.

Zum Zirkel. Die Studenten spendieren zwei Flaschen Wein. Wir sprechen über Manuskripte. Ich mache eine Stunde eher Schluß und fahre im überfüllten Zug nach Eisenach. Um halb zehn nachts bin ich bei meiner Mutter. Sie hat sich im Datum geirrt, der Angestellte vom Rat des Kreises kommt erst übermorgen, wegen der Eingabe an den Staatsrat.

22. NOVEMBER

Um 9 kommt der stellvertretende Bürgermeister und der Angestellte vom Rat des Kreises. Sie teilen Mutter mit, daß der Enkel eine Werkswohnung bekommt, die Mitte Dezember frei wird. Wir freuen uns. Mutter überlegt gleich, wie sie die Wohnung dann einrichtet.

Mittags fahre ich wieder, bin nachts in Berlin. Martin liest mir die Post vor. Dann unter die Dusche und ins Bett.

23. NOVEMBER

Bernd Heimberger bringt sein Manuskript, ein Tagebuch über das Sterben seiner Mutter.

Nach ihm kommt Michael, später kommen noch zwei Bekannte. Ich habe eigentlich keine Lust, mich zu unterhalten, Tee zu brühen oder Weinflaschen zu öffnen, aber Martin freut sich über jeden Besuch. Ich möchte mich lieber mit Ducasse beschäftigen.

Nach Mitternacht ist das Zimmer vom Zigarettenrauch verqualmt.

24. NOVEMBER

Herbststürme in Europa (bis 180 km/h), auch über Berlin.

Heute ist Ducasses 114. Todestag.

Ria klingelt, schenkt Martin noch was zum Geburtstag, will gleich wieder gehn, wir trinken eine Tasse Kaffee.

25. NOVEMBER

Martin bäckt sechs große Stollen, die ganze Wohnung duftet. Ich lese wieder Walter Vogts Tagebuch »Vergessen und Erinnern«.

Abends kommt Ulrich.

In Uruguay ist heute ein ziviler Staatspräsident gewählt worden, nach elfjähriger Militärdiktatur: Sanguinetti, von der bürgerlichen Colorado-Partei.

General Seregni von der Frente Amplio (Breite Front) hat ihm tatkräftige Unterstützung zugesichert. (In der Frente Amplio sind die Sozialistische Partei, die Kommunistische Partei, die Christdemokratische Partei und andere organisiert. Sie erhielt rund 19 % der Stimmen.)

Sanguinetti ist so alt wie ich.

26. NOVEMBER

Das Vorwort, von dem Ducasse im letzten Brief schreibt, hat den Titel »Poésies«. Man müßte es mit »Poesien« übersetzen, aber dieser Plural ist selten und altmodisch, ich werde die Einzahl verwenden.

»Poesie I« hat als Motto: »Ich ersetze die Melancholie durch den Mut, den Zweifel durch die Gewißheit, die Verzweiflung durch die Hoffnung, die Bösartigkeit durch das Gute, die Klagen durch die Pflicht, den Skeptizismus durch den Glauben, die Sophismen durch die Kälte der Ruhe und den Hochmut durch die Bescheidenheit.«

Ein Widerruf der »Gesänge des Maldoror«?

Ein dialektischer Widerspruch?

Die Negation der Negation?

Im Bösen geht es nicht, also muß er es im Guten versuchen? Vielleicht. Warum nicht?

Und welcher Name steht in der Widmung an erster Stelle?

Georges Dazet!

Aber dann folgen noch fünf andere:

Henri Mue, Pedro Zurmaran, Louis Durcour, Joseph Bleumstein, Joseph Durand.

So allein, wie ich immer glaubte, scheint Ducasse in Paris nicht zu sein. (Es sind keine ehemaligen Mitschüler, die werden extra genannt.) Die Namen sind nicht alphabetisch geordnet. Ist demnach Henri Mue der zweitwichtigste? Ist er auch blond? Hat er Ducasse geliebt? Ist Pedro Zurmaran vielleicht ein Uruguayer?

Nach 114 Jahren sind nur noch die Namen da.

Ducasse widmet das Buch auch »den vergangenen, gegenwärtigen und zukünftigen Freunden«.

Eine schöne Widmung.

Martin kommt vom Spätdienst und ist wieder ziemlich deprimiert. Am liebsten würde er dort aufhören.

Die »Poesie« beginnt gleich mit einer schallenden Ohrfeige für die Dichter des 19. Jahrhunderts: »Das poetische Gewinsel dieses Jahrhunderts ist nichts als Sophismus.«

Klatsch! Das hat gesessen.

Dieser Satz steht schon in dem Brief an den Bankier Darasse.

Was ist eigentlich Sophismus? Spitzfindigkeit, Scheinwissen, Wortverdrehung (Kleines Fremdwörterbuch)

Trugschluß mit Täuschungsabsicht; Spitzfindigkeit (Duden)

Ein Scheinargument, mit dessen Hilfe ein Sachverhalt verdreht wird (Meyers Neues Lexikon)

Jedenfalls: eine radikale Absage an die zeitgenössische Literatur.

»Jawohl: ich will das Schöne auf einer goldenen Lyra verkünden, nach Abzug der kropfartigen Traurigkeit und des dummen Stolzes, die die sumpfige Poesie dieses Jahrhunderts an ihrer Quelle zersetzen.«

Eine Lyra: die Leier; griechisches Saiteninstrument, 5 oder 7 Saiten, mit einem Plektron gezupft.

11 Uhr. Ronald kommt. Groß, immer noch ganz in modisches Schwarz gekleidet, mit langen Locken. Er bringt Zeitungen und 2 Bücher mit.

Eins ist von ihm und heißt »Petra. Ein Märchen«, eine einmalige Ausgabe von 200 Exemplaren. Ganz dickes Papier, mit großen Siebdrucken illustriert.

Nach der »Kleinstadtnovelle« sein zweites Buch.

Ronald hat immer noch vor, in die DDR überzusiedeln.

Abends in die Kammerspiele. »Zwei auf einer Bank«, ein sowjetisches Stück.

Zwei einsame Menschen, die nicht zueinander kommen.

Woran liegt das? Sie sind nicht offen, sondern spielen Rollen.

28. NOVEMBER

Ronald hat Christoph Geisers neuen Roman »Wüstenfahrt« mitgebracht. Und wie immer, wenn ich anfange, einen Roman zu lesen, gerate ich in einen Sog und kann nur schwer wieder aufhören.

Ich komme zu nichts anderem.

Ich mache noch schnell eine Liste der Namen, die Ducasse angreift: Eugen Sue, Walter Scott, Fenimore Cooper, Alexandre Dumas der Jüngere, Balzac, Victor Hugo, Voltaire, Alfred de Musset, Jean-Jacques Rousseau, Edgar Allan Poe, Lamartine, George Sand, Flaubert, Leconte de Lisle, Baudelaire, Goethe, Mickiewicz und Saint-Beuve.

Das sind nur die bekanntesten Literaten.

Was wirft Ducasse ihnen vor?

»Wenn ihr unglücklich seid, dürft ihr es dem Leser nicht sagen. Behaltet es für euch.«

Oder anders: »Übermittelt denjenigen, die euch lesen, nur die Erfahrung, die aus dem Leid hervorgeht, und nicht mehr das Leid selbst ist. Weint nicht in der Öffentlichkeit.«

Und diesen Satz zeige ich Martin: »Leiden ist eine Schwäche, wenn man es abwenden und etwas Besseres tun kann.«

Martin bezieht den Satz gleich auf sich, fühlt sich getroffen.

29. NOVEMBER

Die Literatur ist nicht um einen Millimeter vorangekommen, meint Ducasse, zwei Seiten weiter.

Sie ist zurückgegangen.

Schuld sind »die großen Weichköpfe unserer Epoche, die Schwächlinge:

Chateaubriand – der melancholische Mohikaner
Jean-Jacques Rousseau – der meckernde Sozialist
Edgar Poe – der Mameluck mit den Alkoholträumen
George Sand – der beschnittene Hermaphrodit
Leconte – der Gefangene des Teufels
Goethe – der Trauerselbstmörder
Sainte-Beuve – der Witzselbstmörder
Lamartine – der weinerliche Storch
Victor Hugo – die schauerliche grüne Bohnenstange
Mickiewicz – der Nachfolger Satans
Musset – der Geck ohne geistiges Hemd
Byron – das Nilpferd des höllischen Dschungels«

Und Ducasse begründet noch mal seine Ablehnung dieser Literatur: »Melancholie und Traurigkeit sind schon der Anfang des Zweifels; der Zweifel ist der Anfang der Verzweiflung; die Verzweiflung ist der grausame Anfang der verschiedenen Stufen der Bosheit.«

Martin muß nach Senftenberg, zu einer Fortbildungstagung. Ich lese Christophs Roman durch, werde dabei leicht deprimiert. Er beschreibt das Zerbrechen der Beziehung zu seinem älteren Freund, nach 7 Jahren. Die langsame Entfremdung, Heimlichkeiten, Eifersucht, Enttäuschungen, die Angst vor dem Terror der öffentlichen Meinung.

Nachts im TV dann noch »Die Katze auf dem heißen Blechdach«.

30. NOVEMBER

Ich habe in Martins Nachthemd und unter seinem Deckbett geschlafen.

Traum gegen Morgen: Ich irre durch eine zerstörte Stadt (Kraków?) und schluchze, weil alles kaputt ist, nur noch Ruinen.

Nachmittags zu einem Gruppengespräch des Schriftstellerverbandes im Otto-Grotewohl-Haus in Pankow. Man redet über Ökonomie und Moral, Ideal und Wirklichkeit.

Ich schweige, wie immer.

Die andern reden ja genug.

Beim unauffälligen Verschwinden vergesse ich dann, meinen Gin zu bezahlen.

1. DEZEMBER

Wenn ich so radikal wäre wie Ducasse, wen müßte ich dann in der Literatur des 20. Jahrhunderts ablehnen?

Márquez zum Beispiel, Thomas Mann, Rilke, Christa Wolf, Böll, Fallada, Hauptmann, Trakl, Franz Kafka, Peter Handke, Musil, Hemingway ...

Aber so radikal bin ich ja nicht.

Es soll bloß eine Analogie sein.

2. DEZEMBER

Traum: Ich soll für Helga Schubert einen Preis abholen, es ist an einem Kiosk, zwei Frauen bringen eine Art Ballonmütze, grau und rotbraun, ich äußere Zweifel, ob sie Helga Schubert auch passen wird, die Frauen sagen, daß es sowieso die letzte ist, dann geben sie mir aber statt des Hutes 40 Mark.

Wie komme ich bloß zu so blödsinnigen Träumen?

Mit Martin nach Weißensee, auf den jüdischen Friedhof, eine riesige Anlage. Mächtige Monumente, düster, von Efeu umwuchert. Dazwischen Bäume, wild. Trockne Zweige auf den Wegen. Ganz anders als der jüdische Friedhof in Prag.

3. DEZEMBER

Schon wieder was über AIDS, heute im Rundfunk. Es breitet sich immer mehr aus, in den USA vor allem und in einigen westeuropäischen Ländern. Am schnellsten unter homosexuellen Männern, weil die am häufigsten die Partner wechseln. Aber es werden sich auch Heterosexuelle anstecken, besonders bei drogensüchtigen Prostituierten. Die Mediziner raten zu Einschränkung von Sexualkontakten.

Man hat noch keinen Impfstoff.

Und bei diesem Wettrüsten natürlich auch nicht genügend Geld für die Forschung.

Merkwürdige Wahrnehmung:

Ein junger Mann von Mitte Zwanzig, der mir auf der Straße begegnet, ist mir fremder als Ducasse, der schon über hundert Jahre tot ist.

Von dem Jungen seh ich bloß das Äußere.

Ducasse läßt mich, durch das was er aufgeschrieben hat, in sich hineinsehen.

Drücke ich mich verständlich aus?

4. DEZEMBER

Im Zug nach Leipzig lese ich »Moise und die Welt der Vernunft« von Tennessee Williams. Ein Buch, das ich mehrmals lesen werde, mindestens aber noch einmal.

Ich finde auch eine gute Formulierung über den Zweck des Schreibens:

»Aus sich selbst herauszukommen.«

Manchmal habe ich das Gefühl, mein Ich sitzt in meinem Körper und steuert ihn, wie ein Fahrzeug, wie einen Kran. Ist der Körper nur eine Hülle?

Die sterbliche Hülle.

Wenn ich in den Spiegel sehe, dann staune ich, daß die Hülle schon so alt ist. (Älter als das Ich.)

Ich kann mir gut vorstellen, einen anderen Körper zu haben.

Aber kein anderes Ich.

Der Zug hat Verspätung. Ein Mann im Abteil sagt mehrmals zu seiner Frau: »Das ist kein D-Zug, sondern ein Stehzug.«

Der Zirkel veranstaltet eine Lesung in Haralds Brigade. Die anschließende Diskussion ist mühsam. Die Leute sind müde nach der Schicht. Wir machen danach in unserem Raum weiter. Ilona liest ein Porträt über ihren Direktor, der erst menschlich und zugänglich wird, wenn er was getrunken hat. Michael, der Elfjährige, hat eine Science-fiction-Geschichte geschrieben, die witzig ist, wir lachen sehr. Die hätte er in der Brigade lesen sollen.

Wie jedesmal bin ich froh, wenn der Zug wieder in Schönefeld ist. Ich steige in die S-Bahn, Ostkreuz steige ich um, Richtung Friedrichstraße, ich habe gleich Anschluß. Kurz nach 21 Uhr bin ich zu Hause.

5. DEZEMBER

Am 4. April 1870 wird Isidore Ducasse vierundzwanzig Jahre alt.

Hat er seinen Geburtstag gefeiert?

Was ich vor allem wissen möchte: mit wem?

Ende April erscheint die erste Broschüre des Vorwortes, »Poesie I«. Diesmal unter seinem richtigen Namen, aber nicht bei A. Lemerre, wie er im März an den Bankier Darasse schrieb, sondern in der Librairie Gabrie, Passage Verdeau 25.

Preis: ein Franc.

Auf der Rückseite dieser Broschüre teilt Ducasse jedoch mit: »Für diese permanente Veröffentlichung ist kein Preis festgesetzt worden. Jeder Abonnent setzt für sich selbst den Preis für sein Abonnement fest. Er gibt im übrigen nur soviel, wie er will. Die Personen, die die beiden ersten Lieferungen bekommen, werden gebeten, sie nicht zurückzuweisen, unter welchem Vorwand auch immer.«

Hofft er, daß manche Leute mehr als einen Franc bezahlen?

Fürchtet er, daß Georges Dazet (oder ein anderer) die Broschüre zurückweist, weil sein Name in der Widmung genannt wird?

»Aus sich selbst herauskommen«, das heißt auch: sich ausdrücken, wie eine Zahnpastatube, bis nur die leere Hülle übrigbleibt. Und wenn ich mich gut ausgedrückt habe – bin ich dann in diesen Sätzen enthalten?

Ich hole das Paket mit den 25 Freiexemplaren »Tandem« von der Post. Diesmal werde ich geiziger sein als beim ersten Buch. Die 25 Exemplare reichen sowieso nicht.

6. DEZEMBER

Auch im Ärztemagazin *Medizin aktuell*, das Martin abonniert hat, ein Artikel über AIDS.

Ende 1983 gab es manifest Erkrankte: in den USA

2259, in Westeuropa 267, davon in der BRD 43. Und die Zahlen steigen kontinuierlich an.

»Die Prognose ist sehr ernst, die Epidemiologie noch weitgehend ungeklärt.«

Epidemiologie, sagt das Wörterbuch der Medizin, ist die Lehre von den Epidemien.

Das hätte ich mir eigentlich denken können.

Ein Kärtchen von Hubert Fichte:

»Was macht Ihre Arbeit über Lautréamont? Das ist wichtig und interessiert mich sehr.«

Ob Hubert Fichte auch Angst vor AIDS hat?

Beim Club des Verlages treffe ich Richard Pietraß. Er will eine der beiden Bürgschaften für meine Verbandsaufnahme schreiben. Er hat sich in seinem Gutachten dafür eingesetzt, daß auch die erotischen Gedichte in »Tandem« erscheinen. Ich gebe ihm ein Exemplar. Er möchte natürlich was reingeschrieben haben, vorn. Das fällt mir immer schwer.

Nachts träume ich: Ich komme von einer Reise zurück. Der Briefkasten ist voll Zettel, ich stopfe sie in meine Manteltasche. Die Wohnungstür steht offen. Martin liegt auf der Couch, die Arme unter dem Kopf verschränkt, sieht mich nicht an. Er will nichts mehr von mir wissen. Da kommt auch schon sein neuer Lover, groß und jung, mit einem dünnen dunklen Flaum über der Oberlippe. Er sagt gleich: Ich wische jetzt mal die Treppe.

Ich weiß: Mit dem wird Martin nicht glücklich, der würde eher noch zu mir passen, wenn überhaupt.

Ich bin sehr traurig.

7. DEZEMBER

Die Dezembersonne strahlt flach ins Zimmer. Männerstimmen im Hof; dumpfes Aufschlagen von Bierfässern; der Heizer schaufelt Kohlen in seine Eimer.

Ich fange mit »Poesie II« an.

(Auf der Innenseite der Broschüre gibt Ducasse seine Adresse bekannt: Rue de Faubourg – Montmartre 7. Hofft er auf Leserbriefe?)

Die zweite Broschüre also.

Fortsetzung des Vorwortes. Maximen. Sätze wie Hammerschläge:

»Brüderlichkeit ist kein Mythos.«

Im Original:

»La fraternité n'est pas un mythe.«

»Im Unglück vermehren sich die Freunde.«

»Güte, Dein Name ist Mensch.«

»Ich akzeptiere das Böse nicht. Der Mensch ist vollkommen. Es gibt den Fortschritt. Dem Guten kann man nichts anhaben.«

»Die Liebe zu einer Frau ist unvereinbar mit der Liebe zur Menschheit. Die Unvollkommenheit muß zurückgewiesen werden. Nichts ist unvollkommener als der Egoismus zu zweit. Im Leben wimmelt es von Mißtrauen, Beschuldigungen und mit Pulver geschriebenen Schwüren.«

Ich sehe bei Rimbaud nach und vergleiche:

»Ich liebe die Frauen nicht. Die Liebe muß wieder erfunden werden, jeder weiß das. Sie wollen versorgt sein, sonst nichts. Haben sie den Kerl, sind Herz und Schönheit abgetan: Nichts bleibt, nur kalte Verachtung, das Brot einer Ehe von heute ... Ich sehe Frauen, die sind wie geschaffen für das Glück, und ich – gute Kameradinnen hätte ich aus ihnen gemacht, wären sie nicht längst verbraucht von irgendeinem Klotz, der Gefühle hat wie Scheiterhaufen ...« (»Ein Sommer in der Hölle«. 1873)

Ändert sich das Rollenverhalten nicht?

Eben lese ich wieder etwas über Transsexualismus. Wenn ein Mann sein Geschlecht wechseln will, hat er zunächst einen Antrag auf operative Geschlechtsumwandlung zu stellen, dem eine vom Ministerium für Gesundheitswesen beauftragte Expertenkommission zustimmen muß. Natürlich nach gründlicher Prüfung aller Umstände, denn die Umwandlung ist nicht wieder rückgängig zu machen.

Dann bekommt der männliche Transsexuelle Östrogene (weibliche Sexualhormone). Aber nicht immer folgt darauf die Vergrößerung der Brustdrüsen, und häufig werden Stimme, Bartwuchs und Körperbehaarung wenig oder gar nicht beeinflußt.

Bei der Operation schließlich werden Hoden und Penis entfernt und eine Neovagina, die eine Länge von 10, möglichst 12 bis 15 cm haben sollte, sowie eine Vulva (Schamlippen) konstruiert und eine neue Mündung der Harnröhre geschaffen.

In der DDR wird dieser Eingriff nur an Volljährigen vorgenommen. Die Mediziner in zahlreichen Ländern beobachten eine Zunahme dieses Phänomens, daß immer mehr Männer Frauen werden wollen. Woran liegt das?

Die sexuellen Tabus werden allmählich doch abgebaut.

8. DEZEMBER

Die »Poesie« macht mir Schwierigkeiten, ich verstehe nicht alle Maximen.

Aber diese verstehe ich:

»Wenn ich mein Denken zu Papier bringe, entgeht es mir nicht. Diese Tat bringt mir meine Kraft in Erinnerung, die ich immer wieder vergesse.«

Das ist eine *Entwendung* von Pascal, bei dem es hieß: »Wenn ich mein Denken zu Papier bringe, entgeht es mir manchmal; das bringt mir meine Schwäche in Erinnerung, die ich immer wieder vergesse ...«

Ich finde Ducasses Version richtiger.

Eine andere Verbesserung.

»Es ist der Beweis einer geringen Freundschaft, die Entfremdung unserer Freunde nicht zu bemerken.« (La Rochefoucauld)

Und Ducasse macht daraus: »Es ist ein Freundschaftsbeweis, die Zunahme der Freundschaft unserer Freunde nicht zu bemerken.«

Noch ein Beispiel?

»Alles ist gesagt und man kommt seit mehr als siebentausend Jahren, seit es Menschen gibt – und sogar denkende – zu spät. Was die Sitten betrifft, ist das Schönste und Beste schon fortgenommen worden. Nach den Alten und den Schlauen unter den Modernen kann man nur Ähren lesen.«

La Bruyères larmoyante Sentenz wird von Ducasse so verbessert: »Nichts ist gesagt. Man kommt seit mehr als siebentausend Jahren, seit es Menschen gibt, zu früh. Was die Sitten so wie alles andere betrifft, ist das weniger Gute schon fortgenommen worden. Wir haben den Vorteil, als Nachfolger der Alten und der Schlauen unter den Modernen zu arbeiten.«

La Bruyère war Mitglied der Akademie.

Ducasse nicht.

Plagiat?

»Das Plagiat ist notwendig. Der Fortschritt schließt es mit ein. Es hält sich dicht an dem Satz eines Verfassers, bedient sich seiner Ausdrücke, beseitigt eine falsche Idee, ersetzt sie durch die richtige.«

Das ist höchst modern.

Auch in »Tandem« gibt es ein Plagiat, die Veränderung eines fremden Gedichts. Nein, die »Buckower Elegie« ist es natürlich nicht. Vielleicht findet es ein Literaturwissenschaftler heraus?

In Ducasses »Poesie« haben die Literaturwissenschaftler einige entwendete Maximen und Gedanken gefunden:

27 von Pascal
35 von Vauvenargues
3 von La Rochefoucauld
1 von La Bruyère
1 von Dante

Marquis de Vauvenargues (1715–1747) war Moralphilosoph, ein Gegner des Rationalismus; mit Voltaire befreundet.

Seine Gedanken müssen Ducasse wohl als besonders verbesserungsbedürftig erschienen sein.

10. DEZEMBER

Ducasse verbessert auch, wie er schon angekündigt hat, »sechs der schlechtesten Stellen meines verfluchten Buches«.

Eine davon, im Ersten Gesang, lautete: »Stürme, Schwestern der Orkane; bläuliches Firmament, dessen Schönheit ich nicht gelten lasse; heuchlerisches Meer, Abbild meines Herzens; Erde, mit geheimnisvollem Inneren; Bewohner der Sphären; ganzes Weltall; Gott, der du das mit Pracht geschaffen hast, dich rufe ich an: zeige mir einen Menschen, der gut ist! ... Aber daß deine

Gnade meine natürlichen Kräfte verzehnfache, denn beim Anblick dieses Monsters könnte ich vor Erstaunen sterben: man stirbt an weniger.«

Und die Verbesserung jetzt: »Das Firmament, dessen Schönheit ich anerkenne, die Erde, Ebenbild meines Herzens, ich rief sie an, damit sie mir einen Menschen zeigte, der sich nicht für gut hielt. Der Anblick dieses Ungeheuers, wäre er verwirklicht worden, hätte mich nicht vor Erstaunen sterben lassen: man stirbt an mehr.«

Abends zu Christian und Karsten, es sind auch noch einige andere da, die ich nicht kenne. Wieder über Homosexualität. Wie gut sie alle reden können. Mir ist das zu theoretisch. Mich würden persönliche Erfahrungen mit Liebe und Sexualität interessieren. Warum frage ich sie nicht danach? Vielleicht spricht man darüber nicht.

12. DEZEMBER

Im Nebel nach Leipzig.

Ich steige immer in den hinteren Teil des Zuges, aus Angst vor einem Zusammenstoß. In der Mitte soll es am sichersten sein, aber da sind die Wagen der ersten Klasse und der Speisewagen.

So vorsichtig, so um mein Leben besorgt bin ich erst, seit ich Martin kenne.

Seitdem steige ich auch nicht mehr in ein Flugzeug. Bei meinen früheren Flügen war ich überzeugt, daß ich auf jeden Fall einen Absturz überleben würde, vielleicht als einziger.

So sicher bin ich nicht mehr.

Warum soll das, was anderen passiert, nicht auch mir passieren? Ich passe jetzt besser auf mich auf.

Um Martin mache ich mir heute Sorgen, weil er mit

dem Betriebshandwerker im Auto unterwegs ist, bei Königs Wusterhausen Regale für die Apotheke abholen, in diesem Nebel.

Ich rufe mittags an, aber immer ist besetzt.

Dann muß ich zum Zirkel. Wir reden über Manuskripte, anschließend feiern wir ein bißchen, bei Kaffee, Wein und belegten Brötchen. Harald hat einen Plattenspieler mitgebracht und macht Musik. »Wish You Where Here« singen Pink Floyd. (Eigentlich wollte Martin heute mitkommen, aber er muß noch den kranken Chef vertreten.)

Plötzlich fängt Kristina zu weinen an. Ihre Mutter will ihr verbieten, zum Zirkel zu kommen, weil ihr Zeugnis nicht so gut ist. Und dazu ist noch ihr Freund weggelaufen. Ich rede ihr zu. Michaela, ihre Zwillingsschwester, nimmt sie in den Arm. (In einer Woche werden sie siebzehn.)

Gerade jetzt muß ich gehen, sonst verpasse ich meinen Zug.

Ich lese weiter in Helga Schuberts neuem Buch »Blickwinkel«. Ich mag ihre Geschichten. Eigentlich wollte ich sie in einem Gedicht porträtieren, das ist mir leider nicht gelungen. In Schöneweide ist es kalt. Ich muß lange auf die S-Bahn warten.

Martin ist schon eingeschlafen. Ich krieche mit unter seine Decke, damit er mich wärmt.

13. DEZEMBER

Ducasse meint: »Es gibt eine Logik für die Poesie. Es ist nicht dieselbe wie die der Philosophie. Die Philosophen sind den Dichtern nicht ebenbürtig. Die Dichter haben das Recht, sich den Philosophen als überlegen zu betrachten.«

Und einige Zeilen weiter: »In den Dichtern ist der Denker enthalten.«

Ich geh ins Labor, Blut aus der Fingerkuppe.

Danach, um 16 Uhr, zum Berliner Schriftstellerverband zu einem Podiumsgespräch über aktuelle Fragen der Innen- und Außenpolitik, das bis 18 Uhr 30 dauert.

14. DEZEMBER

Ich lese in H. C. Artmanns Tagebuch »Das Suchen nach dem gestrigen Tag«. Zu mehr komme ich nicht.

Käte, eine Bekannte aus dem Vogtland, ist zu Besuch und bleibt übers Wochenende.

15. DEZEMBER

Martin beklagt sich, daß ich zu ordentlich bin.

16. DEZEMBER

Dünner Schnee; kalt.

Ulrich kommt zum Kaffeetrinken, er borgt mir Nietzsches »Also sprach Zarathustra«, Ausgabe von 1921.

Dreizehn Jahre nach Ducasse geschrieben. Ob man Maldoror und Zarathustra vergleichen kann?

»Die Erde, sagte er, hat eine Haut; und diese Haut hat Krankheiten. Eine dieser Krankheiten heißt zum Beispiel: ›Mensch‹.« (»Also sprach Zarathustra«, 2. Teil)

Das könnte auch Maldoror gesagt haben.

Wir schicken Käte ins Theater und fahren nach Treptow, zum neuen Programm des Liedermachers Norbert Bischoff.

17. DEZEMBER

Noch ein Satz von Ducasse, den ich gut finde: »Ich kenne keine andere Gnade als die, geboren zu sein. Ein unparteiischer Geist findet sie vollkommen.«

Ich frage Martin: Kannst du dir vorstellen, nicht auf der Welt zu sein?

Nein, sagt er.

Ich kann es mir auch nicht vorstellen.

Manchmal denke ich an meine ungeborenen Kinder. Ich habe ein bißchen schlechtes Gewissen dabei, weil sie nie erfahren werden, wie Zitroneneis schmeckt, wie das ist: Schwimmen im Meer, Tanzen, oder wie man masturbiert, wie die Farbe Rot aussieht …

Man müßte eine Aufstellung machen, ein Register: was einem alles entgehen würde, wenn man nicht geboren wäre.

Trotz allem, was schlimm ist.

Unsichere Weltlage. Die drohende Vernichtung der Menschheit.

Aber wir leben ja noch.

»Solange meine Freunde nicht sterben, spreche ich nicht vom Tod.« (Ducasse)

Ich habe es etwas anders formuliert: »Solange meine Freunde leben, spreche ich nicht vom Tod.«

18. DEZEMBER

Zur Schilddrüsenärztin. Ich soll noch eine halbe Methimazol nehmen, im Februar wiederkommen.

Ich schenke ihr ein »Tandem«. Sie hatte sich voriges Jahr nach meiner Arbeit erkundigt und gesagt, daß sie dann gern ein Exemplar haben möchte.

Gestern kam ein Brief von Susanne: »… Ich habe eben

ausführlich in Deinem Gedichtband geblättert, und er gefällt mir meistens sehr. Besonders der Umgang mit dem Banalen – da kann man was lernen.« Sie bedauert bloß, daß die Farben ihres Umschlags nicht so gut im Druck gekommen sind.

»P. S. Ich habe Oda das Gedicht mit dem Bären vorgelesen, weil ich ihr mal erzählt hatte, daß es noch selten welche in der Natur bei uns in der Nähe gibt. Sie hat sofort gewußt, daß ›Du‹ Martin ist.«

Oda, mein Patenkind, ist vier Jahre.

Sie hat, glaube ich, noch zwei oder drei andere Paten. Ich bin zuständig für Theater. Das heißt: wenn sie groß genug ist, soll ich sie in die Welt der Oper und des Balletts einführen.

Da bin ich ein alter Mann.

Von Annerose Kirchner kommt eine Karte. Sie freut sich über mein Buch und will zur Weihnachtsfeier im Theater einige Gedichte vorlesen, im kleinen Kreis: »Du hast dort ein paar Fans!«

Ein dringendes Telegramm von Mutter, wir sollen nun doch zu Weihnachten kommen.

19. DEZEMBER

Martin nimmt heute frei. Man nennt das »Überstunden abbummeln«. Ein dummer Ausdruck. Er will in die Sauna, was für seine Gesundheit tun.

Wieder zum Sport- und Erholungszentrum. Hier ist alles hell, sauber, modern und irgendwie – schwedisch. Wir müssen auch nicht sehr lange warten.

Wir haben uns vorgenommen, diesmal nicht in die Schwimmhalle zu gehn, sondern nur in der Sauna zu bleiben; keine Hektik in den zwei Stunden. Ruhe.

Die Männer absolvieren Duschen, Schwitzen, Abkühlen im Kaltwasserbecken, Wechselbäder für die Waden wie ein Pflichtprogramm.

Keiner scheint es zu genießen.

Vielleicht sind es Sportler?

Die meisten streifen die knappen Badehosen über und gehn schwimmen, die zusammengefaltete Badekappe in der Hand.

Fast alle sind allein hier. Kaum Gespräche.

Ab und zu kommt eine grüngekleidete Frau in den rötlich-dämmrigen Heißluftraum, sie schöpft aus dem Plasteimer mit einer Kelle und gießt etwas auf den Ofen in der Ecke. Es zischt erst, dann duftet es nach Fichtennadel und Lavendel. Oder so ähnlich.

»So, bitte sehr«, sagt sie, bevor sie wieder rausgeht.

»Danke schön«, erwidern die Männer im Chor.

Ein Ritual, das sich immer wiederholt.

Jetzt treibt es den Schweiß stärker aus den Poren. Manche setzen sich auf die nächsthöheren Lattenroste. Martin auch. (Später hat er dann Kopfschmerzen.) Es kitzelt angenehm, wenn die Tropfen über die Haut rinnen. Man müßte immer nackt sein können.

Anschließend trinken wir Bier im Restaurant Kristall und essen Steaks mit pommes frites.

Als wir wieder zu Hause sind, ist der Tag fast vorbei und die meisten Werktätigen haben schon Feierabend.

Es ist was im Briefkasten. Ganz überraschend schickt mir der Verlag ein Arbeitshonorar und möchte nun auch gelegentlich etwas von diesem Tagebuch sehen.

Aber erst muß ich damit fertig sein.

Von Thomas Böhme kommt ein neues Gedicht, das er mir gewidmet hat. Und er schreibt: »›Tandem‹ ist sehr heiß und prickelnd. Ich freue mich, erwähnt zu werden. Wußtet Ihr, daß ich am Todestag von Lautréamont geboren bin?«

20. DEZEMBER

Ducasse schreibt: »Man kann die Schönheit des Lebens nur durch die des Todes beurteilen.« Und zwei Seiten weiter: »Man kann die Schönheit des Todes nur durch die des Lebens beurteilen.«

Ich habe den Verdacht, daß er nicht alles so ernst meint.

Oder ist das Dialektik?

Martins achtzehnjährige Nichte übernachtet hier, muß morgen in die Charité, die Schilddrüse untersuchen lassen.

21. DEZEMBER

Traum: Ulf und Susanne haben in einem Raum neben der Küche ein Krokodil. Es liegt braungrün und schrundig, unbeweglich wie ein alter Baumstamm da, aber als ich ihm eine verschlissene Hose hinwerfe, schnappt das Krokodil sofort zu, hat die Hose zwischen den Zähnen und blinzelt bösartig mit den Augen.

So ein Tier kann man doch nicht in der Wohnung halten, denke ich, ist doch viel zu gefährlich, vor allem für das Kind.

Nach dem Aufwachen nehme ich mir vor, den Traum gleich an Susanne zu schreiben.

Ein Paket von H.: Darjeeling-Tee, ein Fischer-Taschenbuch »Rund um den Tee«, das neue Buch von Jerzy Andrzejewski, eine LP mit einem Flötenkonzert von Friedrich II. von Preußen und ein Bergkalender, über den sich Martin am meisten freut.

Winteranfang. Der kürzeste Tag des Jahres.

Wieder ein Traum: Wir sind in einem asiatischen Land. Bunte, verschnörkelte Holzbauten, eine schmale, hölzerne Treppe zum Meer hinunter. Eine Gruppe von Pinguinen, die so groß wie Menschen sind, will die Treppe erklimmen, aber unser Begleiter nimmt einen Dreschflegel von der Wand und schlägt damit auf die Stufen, die Pinguine flüchten und watscheln am Strand entlang. Plötzlich schnellt ein Haifisch durch die Luft, der Begleiter schlägt mit dem Dreschflegel auf ihn ein, auch als der Hai schon zuckend auf dem Sand liegt. Dumpfe Schläge seines Schwanzes auf den Boden, dazu das Geräusch des Dreschflegels. Martin ist die Treppe runtergegangen, fasziniert von dem Schauspiel, obwohl ich ihn rufe und warne. Der Hai bewegt sich nur noch langsam. Als Martin bei ihm ist und genau sehen will, wie seine Augen brechen, verwandelt sich das Vorderteil des Fisches in einen riesigen Raubvogel. Martin hält die gespreizten Krallen in seinen Händen. Ich schreie: Martin, paß auf, der Todeskampf! Aber da fällt der Kopf des Vogels schon zur Seite, auch der Fischschwanz zuckt nicht mehr, das Tier ist tot.

Jetzt habe ich schon Träume wie Maldoror.

»La Bohème« in der Komischen Oper. Martin hat seinen neuen blauen Anzug mit Weste an und sieht etwas würdevoll aus. Unterwegs streiten wir uns über eine Lappalie, danach bin ich deprimiert, auch durch die Musik. In der Pause sitzen zwei amerikanische Soldaten mit ihren Frauen an unserem Tisch. Sie trinken Sekt. Der eine hat sogar Schulterstücke auf seinem olivgrünen Pullover. Sie sagen höflich und deutsch: Guten Abend!

23. DEZEMBER

Im vollen Zug nach B. Im Taxi erfahren wir, daß gestern der Möbelwagen vor unserem Haus stand.

Mutter winkt schon aus dem breiten Wohnzimmerfenster, dann macht sie freudestrahlend die Haustür auf.

Die Wohnung gehört wieder ihr.

Ein Jahr lang hat sie darum gekämpft.

Wir montieren nach dem Mittagessen meine große blaue Doppelbettcouch auseinander und schleppen sie hoch ins Wohnzimmer. Mutter hat schon das kleine Zimmer eingerichtet, ganz allein das Bett vom Boden geholt und zusammengebaut.

Sie ist aktiver als ich.

24. DEZEMBER

Wir räumen die restlichen Möbel um. Mutter macht Kartoffelpuffer. Sie sagt, sie hat ein paarmal laut gelacht, als sie »Tandem« gelesen hat.

Die Sonne scheint stark und hell ins Wohnzimmer.

Grüne Weihnachten.

Mutter bekommt einen Kunstkalender, Martin ein Buch von Wieland, er schenkt mir dicke blaue Socken und eine Alt-Blockflöte (hat Susanne besorgt). Die Flöte war schon lange mein Wunsch.

25. DEZEMBER

Treppauf, treppab im Haus. Auf dem Boden finde ich unter alten Papieren meines Vaters seinen Entlassungsschein aus amerikanischer Kriegsgefangenschaft im Juni 1945. Beruf: civil engineer. Und ein breiter Stempel: Voll arbeitsfähig.

Ich hänge Bilder um.

Es ist schon, als ob nie andere Leute im Haus gewohnt hätten. So schnell gewöhnt man sich.

Abends dünnes Schneewehen im Garten.

26. DEZEMBER

Neuerdings geht ein durchgehender Zug nach Berlin. Unsere Platzkarten sind in der ersten Klasse, ein Versehen der Deutschen Reichsbahn. Wir dürfen aber sitzen bleiben.

Gestern abend haben wir noch rohen Knoblauch gegessen, wir müssen ja stinken. Niemand im Abteil beschwert sich.

Lektüre: Andrzejewski »Siehe, er kommt und hüpft über die Berge«. Mit dem alten Maler Ortiz ist Picasso gemeint.

Das erste, was ich über Picasso wußte, als Junge, aus einer Illustrierten: ein Maler, der jeden Tag seine Bilder umhängt.

Jeden Tag.

Das hat mich damals sehr beeindruckt.

In der Wohnung sind es 5 Grad. Ich mache sofort Feuer, Martin stellt die Gasheizungen an, brüht Tee.

Ich packe die drei kleinen Klemmappen mit dem Tagebuch wieder aus, die ich jetzt immer mitnehme, aus Angst, daß es hier brennt, wenn wir nicht da sind.

27. DEZEMBER

Ich suche in meinen Notizzetteln Gedanken von Ducasse: »Wir begnügen uns nicht mit dem Leben, was wir in uns haben. Wir wollen in der Vorstellung der anderen ein imaginäres Leben leben. Wir bemühen uns, so zu erscheinen, wie wir sind. Wir arbeiten an der Erhaltung dieses imaginären Wesens, das nichts anderes ist als das Wahre.«

Aus diesem Grund schreibt man wahrscheinlich.

So zu erscheinen, wie wir sind. Nicht zu heucheln, keine Rolle spielen zu müssen; sagen, was man denkt ...

28. DEZEMBER

Ein anderer Gedanke aus »Poesie II«: »Wir sind so wenig eitel, daß wir auf der ganzen Welt und selbst bei Leuten bekannt sein möchten, die kommen werden, wenn wir nicht mehr da sind. Wir sind so wenig eingebildet, daß die Achtung von fünf Personen, sagen wir: sechs, uns erheitert und uns ehrt.«

In der Universitäts-Buchhandlung gibt es »Tandem«. Ein älterer Mann mit Brille steht bei den Lyrikbänden, ich kann aber nicht sehen, ob er mein Buch nimmt.

Einmal möchte ich beobachten, wie jemand »Tandem« kauft. Eine fixe Idee.

Ich kaufe eine schwarze Cordhose von *Levi Strauss & Co. San Francisco, Cal./ Original Jeans/ Quality Clothing/ Since 1850.*

Da war Ducasse vier Jahre alt.

Auf dem ledernen Etikett versuchen zwei Pferde, eins nach links, eins nach rechts, Jeans zu zerreißen, zwei Männer schwingen dazu ihre Peitschen.

Die Hose kostet 195 Mark. Zwei junge Männer vor mir kaufen ebenfalls schwarze Levi's.

In der Galerie am Weidendamm drängen sich die Leute vor Plakaten aus Japan, sehr farbig auf schwarzen Stellwänden.

29. DEZEMBER

Wir fahren mit dem Bus nach N., zum Bezirkskrankenhaus. Martins Schwester arbeitet dort und wohnt mit ihrer Familie in einem dieser hundertjährigen Backsteinbauten unterm Dach, in einer riesigen Wohnung.

Auch der Bruder kommt mit Frau und Kindern. Geschwistertreffen.

Zum ringsum vereisten See. Verschneite Felder. Große Keile von Wildgänsen am bedeckten Himmel, die beim Fliegen schnattern. Alleebäume mit aufflatternden Krähen. Alles ist grafisch: schwarz – weiß.

Abends im großen Wohnzimmer bewundere ich Pfauenfedern, ein ganz intensiv leuchtendes magisches Blau um einen schwarzen Punkt, wie ein Auge. Ich sehe immer wieder hin, während wir Wein trinken und reden, bis früh um dreiviertel drei.

Ich will nur noch schlafen.

30. DEZEMBER

Nicht ausgeschlafen; die Kleidung stinkt nach kaltem Zigarettenrauch.

Nach dem Frühstück in der Küche gehn wir zur Kleingartenanlage. Kahle Hütten, Buden, Bungalows, Lauben.

Die Wege heißen Tucholsky-Weg, Heine-Weg, L.-Renn-Weg, Goethe-Weg. (Ich werde ins Testament schreiben, daß mein Name nicht für so was mißbraucht werden darf.)

Mittags hält ein Karren vor dem L-Haus. Geduckte ältere Frauen in Kittelschürzen und Pantoffeln tragen Aluminiumkannen mit Essen hinein.

Der vierzehnjährige Neffe hat zwei Tandems gebaut, sie stehen im Keller, aber beide kaputt.

Ich schreibe ein Stück aus Nietzsches Zarathustra ab, aus dem zweiten Teil. »Und wenn ich auf mein wildestes Pferd steigen will, so hilft mir mein Speer immer am besten hinauf: der ist meines Fußes allzeit bereiter Diener: –

Der Speer, den ich gegen meine Feinde schleudere! Wie danke ich es meinen Feinden, daß ich endlich ihn schleudern darf!

Zu groß war die Spannung meiner Wolke: zwischen Gelächtern der Blitze will ich Hagelschauer in die Tiefe werfen.

Gewaltig wird sich da meine Brust heben, gewaltig wird sie ihren Sturm über die Berge hinblasen: so kommt ihr Erleichterung.

Wahrlich, einem Sturme gleich kommt mein Glück und meine Freiheit! Aber meine Feinde sollen glauben, *der Böse* rase über ihren Häuptern.«

Das hat thematische Ähnlichkeit mit den »Gesängen des Maldoror«. Aber wie geschraubt, wie altmodisch-biblisch im Ton, und wie unkonkret, unsinnlich.

Bierernst und pathetisch. Nicht ein bißchen Selbstironie.

Und das 15 Jahre nach dem »Maldoror« geschrieben.

Abends zu Achim und Gerd. Es kommen noch drei Bekannte. Sie bringen einen schmächtigen Argentinier mit, ein ehemaliger Steward, der 2 Jahre lang die Route Brüssel–Montevideo geflogen ist.

Ich will ihn nach Montevideo fragen, aber dann komme ich doch nicht dazu und lasse es sein.

Die anderen tanzen, aber Martin hat keine Lust.

Um Mitternacht stoßen wir mit den Sektgläsern an.

Danach gehen wir vor die Haustür.

Feuerwerksraketen zischen hoch und zerknallen.

Krach und Pulvergeruch.

Ich finde die Knallerei unsinnig.

1. JANUAR 1985

Man muß sich an eine neue Jahreszahl gewöhnen.

Martin will sich das Rauchen abgewöhnen.

Nach 3 Uhr früh stapfen wir durch den Schnee zur U-Bahn Schönhauser Allee. Viele Leute unterwegs. Es wird immer noch geknallt. In den niedrigen Katakomben des U-Bahnhofs Alexanderplatz hallt es besonders laut. Als ob Schüsse fallen. Die Leute gehn ungerührt weiter, wie wir auch.

Kein Licht im Hof, keins im Treppenhaus.

Jemand hat aus dem Kasten im Toreingang die automatische Sicherung geklaut.

Wir trinken noch eine Tasse Tee. Dann endlich unter die Bettdecken.

Später steht Martin noch mal auf und holt die flauschigen synthetischen Decken.

Die eingefrosteten Erdbeeren vom Sommer schmecken nach nichts. Martin hat eine Erdbeertorte gemacht und nimmt sie mit zu Ulrich.

Es schneit.

Wir gehn über die Weidendammer Brücke, am Bodemuseum wieder über die Spree, die Große Hamburger Straße lang, Rosenthaler Platz, Weinbergsweg, zur Kastanienallee.

Winterliche graue Luft.

Schnee auf den Kapuzen unserer Kutten.

Bis zur Pappelallee fahren wir mit der Straßenbahn.

Ulrich hat schon ein paar Gäste, junge Frauen und Männer, auch eine französische Dogge ist da und läßt sich streicheln.

Später gibt es Kartoffelsalat und Buletten.

Das waren anstrengende Feiertage. Martin sehnt sich nach Ruhe. Ich bin müde.

2. JANUAR

Ich kann nicht mehr jeden Tag duschen: die Haut ist jetzt zu trocken, transpiriert nicht mehr so und juckt deshalb nach jedem Duschen, auch wenn ich Babyseife nehme oder Duschbad mit hautpflegenden Zusätzen.

Dabei ist gerade bei dieser Kälte eine heiße Dusche gut.

Ich starre aus dem Fenster, sehe die Hauswand gegenüber mit ihrem schmutzigen, abgeplatzten Putz, die gelben Backsteine sind sichtbar; im Treppenhaus rechts oben die kaputte Fensterscheibe, immer noch.

Schnee auf dem Dach, Schnee auf den S-Bahn-Gleisen, Schnee auch auf dem äußeren Fensterrahmen.

Kalte Füße trotz Frotteesocken.

Der Winter ist nicht meine Jahreszeit.

Einer der berühmten Sätze von Ducasse, die immer wieder zitiert werden, heißt: »Die Poesie muß die praktische Wahrheit zum Ziel haben.«

Ich denke darüber nach. Die Poesie muß die Wahrheit zum Ziel haben, das ist klar, sie muß wahr sein.

(Vergleicht man die Lyrik der letzten paar Jahrhunderte, so kann man feststellen: sie wird immer offener – thematisch und formal. Von einzelnen Schwankungen abgesehen, von Erstarrungen und Regressionen.)

Offener = wahrer, d. h. konkreter.

Die Wahrheit ist konkret (von wem war denn das gleich?)

Aber: die praktische Wahrheit?

Wenn ein Gedicht ein Kochrezept mitteilt, das ist praktisch (und schön zugleich, man hat neben dem Kochrezept zugleich ein Gedicht).

Die Erfahrungen des Dichters – auch sie können praktisch für den Leser sein, ein Impuls.

3. JANUAR

Mich interessiert, was andere für Erfahrungen haben.

Es klingelt. Thomas Böhme will mich zum Club des Verlages abholen. Er hat seinen Vollbart abrasiert, jetzt sieht man erst, wie er aussieht. Auffallend: die Wangenknochen.

Dr. Mehl, Psychologe an der Humboldt-Universität, hält einen Vortrag über »Homosexualität und Gesellschaft«. Alle klopfen danach auf die Tische, als Zeichen des Beifalls. Es sind viele Autoren gekommen diesmal, und es wird auch viel diskutiert.

Der Psychologe teilt auch eine Erfahrung mit: seine anfangs negativ gefärbte Emotion, als er einmal in der U-Bahn-Station Pankow-Vinetastraße sah, wie ein junger Soldat seinen Freund umarmte und küßte.

5. JANUAR

Ein Sonnabend.

Martin macht Feuer in allen Öfen. Ich brate eine Ente, gefüllt mit Äpfeln, Beifuß und Wacholderbeeren. Wir gehn nicht aus dem Haus.

Martin fängt in diesem Monat eine vierjährige Weiterbildung zum Fachapotheker an. Aus der Stadtbibliothek hat er sich die »Klinische Biochemie« ausgeliehen und macht Exzerpte.

Abends im TV: Kälte in Europa. Venezianische Gondeln mit Schnee bedeckt.

6. JANUAR

Wir fahren nach Friedrichshagen. Martin will über den Müggelsee gehen. Dunkle Gestalten wie in einer Karawane auf dem Weiß. Zugefrorene Risse im Eis. Dünnes Knistern unterm Schnee. Jetzt hat auch Martin etwas Angst. Wir gehn mit federnden Knien. Sonne im Dunst. In der Müggelseeperle müssen wir warten, ehe ein Platz an der Grillbar frei wird. Pfeffersteak vom Holzkohlengrill, ist angekohlt, schwarz. Wieder übers Eis. Feuchte Risse. Eine Frau sagt: Sehen Sie mal, wie die Eisscholle schwankt. Nach einer halben Stunde sind wir am Ufer. Ein Wasserloch, wo sich Schwäne und schwarze Tauchervögel drängen. Sie fressen Brotstückchen. Ein junger Schwan rutscht auf dem Eis. Eine Wildente mit gebrochenem Flügel. Der Mond ist schon aufgegangen.

1986 soll das erste serienmäßig produzierte Tandem in den Handel kommen.

7. JANUAR

Als wir um halb sieben aufstehn, sind es draußen minus 18 Grad. Montags fällt es mir immer schwer, wieder mit dem Schreiben anzufangen. Ich kaufe ein *Neues Deutschland* und lese es, während ich aufgewärmte Klöße mit einem Rest Entensoße esse: Die Außenminister der UdSSR und USA treffen sich um 10 Uhr in Genf. Pablo Nerudas Witwe ist am Sonnabend mit siebzig Jahren gestorben. 190 Kälteopfer in Indien. 130 Winterschwimmer badeten im Orankesee. Als erste stieg die sechsundsiebzigjährige Berlinerin Dorle Appelt, älteste Winterschwimmerin der DDR, ins Wasser. Der erste Drogentote dieses Jahres in Amsterdam wurde am Wochenende in seinem Hotelzimmer aufgefunden. In der englischen Stadt Leeds wurde ein Mann bei dem Versuch ertappt, eine Tierhandlung mit zwei gestohlenen Pythonschlangen in seiner Unterhose zu verlassen. Eine Verkäuferin hatte Verdacht geschöpft, als sie den Schlangendieb in »ungewöhnlicher Haltung« weggehen sah.

Auf der Spree sind die Eisschollen aneinandergefroren. Martin möchte da gern drübergehn.

8. JANUAR

Nach Leipzig, bei minus 9 Grad. Ich lese zwei Erzählungen von D. H. Lawrence. Eine interessante Stelle im Nachwort von Heide Steiner: »Er forderte lebendige Unvollkommenheit des Kunstwerks, ungebundene, sich spontan, ›organisch‹ entfaltende Form(losigkeit), begriff die Darstellung des Augenblicks, des Einmaligen, des Moment-Gebundenen als sein erzählerisches Maß.«

I like Lawrence.

Aus dem Zugfenster: Der Schnee deckt zu, harmonisiert alles. Selbst wüste Lagerplätze haben jetzt was Romantisches. Die Bäume sehen aus wie auf bunten Neujahrskarten, mit Puderzucker bestreut und bestäubt. Man braucht die Kamera bloß hinzuhalten und einfach auf den Auslöser zu drücken – es werden immer »schöne« Bilder. Das ist nicht mein Fall.

Heute kommen sechs schreibende Arbeiter. Der Zirkel ist zu einer Lesung im Veteranenklub eingeladen worden.

Ich bin pünktlich wieder in Berlin.

Ein gutgekleideter Mann von der Abteilung Inneres hat die Mieter befragt; man sucht eine Achtundzwanzigjährige, die sich in diesem Viertel aufhalten soll, vor allem auf Parties. Mit Martin hat er sich eine Viertelstunde unterhalten. Martin hat ihm auch »Tandem« gezeigt.

Das war eigentlich unnötig, sage ich.

9. JANUAR

Bei meinem ersten Buch ist es mir nicht gelungen, aber diesmal: Ich sehe, wie jemand »Tandem« kauft.

Es ist ein Mädchen, mit Brille und langem Haar über braunem Pelzmantel, wahrscheinlich eine Studentin. Ich beobachte, wie sie in der Brecht-Buchhandlung ein Exemplar von dem hohen Stapel nimmt und darin liest.

Sie legt es bestimmt wieder zurück, denke ich, zurück auf den Stapel, neben Helga Schuberts Buch.

Nein, sie nimmt es mit.

Ich würde gern wissen, warum sie es kauft; aber das werde ich nicht erfahren.

Martin geht mit mir Mittag essen, in den Wappenkeller.

Nachmittags will ich endlich anfangen zu arbeiten, nachdem ich in der Kammer und der Küche Feuer gemacht habe, da klingelt es. Helga Pankoke, meine Lektorin. Sie wartet auf Baldwin; er bringt ihr den Kupferstich »Lenz« mit, für den Literaturkalender.

Als Martin vom Spätdienst kommt, essen wir Abendbrot, trinken Tee und Rotwein. Ich habe meine Lektorin überreden können, daß sie noch dableibt. Wir beschließen, uns nach zehnjähriger Zusammenarbeit endlich zu duzen.

Ein heiterer Abend.

10. JANUAR

Ich bin müde, schlafe nachmittags. Martin kommt von der Schulung der Konfliktkommission und legt sich auch hin. Es klingelt, aber wir machen nicht auf.

11. JANUAR

Die andere, oft zitierte Stelle bei Ducasse heißt: »Die Poesie muß von allen gemacht werden. Nicht von einem.« Im Original: »La poésie doit être faite par tous. Non par un.«

Davon bin ich schon lange überzeugt.

Der Leser soll Literatur nicht bloß konsumieren, sondern als Impuls für eigene Fantasiearbeit, für eigene kreative Produktion nutzen.

Selbst schreiben.

Schreiben muß zum allgemeinen Tun werden, wie Schwimmen, Tanzen, Singen, Malen usw.

Martin ist skeptisch, hält das für eine Utopie.

Ich habe ihn dazu gebracht, Aquarelle zu malen, und voriges Jahr an der Kreideküste hat er ein paar wirklich gute Bilder gemalt. Aber er meint immer noch: Ich kann ja eigentlich überhaupt nicht malen.

Als er noch im Serumwerk arbeitete, 1974, hat er auch ein Gedicht geschrieben:

DIE RATTENMÖRDERIN

Langsam füllt sich die Spritze mit dunkelbrauner Flüssigkeit./ Die lange Kanüle wird mittels Pinzette vorsichtig aufgesetzt./ Strenge Sterilität./ Tief sticht sie in den Körper der weißen Ratte/ und entleert die vermutlich tödliche Dosis./ Ich halte das Versuchstier fest.

Später hat er noch drei Sonette geschrieben, mit richtigen Quartetten und Terzetten in jambischen Fünfhebern.

Drei Liebesgedichte. Er hat sie mir zum Geburtstag geschenkt.

Abends im TV ein schwedischer Dokumentarfilm.

Auf einer der Bijagósinseln (Guinea-Bissau) gibt es auch noch das Matriarchat.

Die Frauen sind Priesterinnen, zelebrieren Rituale. Sie haben die Macht. Sie sorgen für Nahrung. Sie wählen sich die Männer.

»Frauen sind die größten«, sagt eine. »Männer können nichts ohne Frauen.«

Die jungen Männer (Kabaros) tragen schöne Kleider und Schmuck, nehmen Parfüm, flechten sich die Haare. Vor allem: sie tanzen. Die besten Tänzer werden von den Frauen als Liebhaber genommen. Ein Mann darf nie nein sagen, sonst nimmt ihn keine Frau auf der Insel mehr. Die älteren Frauen nehmen sich immer jüngere Männer. Ein junger, hübscher, geschmückter Mann sagt vor der Kamera: »Ich möchte ewig jung bleiben, denn alt zu sein, das ist fast wie tot zu sein. Ein schöner junger Mann, ein berühmter Liebhaber, das möchte ich sein.«

Ein älterer, kranker Mann wird gezeigt. Er lebt allein, fängt Feldratten im Reisfeld und brät sie. Er schnitzt Holzplastiken, die er gegen andere Dinge tauscht. Er sagt: »Wenn ich tauschen könnte: Noch mal jung sein ...«

Fetisch Jugend auch im Matriarchat.

In der verfremdenden Umkehrung sieht man, wie grotesk und grausam das eigentlich ist.

Oder nicht? Warum diese Sehnsucht nach der Jugend?

Als ich jung war, hatte ich nur den Wunsch, älter zu werden.

1985 – das Jahr der Jugend.

12. JANUAR

Wie war ich denn in meiner Jugend? Ich suche aus dem Manuskriptkoffer einen Text, den ich 1979 geschrieben habe.

Das achtzehnte Jahr

Ich hatte die Schule vor dem Abitur verlassen und war in die Bezirksstadt gegangen, ich wollte Malerei studieren, bis dahin arbeitete ich in der Werbung, als Anlernling, so nannte man es, und mußte morgens Feuer in der Malerwerkstatt machen, auch im Büro, ich bespannte Holzrahmen mit grobem grauem Gewebe, zog es straff, bis meine Fingerkuppen schmerzten, und schlug breitköpfige Nägel ins Holz, ich grundierte die Flächen, fahnenrot oder fahnenblau, der Maler schwärzte eine lange Schnur mit Zeichenkohle, ich hielt die Schnur am Rand, er schnippte sie gegen den gestrichenen Grund, eine schwache schwarze Linie blieb, in diese Hilfslinien schrieb der Maler die Losungen, weiß auf blau, weiß auf rot, nie weiß auf grün oder schwarz, wir trugen die Transparente auf einen zweirädrigen Karren, wir schoben ihn durch die Straßen, zu den Gerüsten, nagelten die Transparente an, schwankend auf der Leiter im Wind, an Fassaden der Verwaltungsgebäude, wir öffneten Fenster in überheizten Büros, die Sekretärinnen fröstelten, unwillig blickten die Funktionäre hinter ihren Schreibtischen, wir störten sie bei ihrer wichtigen Arbeit, aber sie hatten die Losungen vorgeschrieben, die Transparente bestellt, die Pförtner musterten mißtrauisch unsere Kittel, von roter, von blauer Farbe befleckt und verschmiert, ich fühlte ihre Geringschätzung, sie traf mich, ich war stolz, ich wollte Maler werden, ein neuer da Vinci, berühmt und geehrt, wir karrten die Transparente mit den ungültigen, den veralteten Losungen zurück, ich legte sie in der Garage auf nassen Beton, spritzte Wasser aus dem Schlauch darüber und bürstete die erweichte Farbe mit dem Schrubber ab, die Farbe war dick und schmierig, ich schwemmte die Brühe in den Abfluß, bis der graue Stoff sauber war, schwer und naß auf dem Rahmen schlappte, er wurde zum Trocknen aufgestellt, dann grundierte ich ihn für die nächsten Losungen, fahnenblau, fahnenrot.

Eine Frau aus dem Büro vermietete mir das Zimmer ihrer Tochter, ich schlief in einem weißen Mädchenbett, zwischen weißen Möbeln in einem sterilen weißen Zimmer, ich traute mich nicht zu masturbieren, nach einigen Wochen kam die Tochter zurück, ich zog zu Bekannten meiner Mutter und schlief auf dem Sofa im Wohnzimmer, ich onanierte ins Taschentuch, ich war allein, nach der Arbeit trieb ich mich herum, sah Jungen nach, das Laub fiel von den Bäumen, gelb und rötlich, ich ging zum Wohnungsamt, ich war der sechzigste oder sechshundertste, der ein Zimmer suchte, ich klingelte in den eintönigen Straßen an Wohnungstüren, nach Tagen fand ich ein Zimmer ohne Ofen, mit Blick auf eine hohe Bahnböschung, Güterzüge rasselten vorm Fenster vorbei, die Längswand bedeckte ein riesiges Regal, die Vermieter hatten unten einen Kurzwarenladen, ich legte meine paar Sachen einzeln in die Fächer, die meisten blieben leer, man konnte einen Vorhang davorziehen, ich hatte immer Ordnung.

Ich brachte mein Fahrrad mit und stellte es ins Zimmer, ich fuhr zur Arbeit, ich erkundete die Stadt, die Vororte, den nahen Berg, die herbstliche Landschaft, ich wollte mich bewegen, ich meldete mich bei der Sportgemeinschaft an, im Trainingsanzug ging ich zum Fotografen, ein Paßbild wurde benötigt, ich bekam einen Ausweis, ich war Mitglied der Sportgemeinschaft Rotation, ich fuhr zum Sportplatz, es waren nur wenige Leichtathleten, ich sprang hoch und weit, ich stieß Kugel, warf Diskus und Speer, während der Schulzeit hatte ich einen Speer besessen, nun kaufte ich mir einen Diskus, klemmte ihn auf den Gepäckträger, fuhr jeden Tag zum Sportplatz, lockerte die Muskeln durch Gymnastik und lief meine Runden, ich schwang die Scheibe und drehte mich und warf, der Diskus flatterte rotierend durch die Luft, dumpf klatschend landete er im Gras, ich steigerte meine Weiten, es gab keinen Trainer, niemand sah mir zu.

Der Direktor summte vor sich hin, er ließ Pfefferminzpastillen im Mund zergehn, ein glatzköpfiger Gladiator, der Anzug saß stramm auf korpulentem Körper, summend kam er in die Werkstatt, um die Porträts der Staatsmänner zu kontrollieren, nach Fotografien vergrößert auf gefordertes Maß gemalt, der jüngste Maler, von der Fachschule gekommen, hatte mit mir angefangen, vor seinem Bild stand der Direktor und hörte auf zu summen, leutselig sagte er: Der Schlips ist schlecht gemalt, sitzt ja ganz schief, und erwartete stillschweigende Zustimmung und Verbesserung des Fehlers, doch der Fachschulabsolvent widersprach, es komme auf so unwichtiges Detail nicht an, beim Porträt zähle das Gesicht, sagte er, nicht der Schlips. Bei mir nicht, schrie der Direktor, hochrot schwoll ihm der Kopf, bei einem Staatsmann kommt es auch auf den Schlips an, er stampfte auf, er zog den glühenden Gladiatorenschädel zwischen die Schultern, er tobte, wir schwiegen schamvoll, der junge Maler übermalte die Krawatte korrekt.

Im Winter wurde es eisig in meinem Zimmer, ein Gebirgswinter mit Stürmen, Schnee und knirschendem Frost, ich holte morgens Brot, Margarine in der Bakelitdose, das Marmeladenglas unter die Bettdecke, erwärmte alles, um hastig zu essen, ich wusch mich erst nach Feierabend in der Werkstatt, ich setzte mich in dunstige, warme Gaststätten, trank Tee und las Zeitungen, ich ging ins Kino, auf die billigsten Plätze, früher war ich nie ins Kino gegangen, es war neu für mich, ich konnte nicht allen Bildern folgen, das meiste war albern, aber es lenkte mich ab, die Verwicklungen und farbigen Abenteuer der Helden gingen mich nichts an, einmal bettelte mich im rosa getünchten Torbogen vor dem Lichtspieltheater ein Junge an, um 50 Pfennig, ich erschrak und gab ihm das Geld und flüchtete, als verfolge er mich.

Ich blieb abends in der Werkstatt, der junge Maler und ein andrer, wir malten für uns, der Eisenofen glühte, ich kopierte eine Kunstpostkarte von Spitzweg, ich hatte ein Stück Preßpappe weiß grundiert und malte mit Leimfarbe die verzierten Giebel der Bürgerhäuser, fahles Okker, Braun und Violett unter dem schwarzen Nachthimmel, von schmiedeeisernen Laternen beleuchtet, der Bürgersteig, der Brunnen, die dunklen Fenster, ich ließ den Nachtwächter weg, er war schwierig zu malen, ich brauchte ihn nicht, die verlassene Architektur genügte, meine Stimmung auszudrücken, ich gab mir Mühe, arbeitete mit den spitzesten Pinseln, mischte die Farben genau, die anderen lobten mich, beflügelt ging ich durch die frostige Nacht, betrachtete die gelblich leuchtenden Rechtecke, hinter jedem Fenster lebt ein Mensch, dachte ich, warum bin ich ausgeschlossen.

Später besuchte ich den jungen Maler in seinem Untermieterzimmer, eng mit finsteren Möbeln gefüllt, Ölbilder lehnten daran, er zeigte mir Landschaften, Stilleben, weibliche Akte, er öffnete Mappen mit Aquarellen und Zeichnungen, ich bewunderte ihn im stillen und hatte Mitleid, was konnte er für Bilder malen, an Sonntagen und abends, aber wie mußte er sich während der Arbeit demütigen mit Losungen, Staatsmännern und nur manchmal eine Kinowerbung, ich verabschiedete mich bedrückt, das sollte auch meine Zukunft sein nach der Fachschule, ein malender Angestellter, kein da Vinci oder van Gogh, kein Atelier mit Aktmodellen, sondern ein düster möbliertes Zimmer.

Nicht jeden Abend konnte ich ins Kino gehn oder in eine Kneipe, ich meldete mich in der Stadtbibliothek an, ich kroch unter meine Bettdecke und versank in die Lektüre, sie versprach aufregend und spannend zu sein, es waren Romane und Geschichten, aber sie hatten nichts mit mir, mit meinem Leben zu tun, sie blieben unwirklich und erdichtet, bis ich an das Buch über eine Räuberbande kam, rebellierende Jugendliche mit seltsamen Namen: Winnetou, Old Shatterhand, der bleiche Kapitän, der König der Luft, Duckmäuser, Falkenauge, die rote Wolke, ich erkannte mich in Michael/Old Shatterhand, der allein war und Maler werden wollte und es auch wurde, und die Worte des Fremden galten auch mir: »Solange ein Mensch den Weg der Einsamkeit geht, um sich zu finden, stehen die Menschen zu beiden Seiten seines Weges und höhnen und verachten ihn. Und der Vater schämt sich seines Sohnes, den alle verachten. Erst wenn du dich den Weg, der zu dir führt, zu Ende geschleppt hast und aufgerichtet stehst, schreien sie dir alle ihr lügenhaftes Hosianna zu und sagen zueinander: den haben wir niemals verachtet. Und der Vater ruft: das ist mein Sohn!« – Ja, auch ich wollte das Schwache und Feige in mir überwinden, ich wollte etwas werden, ich wollte den Weg zu mir gehen und aufgerichtet stehen und nicht verachtet sein.

Im Winter, im dünnen Kittel wurde ich nicht krank, ich erkältete mich erst im Frühjahr, der Arzt schrieb den Krankenschein, ich lag in meinem Zimmer, las und schlief, am dritten Tag setzte ich mich mittags auf das Rad und fuhr zum Betriebsessen, der Direktor sah mich und sagte: Wer Rad fährt, kann auch arbeiten, ich verwies auf meinen Hunger, niemand brachte mir zu essen, da drohte der Direktor mich zu entlassen, fristlos, ich packte meine Sachen und ging zum Bahnhof, ich war verzweifelt, ich wollte mich unter den Zug werfen, mit meinem blutigen Ende den Diktator erschüttern, ich dachte, den erschüttert nichts, ich stieg in den Zug, fuhr zu den Eltern, sagte nichts von meiner Schande, erwartete täglich den Brief im blauen Kuvert, kehrte zurück, nachdem der Krankenschein abgelaufen war, der Gewerkschaftsmann hatte vermittelt, ich blieb.

Der Dekorateur nahm mich mit in einen leeren Saal, der muffig roch, auf dem Hintergrund der Bühne spannten wir roten oder blauen Stoff, legten ihn in senkrechte scharfe Falten, wir nagelten gold- oder silberfarbene Pappbuchstaben auf dünne Leisten, ein Ausrufezeichen ans Ende jeder Losung, ich stieg auf die hohe Stehleiter, befestigte das Gebilde mit Stecknadeln am Stoff, vor der Bühne stand der Dekorateur und rief: rechts höher, oder links höher, wenn die Losung schief hing, in der Hand die Bierflasche, er hatte mich Bier holen geschickt, wir stellten Stühle und Tische auf die Bühne, wir frühstückten, ich trank kein Bier, sondern Limonade, wir legten blaues oder rotes Tuch über zusammengeschobene Tische für das Präsidium, wir fältelten auch den Stoff an der Vorderseite der Tische, verkleideten das Rednerpult, rückten es nach rechts oder links, das glänzende Pappemblem blieb in der Mitte, wir arbeiteten schnell, der Dekorateur war behende, ich nicht, wir saßen dann in einer Kneipe, er trank weiter Bier, bis wir zurück in die Werkstatt gingen, nach drei Tagen bauten wir die Bühne wieder ab, nahmen die Losungen auseinander, legten verrutschtes Fahnentuch zusammen, zogen Nägel aus Leisten, stapelten alles im Lager bis zur nächsten Versammlung.

Ich sah einen italienischen Film, ein Schüler und eine Schülerin liebten sich, im Ferienlager, es gab ein Gewitter, sie flüchteten in eine Waldhütte, man suchte sie, verdächtigte sie sexueller Handlungen, die sie nicht begangen hatten, nur einer hatte Verständnis, der ältere Lehrer, den de Sica spielte, aber das Mädchen ging ins Wasser, der Junge rettete sie, die Geigen weinten und de Sica hielt sein flammendes Plädoyer, für die Jugend, für die Liebe, ich war ergriffen, ich holte mir eine Eintrittskarte für die anschließende Vorstellung, fünfmal sah ich diesen Film, und auch ich wollte anderen helfen, für die Liebe plädieren, die mir fehlte, ich wollte nicht für die Kunst leben, sondern für die Menschen.

Ein Hilfsarbeiter wurde eingestellt, ein untersetzter Blonder in meinem Alter, mit breitem Gesicht, wir arbeiteten zusammen, wuschen in der Garage Transparente ab, er bekam doppelt soviel Lohn wie ich, ich verdiente 180 Mark, ich war nur Anlernling, aber was lernte ich denn, er lächelte mich an, ein leicht irrsinniges Lächeln, er hieß Heim, er gab mir Gedichte, wir saßen auf einem Bretterstapel, neben der Tischlerwerkstatt, mittags in der Frühjahrssonne, ich fand ihn extravagant, weil er Baskenmütze und Schal trug, das eine Ende über die Schulter geworfen, einmal lud er mich ein, als seine Eltern nicht zu Hause waren, in seinem Zimmer hingen zwei gekreuzte Säbel über dem Bett, er zeigte mir einen Degen oder ein Florett, er war in einem Fechtklub, im Wohnzimmer aßen wir Abendbrot, er borgte mir ein erotisches Buch seiner Eltern, ich las es über Nacht, danach nahm ich ihn mit in mein Zimmer, ich ließ ihn meine Zeichnungen betrachten, wir redeten lange über Malerei und Literatur, es wurde spät, ich sagte: Du kannst hier übernachten, er legte sich in Unterwäsche in mein Bett, an die Wand, er lächelte irrsinnig, ich streckte mich neben ihm aus, vielleicht berührten sich unsere Ellbogen, wir lagen stumm, mein Herz hämmerte, ich wartete, ich faßte ihn nicht an, ich wußte oder spürte, daß auch er wartete, wir bewegten uns nicht, irgendwann schlief ich ein. In den nächsten Wochen steckte er mir Gedichte zu, verschlüsselte Botschaften, Appelle, Dringlichkeitstelegramme, ich war von so viel Gefühl geschmeichelt und abgeschreckt, ich onanierte auf dem hölzernen Abort, aber Heim versagte ich mich, hielt ihn vorsichtig hin, ich fürchtete sein irres Lächeln, doch vielleicht war es gar nicht irr, ich versagte vor seiner stürmischen Freundschaft.

Im Mai, noch vor meinem neunzehnten Geburtstag, fing ich als Pionierleiter an der Schule einer kleinen Stadt an, nicht weit von dem Dorf, das ich letztes Jahr verlassen hatte.

13. JANUAR

Mutter schreibt im Brief: »... jetzt, wenn ich morgens wach werde, rufe ich im Bett ganz laut: Hurra, ich bin in meinem Wohnzimmer!«

14. JANUAR

»Poesie II« liegt in der Woche vom 18. bis 25. Juni 1870 als Manuskript der Zensur des Innenministeriums vor. Anschließend wird die Broschüre gedruckt und erscheint, wie »Poesie I«, in der Librairie Gabrie.

Diese beiden Broschüren sollen das Vorwort zu einem Buch sein, in dem Ducasse »ausschließlich DIE HOFFNUNG, DIE ZUVERSICHT, DIE RUHE, DAS GLÜCK, DIE PFLICHT zu besingen« beabsichtigt. Sein Vater soll ihm das Geld für den Druck dieses Buches schicken. Damit er sieht, daß sein Sohn arbeitet, sendet ihm Isidore das Vorwort nach Montevideo.

15. JANUAR

6.30 Uhr: Feuermachen, mit Martin frühstücken

8 Uhr: in der amerikanischen Anthologie »Acid« lesen

9 Uhr: rasieren und waschen; Brot mit Bauchspeck essen, dazu Darjeeling-Tee trinken

10 bis 12.30 Uhr: Arbeit am Lautréamont-Tagebuch

13 Uhr: zu Martin in den 57er Bus steigen; am Alex Pizza Bolognese essen

14 bis 15.55 Uhr: im Berolinahaus, mit dem Paternoster in die dritte Etage zum Wohnungsamt, wir bekommen die Nummer 57, setzen uns im Gang auf schmale, lange Holzbänke, wo ungefähr 17 Leute warten. Nach einer Viertelstunde etwa hört man aus dem Zimmer 307 eine Frauenstimme heftig reden und dann schreien. (Ob es ihr zu einer Wohnung verholfen hat?)

Als wir dran sind, erfahren wir, daß dieses Jahr noch nicht mit einer größeren Wohnung für uns zu rechnen ist.

16 Uhr: im Centrum-Warenhaus einkaufen, Toastbrot,

Beutelreis und Geburtstagskarten. Später in das Café in der Großen Hamburger Straße, und anschließend zu unserer einstigen Nachbarin ins Alterswohnheim am Koppenplatz, sie macht uns Grog und belegte Brötchen, wir erzählen uns die letzten Neuigkeiten, ich schenke ihr ein »Tandem«, weil sie in einem Gedicht genannt wird.

20 Uhr: wieder nach Hause, durch die kalte Linienstraße, schmutziger Schnee im Laternenlicht. Martin macht noch Feuer in der Kammer.

Wieder Krieg

Am 19. Juli 1870 beginnt Napoléon III. den Krieg gegen Preußen.

Was macht Ducasse? Schreibt er an dem Buch, das »in vier oder fünf Monaten fertig sein« soll?

Zur gleichen Zeit, etwa 200 Kilometer von ihm entfernt, in dem Ardennenstädtchen Charleville, schreibt der knapp sechzehnjährige Arthur Rimbaud seine Gedichte. »Venus Anadyomene« zum Beispiel.

Am 25. August 1870 schreibt er an seinen Lehrer Georges Izambard:

»Mein Herr,

Sie haben Glück, Sie, daß Sie nicht mehr in Charleville sind! Meine Geburtsstadt ist den anderen kleinen Provinzstädten an Idiotie klar überlegen. Darüber, sehen Sie, habe ich keine Illusionen mehr. Weil sie an der Seite von Mézières liegt – einer Stadt, die man nicht findet –, weil sie zwei- oder dreihundert Landser durch ihre Straßen wandern sieht, macht dies scheinheilige Volk einen Wind und fuchtelt auf die spießbürgerlichste Art mit Waffen herum, sehr anders als die Belagerten von Metz und Strasbourg! Gräßlich sind Kleinbürger im Ruhestand, die wieder Uniform anziehen. Großartig, was das für Teufelskerle sind, Notare, Glaser, Steuereinnehmer, Schreiner und all die Dickwänste, die an den Toren von Mézières, Gewehr am Herzen, Patrouillotismus machen; mein Vaterland erhebt sich! ... Ich für mein Teil würde es lieber still dahocken sehen: laßt die Stiefel in Ruhe! ist mein Grundsatz.«

Vier Tage später haut er ab, zuerst nach dem belgischen Charleroi, dort löst er von seinem letzten Geld eine Fahrkarte nach Saint-Quentin, fährt aber weiter bis zum Pariser Nordbahnhof. (Gare du Nord – wie das klingt!) Dort wird der Schwarzfahrer erwischt und, weil er die 13 Francs für die Nachlösung nicht bezahlen kann, arretiert und dann ins Gefängnis von Mazas geschafft. (Mazas, wo liegt das? Ich suche mit dem Vergrößerungsglas auf meiner französischen Karte, finde es aber nicht.)

Was wäre, wenn ... Rimbaud, ohne erwischt zu werden, nach Paris gekommen wäre und dort zufällig Ducasse getroffen hätte?

Arthur: groß und dunkelblond. Und fast sechzehn.

Er hätte Ducasse sicher gefallen, glaube ich, und vielleicht besser zu ihm gepaßt als zu Paul Verlaine, den er ein Jahr später kennenlernt.

Vielleicht waren sie sich aber auch zu ähnlich.

Ich halte Liebesbeziehungen zwischen Dichtern sowieso für problematisch.

17. JANUAR

Immer noch minus 12 Grad. In Brüssel sind Gasrohre geplatzt durch den Frost, Wohnhäuser explodiert, es gab Tote.

18. JANUAR

Am 2. September unterliegt die französische Armee bei Sedan. Die Deutschen machen 83000 Gefangene, darunter Napoléon III.

Das Zweite Kaiserreich ist zusammengebrochen.

Zwei Tage später wird vor dem Stadthaus in der Hauptstadt die Dritte Republik proklamiert.

Auf einer zeitgenössischen Darstellung sehe ich wehende Fahnen, Zweige an den Stangenspitzen, die Massen, einzelne Figuren mit emporgereckten Armen, manche schwenken Hüte.

Vive la république!

Am 5. September schreibt Rimbaud an Izambard, er soll ihn aus dem Gefängnis holen.

Kurios: Rimbaud und Napoléon III. sind zur gleichen Zeit gefangen.

Der Ex-Kaiser wird auf das preußische Schloß Wilhelmshöhe (bei Kassel) gebracht und dort bis 1871 gefangengehalten.

Rimbaud wird, durch Izambards Fürsprache, bald wieder freigelassen und kehrt nach Charleville zurück.

Rimbaud zu seinem Schulfreund Ernest Delahaye:

»Napoléon hat nichts von der Mission begriffen, die ihm die Umstände auftrugen. Durch die Revolution zum Ziel gekommen, hat er sie dumm verkümmern lassen. Statt den Kommunismus zu organisieren – eine einfache Sache, weil das Eigentum de facto nicht mehr da war, noch weniger aber moralisch und legal existierte – errichtete er eine Gesellschaft neu, die ungerechter war als die alte.«

Der Krieg geht weiter.

Kurz vor 14 Uhr kommt endlich der Monteur von Monsator und bringt die Gasheizung in der Küche wieder in Ordnung, die seit fast zwei Wochen nicht richtig funktionierte. Er stellt bloß die Zündflamme größer, das ist alles. So was müßte man eigentlich selber machen können. Das sollte man in der Schule lernen, den Lehrsatz des Pythagoras hab ich nie gebraucht.

Der Schnee auf den Straßen ist ganz braun.

Einkaufen; Holz hacken, Kohlen holen, Feuer machen.

Abends kommt Ulrich K. und bringt eine Tasche voll Reclambücher aus meiner Leipziger Wohnung mit. Bücher über Bücher, wo sollen wir nur damit hin? Und doch kauft man immer wieder neue. Wir trinken Rotwein. Ulrich hat jetzt eine Freundin; er gibt mir ein Manuskript für den Verlag. Es wird Mitternacht.

19. JANUAR

Sonnabend; wir schlafen den ganzen Nachmittag und lieben uns zwischendurch zweimal. Im Bett lesen. Ich entdecke einen Satz: »Sexuelle Dinge nicht besprechen?!? Wie wenn der Botaniker sagte: ›Wir wollen uns auf das Wurzelleben der Pflanze nicht weiter einlassen.‹« (Peter Altenberg. 1906)

20. JANUAR

Das Tagebuch: ein Versuch, die vorüberhetzende Zeit wenigstens etwas zu fixieren, eine Spur zu hinterlassen.

Wir essen im Restaurant Wolga Fleischplinsen nach Moskauer Art, aber so richtig russisch schmeckt es nicht.

Vielleicht bekommen wir vom Reisebüro eine Reise nach Moskau.

Oder Leningrad.

Eine Bahnreise.

Ich habe immer noch Angst vor dem Fliegen. Jetzt sind wieder Flugzeuge in Kuba und China abgestürzt.

Wir gehn bis zum Hausvogteiplatz. Es wird dunstiger: schon wieder Smog aus Westberlin? Die Sonne ist ein gelblich-diffuser Fleck.

Die Eisschollen auf der Spree fließen nicht mehr mit dem Wasser. Enten rutschen übers Eis und schnappen nach Brotbrocken, die ein Kind vom Schiffbauerdamm wirft. Um ein Wasserloch haben sich schwarze Taucher gesammelt, manche stehen auf einem Bein, andere schwimmen im schwarzen Wasser.

Es soll wärmer werden.

Besuch zum Kaffee: Achim und Gerd.

Martins Nichte übernachtet wieder hier, sie hat ihren Freund bei der Armee besucht.

Wenn ich mal ein Arbeitszimmer habe, dann kann ich mich zurückziehen und schreiben, auch am Wochenende. Ich muß dann nicht immer den Schreibtisch aufräumen.

21. JANUAR

Ich kehre mit meinen Gedanken wieder zurück ins 19. Jahrhundert. Paris ist eingeschlossen. Keiner kommt hinein, niemand hinaus. Erinnert sich Ducasse an das belagerte Montevideo? Auch hier werden die Lebensmittel knapp.

Lange Schlangen vor den Läden.

Anfang November, nachdem die Festung Metz kapituliert hat, verschlimmert sich die Lage.

Elefanten und Bären des Jardin des Plantes werden geschlachtet und in einem Delikatessengeschäft auf dem Boulevard Haussmann verkauft, zu unverschämten Preisen.

Ein Truthahn kostet 150 Francs.

Ein Pfund Hundefleisch 4 Francs.

Nach dem 9. November werden Ratten verkauft, das Stück zu 2,50 Francs.

Ratten habe ich noch nicht gegessen, auch keine Froschschenkel. Aber Hundefleisch und Pferdefleisch, nach dem Krieg. Hundefleisch soll gut bei Schwindsucht sein.

Meine Mutter gab den Hund als Zicklein aus.

Im Oktober 1945 standen mir in Weimar täglich 15 Gramm Fleisch zu, 300 Gramm Kartoffeln, 10 Gramm

Nährmittel, 10 Gramm Fett, 25 Gramm Zucker und 200 Gramm Brot. Damals war ich neun Jahre alt.

Wieviel sind 200 Gramm Brot? Ich hole die Briefwaage: es sind vier Scheiben.

Martin schimpft, daß ich immer zu viel Brot kaufe, das dann meist hart wird.

Er weiß zum Glück nicht, wie Hunger ist.

22. JANUAR

Es taut. Ich fahre nach Leipzig. Baldwin hat Koteletts gebraten. Er borgt mir einen Roman über Napoléon III., 1916 erschienen.

Zwischendurch ruft Martin an.

Im Zirkel gebe ich die Aufgabe, »Wanderers Nachtlied« in heutiges Deutsch zu transformieren. Bin gespannt, was dabei herauskommt.

Im Zug lese ich *Temperamente* mit neuen Gedichten von Thomas Böhme und Johannes Jansen.

Zu Hause schneidet mir Martin die Haare ganz kurz, dann dusche ich, ein herrliches Gefühl.

23. JANUAR

Paris, November 1870: Die Theater sind geschlossen. In einigen werden Patronen produziert, andere sind als Ambulanzen eingerichtet. Im Théâtre de la Gaité näht man Wäsche für die Lazarette.

Es mangelt an Heizmaterial.

Die Straßen sind nachts finster und verlassen; erloschene Gaslaternen.

Der Winter beginnt, es soll der kälteste des Jahrhunderts werden.

Im August starben 4942 Menschen in Paris.

Im September sind es 5 222 Todesfälle.
Im Oktober 7 543.
Im November 8 238.
Einer der Toten ist Isidore Ducasse.

24. JANUAR

Ich schreibe den Text der Todesurkunde ab.

»Ducasse 2 028

Donnerstag, den 24. November 1870, 2 Uhr, Todesurkunde von Isidore Lucien DUCASSE, 24jährig, Literat, geboren in Montevideo, gestorben heute morgen um 8 Uhr in seinem Wohnsitz Rue du Faubourg-Montmartre; Junggeselle (es liegen keine weiteren Informationen vor).

Die vorliegende Urkunde ist verfaßt worden in der Anwesenheit der Herren: Jules François Dupuis, Hauswirt, 51jährig, Wohnsitz in Paris, Rue du Faubourg-Montmartre 7, und Antoine Milleret, Hausgehilfe, 30jährig, Wohnsitz im selben Haus. Diese beiden Herren haben als Zeugen zusammen mit uns, Louis Gustave Nast, Gehilfe des Bürgermeisters des 9. Bezirks, Paris, unterzeichnet, nachdem die Urkunde ihnen vorgelesen und der Tod dem Gesetz gemäß festgestellt worden ist.

Unterschriften: F. Dupuis Milleret G. Nast«

Bankier Darasse, der Ducasses Nachlaß in Empfang nimmt (bis 1873 Isidores Vater aus Montevideo kommt), erhält von Dupuis die Auskunft, daß Ducasse »in zwei Tagen an einem bösartigen Fieber« gestorben ist.

Schon einen Tag später wird er auf dem Nordfriedhof begraben, das provisorische Grab unter der Nummer 9 257 registriert.

Am 20. Januar 1871 überführt man ihn in die 49. Abteilung, Reihe 27, Nummer 6.

1879 werden die Gräber eingeebnet und der Boden von der Stadt Paris als Bauland verkauft.

Unter welchem Haus befindet sich Ducasses Staub?

Ein unsichtbarer Epitaph:

Isidore Ducasse – in einem Krieg geboren, im andern gestorben.

25. JANUAR

Als Ducasse starb, war Napoléon III. 62 Jahre alt, Darwin 61, Richard Wagner 57, Marx 52, Whitman 51, Flaubert 49, Tolstoi 42, Tschaikowski 30, Karl May 28, Robert Koch 27, Nietzsche 26, Ludwig II. und Röntgen 25, van Gogh 17, Rimbaud und Oscar Wilde 16, Sigmund Freud 14, Gustav Mahler 10, André Gide 1 Jahr alt, und Lenin war gerade geboren.

26. JANUAR

H. ist seit Donnerstagabend hier. Wir fahren nach Pankow, stapfen durch den Schneematsch im Bürgerpark. Ich jage die Wildenten auf, sie flattern über die Panke.

Zwei Flugzeuge zwischen Dunstfetzen, groß, im Landeanflug.

Eingezäunte wilde Ziegen.

Krähen krächzen.

Das Bronzedenkmal Johannes R. Bechers.

Später nieselt es.

Und abends ins Deutsche Theater. Grabbes »Herzog Theodor von Gothland«. Grelle Gier nach Macht. Das Stück eines Einundzwanzigjährigen, und schon ohne Illusionen.

27. JANUAR

Ins Märkische Museum. Mir fällt gleich ein urtümliches, schwarzbraunes Fahrrad auf, »System Michaux«, um 1867. Das sind also die Fahrräder, die Ducasse gesehen hat. Und gehört, denn die geriffelten Eisenreifen um die hölzernen Räder müssen ziemlichen Krach gemacht haben.

Die Pedale sind an der Achse des größeren Vorderrades.

Das Hochrad daneben ist schon von 1880.

Ich werde etwas deprimiert zwischen all diesen alten Dingen, von zwei Fernsehkameras überwacht.

Dinge sind dauerhafter als Menschen.

Das Fahrrad von 1867 ist noch vorhanden, aber wer hat darauf gesessen?

28. JANUAR

Ducasse hat kein Fahrrad hinterlassen, sondern ein Buch.

Weil sich der Verleger aber geweigert hatte, »Die Gesänge des Maldoror« in den Handel zu bringen (aus Furcht vor dem Staatsanwalt), wären sie irgendwann eingestampft worden.

Kein Schwanz hätte was von ihnen gewußt.

Der Brüsseler Buchhändler Jean-Baptiste Rozez kaufte jedoch Lacroix den Lagerbestand billig ab und brachte das Buch, mit einem anderen Umschlag, 1874 auf den Markt.

Da war der Sturm der Kommune schon über Paris gefegt und hatte nach der Niederlage über dreißigtausend ermordete Kommunarden hinterlassen.

Wen würden jetzt noch die Grausamkeiten in einem Buch schrecken?

Es fand nicht viele Leser.

Einer war Joris-Karl Huysmans.

Léon Bloy las es 1886 und schrieb: »Der Stil der ›Gesänge des Maldoror‹ ist eine Art von umherirrender Leidenschaft eines Wahnsinnigen ... noch in keiner Literatur gefunden ... jeder Satz hat etwas von einer rasend gewordenen Wölfin, die sich mit schnellen, unhörbaren Sätzen auf den Wanderer wirft ... so ungeheuerlich, daß man beim Lesen sein Blut pochen hört und die Seele bis zum Bersten erzittert.«

Daher stammt wohl die These von der Geisteskrankheit Ducasses.

29. JANUAR

Vom Reisebüro kommt eine Absage, sie können uns keine Bahnreise nach Moskau oder Leningrad anbieten.

Aber fliegen will ich nicht.

Was machen wir nun?

Ich fahre mit Martin zum tschechoslowakischen Reisebüro, das hat jedoch nur vormittags geöffnet.

Und im Reisebüro am Alexanderplatz steht eine lange Schlange.

Lieber bleibe ich zu Hause.

In meiner schwarzen Levi's aus San Francisco finde ich innen ein verstecktes kleines Stoffetikett: Made in Yugoslavia.

Farbecht ist sie auch nicht.

Es ist wärmer. Keine Eisschollen mehr auf der Spree.

Am anderen Ende der Straße hat man schon angefangen zu rekonstruieren. Wie lange wird es dauern, bis man bei uns ist?

Jetzt wohnen wir schon 4 Jahre hier.

Solange wir noch so nahe an den Theatern wohnen,

sage ich mir, sollten wir auch öfter hingehn. Ich kaufe gleich zwei Karten fürs Deutsche Theater.

»Die Rundköpfe und die Spitzköpfe« von Brecht. Wieder ein Spiel um Macht, diesmal als Parabel.

Alles Stücke der Vergangenheit. Wallenstein; Tasso; Friedrich der Große; Herzog Theodor von Gothland; Iphigenie; Seneca; Danton; Bruder Eichmann.

Keine Gegenwartsstücke auf der Bühne?

30. JANUAR

Eine Neuausgabe der »Gesänge« erschien 1890. Der Verleger Léon Genonceaux forschte nach Spuren Ducasses, befragte seinen Verleger Lacroix, entdeckte bei dem Bankier Darasse die beiden Briefe und verfaßte auf dieser Grundlage sein Vorwort. Er wandte sich darin vor allem gegen die These, Ducasse sei wahnsinnig gewesen. Hartnäckig hielt sich auch eine andere Behauptung: die »Gesänge« wären nichts als ein Studentenulk. Faurisson meinte das sogar noch 1972.

So ungewöhnlich, so gegen alle literarische Konvention gerichtet, so radikal ist offensichtlich Ducasses Werk, daß die arme Literaturwissenschaft mehr als 100 Jahre ziemlich hilflos war.

31. JANUAR

Was sagt dagegen ein André Gide: »Ich habe zuerst leise, dann laut den unvergleichlichen VI. Gesang des Maldoror gelesen (Kapitel I, II und III). Durch welchen Zufall kannte ich ihn noch nicht? So etwas begeistert mich bis zur Ekstase ...«

Das schrieb er am 23. November 1905 in sein Tagebuch. Und fünf Tage danach notiert er: »Ich schäme mich meiner eigenen Werke, wenn ich Rimbaud und den VI. Gesang des Maldoror lese ...«

20 Jahre später, inzwischen haben die Surrealisten Ducasse entdeckt und als einen ihrer Vorläufer propagiert, schreibt Gide: »Den höchsten Ruhmesanspruch hat sich die Gruppe, die Breton, Aragon und Soupault gebildet haben, meines Erachtens dadurch erworben, daß sie die literarische und ultraliterarische Bedeutung des erstaunlichen Lautréamont erkannt und verkündet hat ... Sein Einfluß im 19. Jahrhundert war gleich Null; aber er ist mit Rimbaud, vielleicht sogar mehr als Rimbaud, der Schleusenmeister der Literatur von morgen.«

1. FEBRUAR

Gestern brachte Martin einen Ausschnitt aus der *Berliner Zeitung* mit: »Sowjetisches Flugzeug beobachtete seltsame Lichterscheinung. Moskau. ADN

Mit einer ungewöhnlichen Lichterscheinung waren die Insassen eines sowjetischen Passagierflugzeuges während eines Nachtfluges von Tbilissi nach Tallinn konfrontiert. Wie die Zeitung ›Trud‹ berichtet, hätten die Piloten beim Anflug auf Minsk zunächst einen nichtblinkenden großen Stern beobachtet, von dem sich dann sehr helle, bis zur Erdoberfläche reichende Lichtkegel ausbildeten. Auf dem so beleuchteten Gebiet seien Häuser und Straßen klar erkennbar gewesen. Das unbekannte Objekt habe sich in einer Höhe von etwa 40 bis 50 Kilometer über der Erde befunden. Der gleißende Lichtstrahl sei sodann direkt gegen das Flugzeug gelenkt worden und habe kurz die Besatzung geblendet. Das Licht kreuzte danach die Flugbahn der Maschine und begleitete sie in 10 Kilometer Höhe bis zur Landung in Tallinn. Auch der Pilot eines entgegenkommenden Flugzeuges hätte die Erscheinung bemerkt. Auf der Erde, berichtet ›Trud‹ weiter, seien zur gleichen Zeit Anomalien im Luftraum registriert worden.«

Ich messe auf der Karte die Entfernung von Minsk nach Tallinn, es sind etwa fünf- bis sechshundert Kilometer.

Sind das außerirdische Intelligenzen gewesen?

Sie haben dem Flugzeug zum nächtlichen Airport »heimgeleuchtet«.

Eine freundliche Geste.

Martin hofft, daß sie eingreifen, bevor es auf der Erde zur nuklearen Katastrophe kommt.

Wir fahren im vollen Schnellzug nach Thüringen.

Reste von Schnee.

In Erfurt haben wir eine Stunde Aufenthalt und gehn Mokka trinken, gegenüber vom Bahnhof.

Dann fahren wir mit dem Personenzug weiter, nach Süden.

Die Tage sind in diesem Buch zu Literatur geworden. Leben hat sich in Wörter verwandelt, die Orte, Ereignisse und Personen (selbst Martin und ich) in schwarze Zeichen auf Papier. Es sieht so aus, als ob Non-Fiction nicht ganz ohne Fiction ist.

Berlin, 26. April 1986

Inhalt

Quellen

Comte de Lautréamont
»Die Gesänge des Maldoror«
Aus dem Französischen übersetzt und mit einer Studie über den Autor und sein Werk von Ré Soupault

Isidore Ducasse (Lautréamont)
»Poesie«
Aus dem Französischen übersetzt von Pierre Gallissaires und Hanna Mittelstädt
Edition Nautilus
Verlag Lutz Schulenburg, Hamburg. 1979

2. Auflage 1989

Gesamtgestaltung Simone Uhlich
Fotos Ulrich Berkes
Lichtsatz INTERDRUCK Graphischer Großbetrieb Leipzig, III/18/97
Druck und Binden Karl-Marx-Werk, Graphischer Großbetrieb,
Pößneck V 15/30
Printed in the German Democratic Republic
Lizenznummer 301.120/56/89
Bestellnummer 613 526 9
01000

ISBN 3-351-00342-0